山东省高校人文社会科学研究计划项目
［J12WC53（12WC10）］成果

韩国秋夕的文化展演与功能呈现

孙雪岩 著

中国社会科学出版社

图书在版编目（CIP）数据

韩国秋夕的文化展演与功能呈现／孙雪岩著．—北京：中国社会科学出版社，2013.12

ISBN 978－7－5161－3797－0

Ⅰ.①韩…　Ⅱ.①孙…　Ⅲ.①节日—文化—研究—韩国　Ⅳ.①K893.126.1

中国版本图书馆 CIP 数据核字（2013）第 310229 号

出 版 人　赵剑英
责任编辑　刘志兵
责任校对　王　斐
责任印制　李　建

出　　版　中国社会科学出版社
社　　址　北京鼓楼西大街甲 158 号（邮编 100720）
网　　址　http://www.csspw.cn
　　　　　中文域名:中国社科网　　010－64070619
发 行 部　010－84083685
门 市 部　010－84029450
经　　销　新华书店及其他书店

印　　刷　北京市大兴区新魏印刷厂
装　　订　廊坊市广阳区广增装订厂
版　　次　2013 年 12 月第 1 版
印　　次　2013 年 12 月第 1 次印刷

开　　本　880×1230　1/32
印　　张　9
插　　页　2
字　　数　220 千字
定　　价　29.00 元

序

对节日文化的研究一直是民族文化研究的重点之一，从本质上来看，节日文化是一个民族文化延续和传播的重要载体和途径，是构成一个民族与其社会文化的重要组成部分。一个民族的诸种特征可以通过其典型节日得到充分展现。具体到韩民族，其最重要、最隆重的节日莫过于秋夕。孙雪岩博士的这本专著，借助于功能主义和结构主义等理论，通过多维视角的剖析，为我们呈现了一个全面的、立体的韩国秋夕。

孙雪岩2007年考入中央民族大学民族学与社会学学院，在我的门下攻读博士研究生。呈现在我们眼前的这本著作就是在她的博士论文基础上用近两年的时间补充修改而成的。她学习认真而勤奋，执著而有韧性，更为难得的是对学术研究始终怀有高昂的热情，最终较好整合了其所学的专业，恰当切入了民族学领域，顺利完成了博士学业，并发表了多篇有关韩国文化的论文。作为她的导师，我目睹了她在读博的数年内所付出的艰辛努力，也见证了她所取得的一个又一个的进步，并相信她能够逐步接近自己的学术理念。

本书选择韩国秋夕作为研究对象，颇为可取。近年来虽然我国对韩国的研究越来越深入，研究成果日趋丰富，但对于韩国节日文化的研究并不尽如人意。虽然，由于受韩国江陵端午祭申遗风波影响，国内学界对韩国端午祭的研究有扎堆之嫌，不过这也从一个侧面反映了国内长期以来对韩国节日文化的忽视及缺乏了解。而对韩国文化有所了解的人都知道，韩国岁时节日体系中最为重要的组成部分则是秋夕，通过秋夕，更能挖掘韩国岁时节日的文化内涵及韩民族的特征。

作为一部专门研究韩国节日文化的专著，从学术研究的角度，本书具有以下几点突破。

第一，本书是国内首部对韩国秋夕进行全方位、综合性研究的专著。国内对韩国秋夕的认识比较模糊，一般将其简单地视为中国中秋节文化在朝鲜半岛的传播，而对韩国秋夕的演变及本土性特征、功能及与东亚各国八月十五节日的异同知之甚少。虽然民俗学、历史学等领域的一些研究成果中也有提及韩国秋夕，但语焉不详，大多是在论述其他相关问题时顺便提及，即使极少数专门论述韩国秋夕文化的论文，也基本上是停留在对其风俗的介绍上，而未进行更深层次的论述。正如孙雪岩博士在书中所提到的，该专著立足于秋夕的民俗仪式与文化展演，以功能主义理论为主线，在结构主义研究方法下择取几对具有张力的二元对立关系，以韩国秋夕的社会功能为归结点，构造了一个时空结合、经纬交织的网状分析结构。通过其精心构筑的本体研究、互动研究、比较研究、变迁研究四个部分的正文内容，基本上廓清了韩国秋夕文化整体面目和深层内涵。

第二，本书资料扎实而丰富。作者在撰写博士论文期间，曾经在韩国西江大学访学 1 年 4 个月，其间全面搜集了韩国国内有关秋夕的资料，并进行了深入的田野调查，获取了丰富的一手资料。另外，作者也查阅了大量中文古代典籍和相关研究著作，以及一些日文资料。在充分占有资料的基础上，结合仪式分析、象征解读、文化变迁、结构功能等节日文化相关理论完成了本书，实属不易。客观地讲，大多数节日文化相关的理论具有浓厚的西方色彩，在运用这些理论的时候，往往容易有意无意地忽视其限制条件而视之为普适性学术理论，进而加以套用来衡量和分析其他诸种社会的节日。克利福德·格尔茨曾言："人们写不出一部《文化解释的普遍理论》，或者这样说，人们可以写，但这样做似乎没有什么裨益，因为在这里，理论建设的根本任务不是整理抽象的规律，而是使深描成为可能；不是越过个体进行概括，而是在个案中进行概括。"① 这句话也给我们敲了警钟。孙雪岩博士的这部专著建立在扎实的资料基础与详尽的个案分析之上，并未生硬照搬现成理论。

第三，本书将韩国秋夕置于东亚区域视角下进行分析与考察，视野开阔，让人耳目一新。目前对韩国秋夕的研究多局限于民族国家的框架之内，国内学者强调中国中秋节文化对韩国的影响，韩国学界着重于挖掘秋夕的韩国本土性。孙雪岩博士则独辟蹊径，引入区域视角，拓宽与丰富了研究路径和内容。作者认为在以民族国家为本位审视韩国秋夕之外，也不能忽视八月十五节日在东亚区域的共有性，她巧妙地将区域性与民族性、共性与个性、历史与现实结合起来进行条分缕析，呈现出一个多维立体的韩国秋夕。

孙雪岩博士这部书，除了具有较高的学术价值，也具有较强的现实意义，如促进中韩文化交流、加强两国人民相互理解、反思与借鉴传统文化功能等。另外，该书文笔流畅，且辅以图片资料。我相信，读者读完此书是不会感到失望的，尽管这是她的第一部专著。当然，本书也存在着一些遗憾，如作者在韩国的实地调查资料在书中展现得不够充分，对韩国国内不同地区之间秋夕

① 克利福德·格尔茨：《文化的解释》，译林出版社 1999 年版，第 33 页。

风俗的异同之处阐释较少，此外，女性学者和文化学者常有的理想主义色彩淡化了其对实用性的关注。但是，瑕不掩瑜，我期待孙雪岩博士能够再接再厉，在韩国学研究领域做出新的成绩。

黄有福

2013年岁末

目　录

绪　论

第一节　选题的缘起与意义

一　选题的缘起

岁时节日是与天时、物候的周期性转换相适应，在人们的社会活动中约定俗成的、具有某种风俗活动内容的特定时日。[①] 岁时节日是民众生活和民族文化的重要组成内容，是一个民族历史和文明的产物和象征，也是观察民族文化流变、理解社会变迁的一个窗口。节日民俗是一种综合性的文化现象，它除了在表象上体现出客观自然条件的变化和极强的时序性之外，在其本质内容上，具有强烈的人文色彩。通常来说，节日文化就是一个民族的生活、生产方式和精神信仰等文化之精华的综合和集中展示。韩国岁时节日同样也是其民族文化的典型表现，是认识和了解其民族和社会的一个不可忽视的视角。

农历八月十五，中国称为中秋节，在韩国即为秋夕。本书之所以在众多韩国节日中选取秋夕，主要是因为，秋夕是韩国岁时节日体系中最为重要的组成部分。在韩国，秋夕与春节、寒食、端午并称为“四大名节”，但从大众的关注程度以及在民俗方面的重要性来讲，还是以春节与秋夕为重。韩国著名民俗学家张筹

① 参见钟敬文《民俗学概论》，上海文艺出版社 1998 年版，第 131 页。

根在1974年以“最为重视的节日是什么”为内容对庆尚北道的238个地区进行了一项调查，其结果是140个地区选秋夕，远高于春节、端午以及其他节日。此外，在《东国岁时记》“八月秋夕条”里还有这样的记载：八月十五，东俗称秋夕，又曰嘉俳，肇自新罗俗，乡里田家为一年最重之名节。可以说，秋夕在韩国自古以来就是最具有广泛民族认同的节日，它涵盖了民族性、历史性、社会性，集信仰、生产、娱乐等多种功能于一身，堪称是一年当中最为重要的节日，其民族民俗历史文化的积淀最为深厚。而且，在当代韩国，秋夕也被列入国家法定假日之中，是祭拜祖先、家人团聚的重要时刻，是韩国民众在血缘关系及地缘关系方面感情交往、建立新人伦观的纽带，兼具世俗意义和神圣意义。随着时代的变化，地域、家族范围的固定性发生松动，民族文化的稳定性面临全球化的冲击，在这样的前提下，象征团聚、感恩、祭祖并因此而承载着传统文化和民族文化的秋夕具有更加重要的现实意义。与此同时，在历史发展及变迁过程中，秋夕的节日仪式在传承过程中也存在着对传统的改造，出现了新的意义内涵、新的发展方向，体现出鲜明的适应性与时代性。可见，秋夕的历史和现在，文化展演及仪式变迁，都体现着独特的文化品性，具有丰富的文化内涵，能够集中展现韩国独特的思维方式、行为模式、道德价值观念及更为广阔的社会现象。

此外，农历八月十五在整个东亚国家都是节日，尽管称呼有所不同。在东亚这一空间视野中去审视韩国秋夕，具有更为深远的意义。

本书以韩国秋夕为个案，从秋夕的本体研究入手，通过节俗仪式的文化展演，解读其背后深层的信仰观念和丰富的文化内涵；进而将秋夕置于官民互动、现代变迁以及东亚空间的横向比较等语境中，探讨其在不同语境中所呈现出的主要功能，借此了解更为广阔的历史文化社会现象。

需要说明的是，由于本书对秋夕进行的是历时性叙述，故本书所论对象，既指现代民族国家韩国，亦指从古代直至现代民族国家建立之前的朝鲜半岛。

二　选题的研究意义

（一）学术价值

首先，从学术研究的积累来看，“岁时节日”一直是中国民俗学研究的重要内容，拥有较为完整的学术话语的流脉。但是，目前中国以包括韩国在内的外国岁时节日研究为主题的学术著作是相对缺乏的。而在为数不多的关于韩国秋夕的研究中，或者以节日事象描述与介绍性的普及读物为主，或者将其作为韩国传统节日研究的组成部分而出现，总体而言，以韩国秋夕为专题进行研究或深入分析的学术性著作几乎没有。本书可以弥补这一缺憾，充实节日文化研究。

其次，从方法论的创新性尝试来看，本书引入区域的视角，认为秋夕体现了东亚区域共有的文化，除了以民族国家为本位对其审视之外，不能忽视其区域性的一面。本书立足于节日文化资源，阐明其在东亚各国的共性与个性及其关联，认为东亚共同体的建设应从文化共同体开始，而东亚民众共同浸淫其中的民俗文化，则是塑造东亚区域认同的基盘和建构文化共同体的推力。这是在民间层面的民俗学研究和国家、区域层面的政治学研究之间架起跨学科桥梁的一种尝试。

（二）现实意义

其一，2005 年 11 月，在韩国政府的大力支持和学界的长期努力下，江陵端午祭作为韩国申报世界非物质遗产的项目，被定名为世界非物质文化遗产。[①] 这一事件在中国引起了强烈的反响，中韩两国民间舆论在这一问题上出现争议。以此为开端，两国民间舆论又在汉字、中医药、儒家文化等多个问题上产生论争。在中韩两国一方面政治经贸往来越发密切而另一方面又历史文化纠葛不断的语境下，本书或能对双方的文化理解产生些微助益。中韩之间的文化之争多半是由于纵向历史问题未梳理清楚。如果不对中韩之间纵向的历史认识问题形成相互的理解和基本的共识，那么当今和未来中韩之间就很难展开横向的坦诚合作。如能通过廓清对韩国秋夕这一典型节日的认识的研究，对困扰两国的其他一些历史文化关系等纠结在一起的问题能有所启示，则笔者之大幸矣。但中韩历史上关系密切，很多问题远非以现代的民族国家框架进行切割所能解决。本书选取东亚空间作为研究视角之一，阐明韩国秋夕的来龙去脉，廓清东亚各国秋夕的共性与个性及文化上的联系，进而寻求化解文化民族主义之争的途径。本书认为，在经济全球化和区域经济一体化的大背景下，东亚人必须从区域的角度来思考和解决问题。在此语境下，传统文化不仅仅是中韩之间以及东亚各国间相互理解的精神桥梁，更是经济发展的契机和塑造地区认同感乃至构建东亚共同体的基础。

其二，自从“非物质文化遗产”的认定和保护工作开展以来，中国也由上至下地着手实施国家级的保护项目，对本国“非物质文化遗产”代表做名录收集、整理、申报和认定等工作，并思考国民对待传统节日的态度，学术界、媒体和政府也将

① 《韩国联合通讯》2005 年 11 月 25 日报道：“韩国申报的江陵端午祭巴黎时间 24 日被联合国教科文组织正式确定为‘人类传说及无形遗产著作’。韩国驻联合国教科文组织代表称，有 18 名专家组成的联合国教科文组织国际审查委员团 21 日至 24 日在巴黎的联合国教科文组织举行审查委员会，并在江陵端午祭等 64 个申报遗产中选定 43 个为‘人类传说及无形遗产著作’。”

对传统节日的关注提上了日程。《南方周末》2005 年 11 月 26 日报道评论："韩国申报端午节为文化遗产，真正意义国人难理解。半个多世纪以来，随着国家政治变革和经济现代化发展，我国全国性民俗节日文化遗产却在某些方面受到一定的损害，有的被人为淡化，有的被扭曲变形，使人们对全民族民俗佳节失去了'文化记忆'，使当代青少年转而热衷于欢度西方节日，这是一个优秀文化遗产的危险信号。长期以来，端午节、清明节、中秋节、重阳节等传统佳节，没有被列入国家的法定节日加以保护。例如端午节就被片面割裂，并淡化成支离破碎的节日，或多或少失去了原貌。"可见，中国已经意识到，中秋节等传统节日作为民众最直接感知、最易于产生文化能量的文化，是一个民族的重要精神动力，在传承民族文化、保持文化认同等方面具有重大意义。尤其是在全球化和现代化的当下，传统往往成为民族国家文化建设的根基。在这种情境中，传统节日文化不仅是文化展示和交流的平台，是民族文化身份的标识之一，更是民族情感承载的容器和民族文化传承的工具。因此，2008 年 1 月 1 日，中国将传统节日清明、端午、中秋列入法定假日，既顺应了广大国民的意愿，也体现了国家对非物质文化遗产保护的重视。而韩国面临过相似的情形，有着相似的经历。本书以韩国秋夕为个案，将秋夕置于整个社会历史的大视野中，置于韩国自身与他者的关系中，置于传统文化与现代文明的碰撞中，通过考察其在不同语境下的文化样态及功能，来探寻国家对民族传统文化的保护与重塑，去呈现秋夕对于国家治理、文化传承等方面的现实意义。他山之石，可以攻玉。当代中国正处在文化大转型的历史时期，几千年来农耕社会所形成的生活习惯正发生着巨大的变异，从社会经济的角度看，这种社会历史文化的变异是必然的。而作为民众生活重要内容的岁时节日如何更为有效地保存自己的文化传统，民族国家如何更好地利用这些传统节日为民族文化的传承与创新、国家的文化建设与认同建构提供时机与条件，这些既是现实问题，又是理论问题，也是本研究的意义所在。

第二节　学术回顾

一　中国对韩国秋夕的研究

岁时节日是民众社会生活中的重要组成部分，在中国传统社会中岁时节俗一直是民俗的主干，研究成果颇多。但是，总体而言，目前中国学者对节日研究的重视程度仍然不够。黄涛先生曾评价说中国研究节日文化的成果中，泛泛而谈者居多，并且感慨："目前学界关于传统节日历史的研究还是一个成果薄弱而迫切需要搞清基本问题的领域。说不清这些基本知识问题，不光是学者，连普通人也该觉得脸红的。但是搞清楚这些问题并不容易，因为民间文化虽然谁也离不开，可是自古以来就受知识界的轻视，有关的研究和记载相对缺少和粗疏，后世要搞清楚历史上的问题就很困难，应该比研究官方文化、精英文化的问题更有难度，只能在卷帙浩繁的历史典籍中寻找蛛丝马迹的记载，在未加标点的大量笔记野史中捕捉若有若无的线索，不只需要下笨功夫，而且要有读古书、查文献的好本领和分析考辨的好脑筋。"① 黄涛先生所述的理由也是造成节日研究未受重视之原因所在。北京大学王娟教授也认为："节日的研究在我国还处于初始阶段。人们的研究重点还只是参与、观察和描绘节日。很少对节日进行更深入的研究，如节日的结构，节日的功能，节日的社会性、价

① 黄涛：《回眸传统节日的往昔辉煌》，《民族艺术》2008 年第 3 期。

值、意义，等等。”[①] 廖冬梅在其《节日沉浮间：节日的定义、结构与功能》一书中也提到：“与节日有关的几个领域，如人类学、神话学、宗教学、民族学、民俗学等都已经是比较成熟的学科了，虽然各自都有谈及节日的文章，但大都是在论述其他问题时顺便提到，而专门论述的书和文章都不多。即使有，也大都停留在节日风俗的介绍上，对节日功能的挖掘还很不够。”[②] 而涉及包括韩国在内的外国岁时节日的研究，则更加不尽如人意。

国内有关韩国岁时节日的研究不多，对于单一节日的结构形态研究则更少。近年来，韩国江陵端午祭被列入世界文化遗产名录在中国引起极大反响，受此影响国内学术界对韩国节日文化有所关注，但是所关注的领域较窄，主要集中在端午文化上，对秋夕等韩国其他传统节日的研究则少之又少。相比较而言，秋夕在韩国现代节日系统中的地位则远非端午所能企及。

到目前为止，除了笔者的博士论文《韩国秋夕的文化变迁与功能研究》之外，国内尚无一本以韩国秋夕为专题的学术性著作。而在为数不多的涉及韩国秋夕的研究中，又或是以节日事象描述与介绍性的普及读物为主，或是将其作为韩国传统节日研究的组成部分而出现。检索中国知网，以韩国秋夕为主题的论文（译文）有这样几类：

其一，对秋夕习俗活动内容的一般性描述。如金英模《秋夕》（《当代韩国》1994 年第 3 期）、玄松南《韩国传统农耕文化：收获季节的农耕习俗——荐新祭》（《中国稻米》2002 年第 4 期）、郑锡元《韩国的中秋节》（《文史知识》2008 年第 10

---

① 王娟：《民俗学概论》，北京大学出版社 2002 年版，第 179 页。

② 廖冬梅：《节日沉浮间：节日的定义、结构与功能》，广西师范大学出版社 2007 年版，第 11 页。

期)、李吟雪《韩国人的中秋》(《现代人才》2008 年第 2 期)、张远桃《国外的中秋节》(《新农村》2008 年第 9 期)等。

其二，秋夕民俗的起源、意义及功能的研究。如林宣佑《韩国秋夕的社会文化内涵、功能及其传承意义》(《重庆文理学院学报》2007 年第 6 期)、牟元珪《韩国岁时节日的起源、特点和社会功能》(北京大学韩国学研究所编《韩国学论文集》第 4 辑，社会科学文献出版社 1995 年版)等。

其三，中韩关系研究。如萧放《18—19 世纪世纪中韩“岁时记”及岁时民俗比较》(《江西社会科学》2007 年第 1 期)、刘德增《中秋节源自新罗考》(《文史哲》2003 年第 6 期)等。

分析这些研究，主要有两个特点：一是以韩国学者的研究为主，国内学术期刊上涉及韩国秋夕节日的文章近半为韩国学者的译文，国内学者对韩国秋夕的关注较少。二是相关研究或偏重于习俗活动的一般性描述，缺乏理论深度；或侧重于文献考证，缺乏现实关怀。

二　韩国对秋夕的研究

韩国关于秋夕的专题研究也不是很多，但是涉及秋夕的研究较多，研究成果主要体现在以下几个方面。

一是概论性著述。如崔常寿《韩国的岁时风俗》(弘文文化社 1960 年版)、张筹根《韩国民俗学概说》(宝成文化社 1983 年版)、林在海《民俗文化论》(文学与智成社 1986 年版)、金东旭《韩国民俗学》(新文社 1994 年版)、李斗玄《韩国民俗学概说》(民众书馆 1974 年版)、任东权《韩国民俗文化论》(集文堂 1983 年版)、崔任鹤等的《韩国民俗研究史》(知识产业社 1994 年版)、张祯龙的《韩中岁时风俗及歌谣研究》(1988 年)、金宅圭的《韩国农耕岁时研究》(岭南大学出版部 1985 年版)、张筹根《韩国的岁时风俗》等。

二是学位论文。如安成鲁《韩国传统节日秋夕对外来文化的受容研究》（水原天主教大学，1992年）、何顺永《韩国饮食风俗的生活文化考察》（梨花女子大学校，1973年）、李正雅《韩日两国岁时风俗的技能考察》（庆尚大学，2007年）、金明子《韩国岁时风俗研究》（博士学位论文，庆熙大学，1989年）等。

三是期刊论文。如尹德仁《江原地区的秋夕祭礼饮食研究》（《关大论文集》1996年第1期）、任载海《从端午到秋夕》（《韩国文化人类学》1989年第1期）等。

在上述研究著述中，所讨论的问题可以归结为几点：（1）关于秋夕的饮食祭祀。（2）秋夕与农耕文化。（3）秋夕与当代社会。（4）秋夕对基督文化的受容。（5）秋夕节俗的跨地域比较。

韩国对于秋夕的研究具有相当的深度和广度，但似乎还可以在两个方向上做出努力：一是重视第一手的田野调查资料，注意节日传承变异的语境，摒弃资料组合式的泛泛而论；二是对秋夕节日要素的分析、节日结构的把握、节日内涵的发掘、节俗变异的理解等综合性整体性研究还有待深入。此外，有些研究成果由于过于强烈的民族主义立场从而削弱了问题论述的学术性，如果突破民族国家的框架，以更加广阔的视野去探讨秋夕，或许会有新的发现。

尽管中国和韩国关于韩国秋夕的研究相对来说都较为有限，但是以上这些研究成果给本书所带来的启示与借鉴意义仍然是十分明显的。

第三节 理论空间及研究方法

一 相关研究理论

学界关于节日理论的研究成果非常丰富，节日仪式分析、节日象征解读、节日文化变迁、节日社会功能等，国内外学者已有不少研究的典范和积累，本书得以借鉴和参考。

就本书而言，研究对象自身具有的三个特点是进行理论探讨的关键。首先，秋夕是一个充满仪式与象征的民族传统节日，它通过各类民俗仪式对其所蕴含的文化及文化的变迁进行展演。因此仪式问题就成为本书暗含的一条理论主线。第二，全球化解构碎化着某个民族的历史和文化，使之成为不知从何而来，没有故乡，在文化上“流离失所”的人群。[①] 这样宏大的全球化与现代化趋势，便引发了一场传统在现代的变迁与重构。这种变迁与重构，是全球化之所生，也是民族性之所倚。作为一种传统文化，秋夕亦然。所以，文化变迁理论是本书要探讨的理论。其三，贯穿本书始终的是对秋夕功能的探讨。功能主义认为，任何一种文化现象都有满足人类需要的作用，都有一定的功能；结构主义认为，文化是一个整体结构，结构中的各个要素都相互联系，相互作用。这就要涉及功能主义和结构主义理论。

因此，在切入正题之前，我们先就以上几个问题作以理论上的回顾和阐述。

（一）仪式理论

人们采取各种方式庆祝节日并在节日中形成了各种在特定时

① 参见傅华《全球认同与民族国家文化认同》，《光明日报》2006 年 4 月 18 日第 12 版。

空中举行的特定仪式。作为具有普遍性的人类生活实践的仪式活动，总是与某种文化背景下民众的基本生活状态紧密相连，并因此成为一个社会或社会成员生存状态和生存逻辑的凝聚点。因此，仪式成为国内外人类学、民俗学研究领域中一个持久而常新的话题。

仪式，英文为 ritual，一般认为它是一个与宗教、戏剧、神话等密切联系的概念，可以将其理解为通过一定的行为表达特定的情感，也可以将其解释为具有象征性的一切正式活动。从狭义的角度来看，仪式是人类学家研究领域的一个专有名词，是一个与宗教背景相联系的概念，仪式对于神学就如实践对于理论。然而，人类学家不仅将仪式局限于宗教，而常常将其用于指称具有高度正式性与非功利性的活动，这样，仪式就从宗教延伸到节日、就职宣誓、游行、入会等方面。因此，现在仪式研究领域非常宽泛，一些研究超越了仪式本身具有的原始的神圣内涵。人类学家对仪式行为进行了卓有成效的研究，这些研究为我们理解与研究仪式奠定了基础。

涂尔干在《宗教生活的初级形式》中说："宗教是一种与既与众不同、又不可冒犯的神圣事物有关的信仰与仪轨所组成的统一体系，这些信奉与仪轨将所有信奉它们的人结合在一个被称之为'教会'的道德共同体之内。"① 根据涂尔干的定义，宗教首先是一种意义和价值的体系，其次是由信奉这一体系而组织起来的社会团体。换言之，涂尔干将世界划分为两大领域：神圣的与世俗的，他认为，由信仰与仪式支撑的世界是神圣的，而相对平凡的日常生活则是世俗的。

---

① ［法］涂尔干：《宗教生活的基本形式》，渠东、汲喆译，上海人民出版社1999年版，第54页。

伊利亚德在《神圣与世俗》中阐明，神圣和世俗是人类的两种生活方式，他把神圣与世俗的二元统一称之为“神显的辩证法”[①]。伊利亚德使用“圣显物”（hierophany）一词指代显现了神圣的事物。显圣物所在的地方在世俗的存在中造成了一个中断，使这里与其他地方有了性质上的差异，一座教堂、一个圣地乃至一块石头都在空间的均质性的连续中造成了一个中断，人们在这里体验到了不同的存在。节日的时间是显现了神圣的时间，和其他的时间有本质的不同，它没有过去、现在、将来的区别，这个时间是永恒的时间，在每个新年里见到的这个时间都是一样的。宗教的人借助节日再次回到神话中的时代，和神同在。人们用仪式性的戏剧再现了神创造世界的典范行为，温习着神传授给他们的知识和技艺。伊利亚德还讨论了人类生活的神圣化，即人类如何通过神圣化的过程将自己各方面的生活建立起来，给予一种秩序，形成一种制度或模式。[②] 伊利亚德把入会式作为例证进行了深刻分析，他说：“每一种过渡礼都是一种入会式，因为每一种过渡礼都意味着本体论的和社会地位的根本变化。”[③] 我们看到，尽管伊利亚德没有明确提出仪式理论，但不论是“仪式性的戏剧再现”也好，“过渡礼”也好，“入会式”也好，都暗含着“仪式”理论。

范·盖内普首次明确提出仪式理论和“通过仪式（过渡仪式）”这一概念，并将通过仪式划分为分离阶段、过渡阶段和融

---

① ［罗马尼亚］米尔恰·伊利亚德：《神圣的存在：比较宗教的范型》，晏可佳、姚蓓琴译，广西师范大学出版社 2008 年版，第 433 页。

② 参见王宗昱《宗教经验及其文化价值——以伊利亚德〈神圣和世俗〉为例》，《北京大学学报》2000 年第 4 期。

③ M. Eliade, *The Sacred and the Profane*, trans. by W. Trask, Orlando: Harcourt Brace Jovanovich, Inc., 1959, p. 184.

合阶段三个阶段，认为这三个阶段构成仪式活动的内在逻辑及其基本模式。盖内普认为仪式通常是指生命循环与生命危机，但又不限于此，可以延伸到社会的其他领域，如季节性节日、献祭、朝圣等。

英国的人类学家维克多·特纳对仪式研究也具有重要影响力。特纳在盖内普关于过渡仪式三阶段划分的基础上，着重分析了三个阶段中的中间阶段——过渡阶段，亦称阈限阶段。他将人的社会关系状态分为两种类型：日常状态和仪式状态。仪式状态与日常状态相反，是一种处于稳定结构之间的“反结构”现象，它是仪式前后两个稳定状态的转换过程。特纳把仪式过程的这一阶段称作“阈限期”，处于此阶段的人是一个属于“暧昧状态”的人，无视所有世俗生活的分类，消除了等级和差异，体验到一种超越一切正式社会关系的共同的感情，即“共睦态”状态，这种“共睦态”成为使人们团结一致的人际情感，从而回归并强化了既定的社会结构与秩序。社会的发展就是在这种从有序到无序，再从无序到有序的循环当中实现的。

在本书中，以上理论为区分节日和非节日期间人们的心理，以及节日所发挥的非平常日子所不能取代的功能提供了很好的参考。

美国人类学家格尔茨无疑是仪式研究的集大成者。他认为，人类和象征是紧密相连的，通过仪式，生存的世界和想象的世界借助于一组象征形式而融合起来，变成同一个世界，而它们构成了一个民族的精神意识。象征是隐藏着的文化，体现的是人们的内在观念和心理状态。文化是人编织的意义之网，每个文化都有一套内在的意义系统，对于这套意义系统，如果仅仅从外表所反映的简单现象来判断是不能得出完整的内涵来的。对文化的分析是一种探究意义的解释学，象征就是借助文化符号对意义的解释。

在这个视角上，秋夕被看作是一个充满意义的符号系统。可以说，秋夕研究从追考起源转向现象分析和意义探寻，文化人类学的象征理论是重要依据。

（二）文化变迁理论

自人类学诞生以来，各个学派都讲社会文化变迁。人类学家克莱德·伍兹认为："变迁在所有社会文化系统中是一个永恒的现象，尽管变迁的速度和表现的形式，在不同的情形下大不相同。"[①] 所谓文化变迁，就是指或由于民族社会内部的发展，或由于不同民族之间的接触，引起一个民族的文化的改变。文化是依附于人类而存在的，是人类适应自然历史环境和社会文化环境的需要以求生存和发展的方式，而自然历史环境和社会文化环境总是处在动态的变迁之中，环境的多样性和人类创造力的多样性使文化因地而异，因人而异，表现出强烈的地理特征。因而文化总是随着环境的变化而变化，变迁是社会文化系统永恒的定律。因此，有关文化变迁的理论为本研究提供了重要的理论依据。

（三）功能主义理论

本书的核心概念是"功能"，所以有必要对功能主义理论做一番梳理。功能主义人类学是由英国人类学家马林诺斯基和布朗共同创立的，以 1922 年他们分别发表的《西太平洋的远洋航海者》和《安达曼岛民》两本著作为标志。

马林诺斯基认为对人类学事实应进行全面的功能分析，即确定所观察的事实在完整的文化体系中所占的位置，注重文化体系内部各部分之间的相互联系及文化体系与周围环境相互联系的方

---

① ［美］克莱德·伍兹：《文化变迁》，何瑞福译，河北人民出版社 1989 年版，第 22 页。

式。他认为："在每种文明中，一切习惯、物质对象、思维和信仰都起着关键作用，有着某些任务要完成，代表着构成运转着的整体的不可分割的部分。"① 他对"功能"这一概念的解释，是强调其为"需要"。他认为，社会文化在最初时以及在整个进化过程中所起的根本作用，首先在于满足人类最基本的需要。人类在各种需要的刺激的推动下，不断地创造出新的文化要素并不断地扩大着文化要素的功能价值。只有联系整个文化和社会结构深入地分析文化的实际功能才能对文化的出现、传播及变迁作出合理的说明。

另一位人类学家拉德克利夫·布朗认为功能主义意味着把人们的社会生活看成一个整体，一个功能的统一体，构成统一体的各个部分相互联系，只有找到各部分的功能，才能了解整体的意义。他特别重视结构分析在功能研究中的意义，认为只有明确了社会的结构，才能真正找到构成此结构的各部分所具有的功能。但同马林诺斯基用个人需求规定文化功能的观点不同，布朗把功能定义为文化活动在整个社会生活中所起的作用及其对维持社会结构的连续性所作的贡献。因而某种文化现象具有的特定功能主要不是表现为这一现象满足了某种人的需要，而是表现为它满足了某种整体的需要。此外，布朗除了和马林诺斯基一样强调功能分析之外，还主张对人类社会进行"社会结构"的分析。或许正是由于这个原因，布朗反对把功能主义看作学术史上的某个流派，而是将其视为一种方法，是社会人类学所以成为"科学"的必由之路。② 基于这种分歧，故有的学者对二者做了严格区

① 夏建中：《文化人类学理论学派》，中国人民大学出版社 1997 年版，第 130 页。

② 参见［英］拉德克利夫·布朗《原始社会的结构与功能》，潘蛟译，中央民族大学出版社 1999 年版，第 211—212 页。

分：功能主义指马林诺斯基的理论，而布朗的理论则用结构功能主义表达。

尽管二者存在分歧，但总的来说，马林诺斯基和布朗都将文化视为有机的统一体，最为关注的是一定结构形式下的社会诸要素或组成部分的功能问题，特别是社会整体的运行状态和功能的发挥问题。功能主义理论为我们研究在不同视角下的秋夕功能问题提供了必要的理论支撑。

（四）结构主义理论

功能分析往往注重深入社会结构并把握社会结构之间的相关性，从而把握住一个整体。因此，结构是功能的基础，结构分析是功能研究的前提，结构和功能紧密相关，在逻辑上有着必然的联系。这就使我们有必要去了解结构主义理论。

列维—斯特劳斯是结构主义的领军人物。结构主义认为，文化的特征是通过结构展示的，每种文化的结构有浅层结构和深层结构之分，浅层结构停留在现象层，而深层结构是现象间的内在联系。结构主义研究的重点是深层结构，因为是深层结构决定着结构主体的功能。只有通过纷乱多变的社会制度，风俗习惯等表层去探索不同时空中存在着并起作用的深层结构体制，才能认识、解释社会全部现象。

尽管功能主义也强调结构，尤其是布朗的功能主义还被称为“结构—功能主义”，但是斯特劳斯批评功能主义对结构的分析并没有得到有效的使用，在进行功能分析时停留在表面，不可能触及人类心灵深处的无意识结构。斯特劳斯不同于或超越布朗等人的地方，是他尽管部分吸收了“结构”的思想，但其关注点不是经验的社会结构，而是人类的思维结构。他在所有著作中都强调“二元对立”是人类思维的基本结构。他认为，宇宙是一个连续体，人的思维由于能力所限，只能将其割裂为非连续性的东西，并且划分为类别或秩序化；又由于思维的本质是二元对立的结构，所以，非连续性的事物有对立的特点，诸如生与死、阴与阳、内与外，既对立又统一，既冲突又同时存在，隐藏于社会文化背后的“结构”是思维的本质。“二元结构”思维方式是列维—斯特劳斯分析和解读文化现象的基本工具，他在研究婚姻亲属制度、神话、图腾等人类学问题时，就是建立起组成单元，使他们在成双成对的组列中相互对比，进行一系列二项对立的运演。正是这些对立项的矛盾运动，构成了社会进化。和功能主义一样，结构主义既可以作为我们观察社会的一种观点，也可以作为我们研究社会的一种方法。

鉴于本项研究所涉及的秋夕是一个复杂系统，在从古至今的发展过程中表现出了多维度的指向，笔者认为，上述多方面的理论或学说，可在我们分析秋夕的各种民俗仪式和探讨不同视角下的秋夕功能时，给予理论上的参考和方法上的视角。

二 主要研究方法

一是文献分析法。文献分析法包括查阅、检索和使用古代正史和其他典籍文献所记载的岁时资料，大量地方志、个人笔记和民俗志所描述的有关秋夕的记录，以及国内外学者相关研究案例和研究论著等。由于东亚各国历史上交流频繁，秋夕文化也是东亚各国的共同文化，所以中国、韩国、日本的文献资料都可能用来进行研究。笔者尽量对历史文献进行多方比照，相互印证，争取正确解读，以揭示韩国传统秋夕的起源及历史演变，从中分析其深层原因及探讨其文化功能。

二是田野调查法。田野工作是文化人类学研究的重要特征和最根本的方法，是指人类学者深入到所研究的民族中去，参与当地居民的生活，掌握其文化全貌，了解当地居民的观点，从而对其文化进行调查研究的方法。秋夕至今仍是韩国民众岁时生活的一个重要组成部分，笔者在韩国进行了三个学期的田野调查，通过参与观察法，亲身体验了韩国秋夕在当代的状况，从而管窥现代韩国的社会文化面貌及发展趋势。

三是比较研究法。比较法是把不同地域、不同民族的民俗文化事象进行比较，这也是民俗学提倡的方法。钟敬文先生指出，“比较能使事物更容易显露出它的性质或特点”①。本书采用隐形比较法，主要有：官方与民间的比较；传统秋夕与现代秋夕的比较；韩国秋夕与中国、日本、越南等亚洲其他国家八月十五之节的比较。此外，在行文中还会涉及秋夕与端午的比较。通过这些比较，彰显韩国秋夕的节日特征和文化内涵，突出其文化特色，呈现其社会功能。

四是整体法。该方法建立在整体观的基础上，视文化为一个整体，认为文化各部分之间存在一种相对稳固、密切的结构关系，因此主张在研究文化的一个部分的同时，必须将其置于整个文化框架当中。本书采用此方法，将韩国秋夕置于时空的大视野中，认为其产生、发展、互动、变迁等都不是一个孤立的现象，其背后有着深刻的人文的、自然的、历史的、现代的根源。

五是跨学科研究法。本研究主要涉及历史学、社会学、民俗学、文化人类学等多个学科，采用这一方法的目的就是把韩国秋夕节视为多维结构中的一个中心要素，通过多学科研究方法的相互攻错，力求真实呈现韩国秋夕文化的特色。

六是功能分析法。这一方法认为任何一种文化现象都有满足人类需要的作用，都有一定的功能；同时认为文化是一个整体，

① 钟敬文：《民间文学理论的发展》，转引自《中国百科年鉴》编辑部《中国百科年鉴 1982》，中国大百科全书出版社 1982 年版，第 542 页。

其中的各个要素都相互联系，相互作用，都是整体中不可分割的部分。秋夕作为节日文化现象，具有多方面的功能，这些功能有的处于表层结构，有的处于深层结构，而要挖掘其潜藏在文化深层结构中的信仰观念，就必须运用功能分析的方法，通过对不同语境下秋夕功能的考察，揭示出其中蕴含的文化心理及民族智慧。

第四节 研究思路和基本框架

一 研究思路

本书是围绕韩国秋夕这一民族传统节日展开的一项立体多元的研究。在此有必要提一下笔者最终决定选择这一写作思路和框架的心路历程。在写作之初，笔者曾试图以某种单一的视角或某种理论为基础对这一节日进行深入挖掘。但在不断深入地搜集资料与阅读越来越多相关研究成果的过程中，笔者发现任何一种视角和理论都难以向人们展现一个多维、全景的韩国秋夕。秋夕作为韩国历史最为久远的传统节日之一，在盛衰沉浮的发展历程中，涉及其生活的方方面面，积淀和背负了太多的文化意蕴。可以说，秋夕是韩国传统节日的代表，从某种程度上讲，也是其民族精神文化和社会历史发展的一个缩影。只有运用多维的视角对其进行立体的剖析和探究，方能发现秋夕的文化之精髓、功能之本质。

基于这种认识，本书立足于秋夕的民俗仪式与文化展演，以功能主义理论为主线，运用结构主义研究方法择取几对具有张力的二元对立关系，以韩国秋夕的社会功能为归结点，构造了一个时空结合、经纬交织的网状分析结构。首先对韩国秋夕进行本体研究，以时间为线，对秋夕的源流、发展做纵深的历时性考察，在神圣与世俗的视野下剖析秋夕的节俗仪式及文化内涵；接着根据韩国历史发展及社会结构的特点，从官方与民间对秋夕文化的互动塑造角度对秋夕进行阐释；然后进行比较研究，打破民族国家界限，将其放于东亚空间与其他诸国的八月十五节日文化进行横向的共时性对比；最后将秋夕置于传统向现代嬗变的背景下考察其传承与变迁。最终，多维视角在相互交错的过程中汇于一体，归于展示秋夕文化样态与呈现秋夕社会功能之目的，力图呈现一个全方位、立体图景式的韩国秋夕，强调传承与保护民族传统文化的重要价值与意义。

二　基本框架

全书包括导论、正文与结论三大部分。其中，正文由四章内容构成。

第一章为本体研究。对韩国秋夕进行总体性、鸟瞰式的考察，力图呈现完整的秋夕文化样貌。一方面借助于对历史文献和民族志的梳理，对秋夕的起源及发展进行考察，理清其历史脉络。另一方面通过对秋夕节日仪式形态的介绍，探寻其体现的象征意义，发掘其文化内涵，并在神圣与世俗这一二元结构下，从民众生活这一层面出发，审视秋夕的价值与功能，认为秋夕不仅仅是民族文化的展演，更是传统社会的生存技术。

第二章为互动研究。秋夕的兴衰沉浮主要受制于官方与民间两大力量。本部分从这两大力量在博弈与互动中对秋夕文化进行共同塑造的角度出发，将秋夕置于政治变革的社会大背景下解析，对秋夕在政府强力介入作用下的演变过程和结果进行探讨，力图突破以往秋夕民俗研究中停留于民俗事象的描述层面，从国家权力层面阐释秋夕所具有的政治工具的功能。但由于韩国有曾受日本殖民统治及威权政府统治这两段有特殊性的历史，故这里所指的政治工具既体现在官方与民间这一关系之下，也体现在本民族与外民族这一矛盾之中，既是官方的统治工具，也是本民族抵御殖民化和反抗威权政府统治的政治工具。

第三章为比较研究。研究韩国秋夕，须将之置于更广阔的东亚视野来考察，因为秋夕并不只具有国别性，同时还具有区域性，属于东亚世界共同拥有的节日文化。本部分将韩国秋夕放在东亚空间与中国、日本、越南等国的八月十五节日文化进行横向比较。韩国著名民俗学家任东权先生认为："民俗是随人们的思考和生活而生成、传承的，可以超越一个民族和国家的界限，在同邻国的关系中也可找到解决问题的钥匙。于是对历史上有过交流、有过联系的邻近民族的民俗进行民俗学方面的比较，扩大民俗学研究领域是非常必要的，基于这一点，韩国民俗学应与北面的中国、蒙古、西伯利亚的民俗，与南面的日本、东南亚的民俗进行比较研究。"① 通过东亚区域内的比较，一方面发掘韩国秋夕所具有的独特之处，突出韩国秋夕在东亚这一空间的鲜明的民族性；另一方面探讨韩国秋夕的区域性及其与东亚其他国家的文化共识，强调诸如秋夕等文化遗产作为东亚空间的共享资源，对于整合区域文化、强化区域认同、促进东亚各国文化合作乃至建构东亚文化共同体等方面所具有的意义和功能。

第四章为变迁研究。在传统向现代嬗变的视野下，将秋夕置于动态的文化建构和现代适应过程中，分析其在现代韩国社会中的文化表述、传承与变迁等问题。作为一项传统文化和一个民族国家的文化符号，秋夕的文化变迁是传统对现代的调适，对现代化和全球化的冲击起着缓冲作用：对内适应现代化，缓和传统与

① ［韩］任东权：《韩国民俗学与亚洲民俗》，载宋孟寅、郑一民、袁学骏编《中国耿村国际学术讨论会论文集》，中国民间文艺出版社1991年版，第281页。

现代的关系，承接历史，传承传统；对外适应全球化，消解民族性与全球化的冲突，承载民族文化，保持文化身份。因此，抵御现代化和全球化对自身文化的解构以及维护传统性和民族性，建构民族文化认同，是此时期秋夕的主要功能。

第五节　资料来源及说明

本书所涉及的资料来源大致有以下几类，在此做一简要说明。

第一类，前辈学者们已有的学术研究成果。对于秋夕文化的研究，中国、韩国、日本的学者都作出了相关的学术贡献，有些研究成果在绪论前半部分笔者已经列出。另外，所涉及的相邻学科如民俗学的研究方法，以及一些西方的理论著作如仪式理论、结构理论等也在这一范围之内。本书对于所引用和参考的资料均有标注和说明。

第二类，中国、韩国及日本的古典文献等史料。中国悠久的历史造就了大量记录和研究历史的学者，历朝历代保留下来的古籍文献可谓汗牛充栋，其中有对节日记载的专门文献；而韩国自古以来就和中国关系密切，在中国古典文献中多有提及，包括二十四史等正史以及一些笔记、民俗志等。韩国的史料如《李朝实录》、《三国史记》和民俗志如《东国岁时记》等，日本的《入唐求法巡礼行记》等，也都对秋夕有所记载。这些史料，是本书的基本参考资料。不过，在古人的一些杂著中，引文不甚严格，虽然旁征博引，但往往择其所需，有时也会有对原文字句有所改易或舍弃的现象，针对这样的问题，笔者在使用时会注意仔细地甄别和澄清，并将各类资料进行比较对照，尽可能慎重地加以引用和采信。

第三类，田野调查资料。本书所用的田野调查资料，既包括韩国学者相关的田野调查报告和记录，也包括中国、日本学者在韩国的所见所闻之记录。由于韩国经济腾飞之后对传统文化价值的重新认识，政府的重视加之民间的呼吁，相关政府部门、学术机构和学者就包括节日在内的传统民俗多次采风调研，整理和编写了较为丰富的民间风俗资料，特别是高丽大学和巨石出版社编写的一套丛书，文献价值较突出，为本书写作提供了重要的资料。日本殖民时期，也对韩国民风民俗做了一定的调查和记录，这也是本书的资料来源之一。

本书所用的田野调查资料同时包括笔者在韩国访学期间所作的访谈、问卷调查和参与观察资料。由于本书的一个章节侧重反映当代文化生态里的秋夕文化，因此，通过田野调查来发现当代秋夕相对于传统秋夕所发生的文化变迁、发掘秋夕目前蕴含的民俗内容、探讨秋夕的当代意义是十分必要的。在田野调查中，参与观察是本研究使用的最主要方法。人类学的研究强调深描，要求研究者进入研究对象的世界，用当地人的眼光看当地文化。笔者通过体验普通韩国家庭的秋夕盛况、亲历韩国民众参演和观看秋夕节目的过程，更深刻地理解秋夕在当代的存在样态及存在意义。

但是，田野调查也存在一些无法回避的问题。首先就是田野调查时空冲突的问题。由于秋夕作为岁时节日是一年一度的，所以尽管笔者在韩国逗留时间近一年半，但是只经历了一次秋夕。而围绕本研究，需要开展的调查至少包括城市家庭、农村村落、民俗村、旅游地等空间形式，这些在短短的一个秋夕节日期间是无法完成的。由于这种时间和空间的冲突问题，调查就必然存在局限性。为了尽可能减小局限性，笔者根据研究需要，选取了对于城市化程度非常高的现代韩国社会来讲更为主流的城市家庭作为调查对象，在秋夕期间进行有针对性的参与观察。此外，笔者在秋夕以外的时间进行了随机访谈，并通过博物馆、民俗村、图书馆、政府部门如国史编撰委员会等获取尽可能多的图片、实物及文字资料，以补充田野调查出现的不足。

第四类，网络资料。20 世纪 90 年代以来，随着信息产业的发展，电脑和互联网技术突飞猛进，网络也迅速地发展成为“第五媒体”，日甚一日地影响着人们的生活方式和行为模式。网络资料成为展示节日风俗民情不可忽视的一个来源。因此，本研究关于韩国秋夕及亚洲各国八月十五节日的神话传说、表现形态等内容参照了某些网络资料。但是网络信息在快速和便捷的同时，也可能出现讹误和虚假，因此，笔者尽可能谨慎地使用和征引这类资料。

第一章

本体研究：圣俗交错中的韩国秋夕

第一节　秋夕的起源和发展

一　秋夕的起源

关于秋夕的由来，韩国本土所留下来的史料比较匮乏。因此，除了韩国本土的文献资料外，我们可以借助于中国古代史书的相关记载以及相关的民俗学及文化人类学知识进行考察。

韩国有关秋夕的最早记录是成书于1145年金富轼所创作的《三国史记》。该书“儒理尼师今（王）九年（32）”条记载：“王既定六部，中分为二，使王女二人，各率部内女子，分朋造党，自秋七月既望，每日早集大部之庭绩麻，乙夜而罢。至八月十五日，考其功之多少，负者置酒食，以谢胜者，于时歌舞百戏皆作，谓之嘉俳。是时，负家一女子，起舞叹曰：‘会苏会苏！’其音哀雅，后人因其声而作歌，名会苏曲。”① 公元24年到56年是新罗儒理王在位时期，这则史料也被后来的《洌阳岁时记》、《东国岁时记》等朝鲜岁时记所引用，以此证明韩国秋夕的来源。《三国史记》的记载清楚地表明，“绩麻”竞赛为整个新罗八月十五节日活动的中心。由此可以推断，最初的八月十五

---

① ［韩］金富轼：《三国史记》卷1《新罗本纪》，参见娄子匡、任东权、李元植编《韩国汉籍民俗丛书》第5册，台北：东方文化书局1971年版，第5—6页。

之节主要来自农业生活的集体劳作。早在新石器时期，朝鲜半岛的居民就开始用麻织布，棉布直到14世纪才有，三国时期与新罗时期种麻绩麻在民间应极为普及，可惜的是为绩麻竞赛助兴的《会苏曲》已经失传。金宗直（1431—1492）曾经沿用其题目创作了同名的《会苏曲》："会苏曲，会苏曲，西风吹广庭，明月满华屋。王姬压坐理缫车，六部女儿多如簇。尔莒既盈我筐空，酾酒揶揄笑相谑。一妇叹，千室劝，坐令四方动杼柚。嘉俳纵失宫中仪，犹胜跋（拔）河声嗃嗃。"[①] 虽然该诗流传甚广，但更多的是在表达作者自己的思古情怀。18世纪的朝鲜诗人洪良浩也曾作诗描述这一场景："三月撒麻籽，七月收麻秆，捻线花五天，漂洗花十天，快手操飞梭，织成细麻布，细薄赛蝉翼，轻轻手中飘。"朝鲜半岛南海岸一首古老的关于秋夕织麻的歌谣传承至今："金海锦山，麻秆好长，南海南山，松枝好长，炭火煮来（个）月夜熬，月初抽得（个）长麻线，直到月圆未织完。"[②] 韩国学者任东权先生提出，尽管流传有很多关于秋夕的传说，但秋夕的习俗早于各种传说产生。在古代农耕社会里，因为技术水平比较落后，所以在收获季节需要互相帮助，各种美风良俗开始产生，在互帮互助的集体劳动中，八月十五便成了韩国的秋夕。[③]

有关新罗八月十五节日的记载也见于中国的古代文献之中。中国最早的有关史料记载于《隋书》，该书纪、传部分成书于唐朝贞观十年（636），《隋书·东夷·新罗》中记载："新罗国，

---

① ［韩］民族文化推进会编：《韩国文集丛刊》第12卷，韩国景仁文化社1988年版，第227页。

② 方晥柱：《朝鲜民俗》，外文出版社1990年版，第78—79页。

③ 参见［韩］林宣佑《韩国秋夕的社会文化内涵、功能及其传承意义》，《重庆文理学院学报》2007年第6期。

在高丽东南，居汉时乐浪之地，或称斯罗。魏将毌丘俭讨高丽，破之，奔沃沮。其后复归故国，留者遂为新罗焉。故其人杂有华夏、高丽、百济之属，兼有沃沮、不耐、韩獩之地……风俗、刑政、衣服，略与高丽、百济同。每年正月元旦相贺，王设宴会，班赉群官。其日拜日月神，至八月十五日，设乐，令官人射，赏以马布。"① 另外，成书于贞观十七年（643）的《北史》对此也有相似的记载："八月十五日设乐，令官人射，赏以马布。"②《旧唐书·东夷·新罗》中也记载："重元日，相庆贺宴飨，每以其日拜日月神。又重八月十五日，设乐饮宴，赉群臣，射其庭。"③《太平御览》卷781《新罗》载："风俗刑政衣服略与高丽、百济同。每月旦相贺，王设宴会，班贵群官，其日拜日月神主。八月十五日设乐，令官人射，赏以马布。"④《文献通考》卷148《乐考》记载："新罗，每岁八月十五日设乐，令群官射，赏以马布。"⑤ 由此可见，在唐贞观年间，新罗人过八月十五之节，已为中国所知，其主要活动就是饮宴作乐及射箭游戏。

另一部有关八月十五节日早期记载的重要作品是《入唐求法巡礼行记》，这部书由日本僧人圆仁所作。圆仁和尚于唐文宗（827—840）时期入唐，记载了当时居住于山东一带新罗人的生活情况。山东是唐王朝与朝鲜半岛交往的重要口岸，也是新罗侨

---

① （唐）魏徵等：《隋书》卷81《东夷》，中华书局1973年版，第1820页。

② （唐）李延寿：《北史》卷94《新罗》，中华书局1974年版，第3123页。

③ （后晋）刘昫：《旧唐书》卷199上《东夷·新罗》，中华书局1975年版，第5334页。

④ （宋）李昉：《太平御览》卷781《四夷部二·新罗》，中华书局1960年影印本，第4册，第3461—3462页。

⑤ （元）马端临：《文献通考》卷148《乐考二十一》，中华书局1986年版，第1293页。

民的聚居地。圆仁所居住的赤山法华院是当时新罗侨民在中国设立的规模最大的佛教寺院。周边的新罗侨民经常到法华院举行集会以及其他仪式和庆祝活动，并且保持着相当浓郁的新罗本土习俗。这部书和《马可波罗游记》、《大唐西域记》并称为“东方三大旅行记”，对于了解唐时东亚三国社会风貌极具史料价值。圆仁在这部书中详细记载了唐开成四年（839）新罗人在山东赤山法华院欢度八月十五节日的盛况。“十五日，寺家设馎饼饨食等，作八月十五日之节。斯节诸国未有，惟新罗国独有此节。老僧等语云：新罗国昔与渤海相战之时，以是日得胜矣，乃作节乐而喜舞，永代相续不息。设百种饮食，歌舞管弦以昼续夜，三个日便休。今此山院，追慕乡国，今日作节。其渤海为新罗罚，才有一千人向北逃去。向后却来，依旧为国。今唤渤海国之者是也。”[①] 圆仁所记述的“设百种饮食，歌舞管弦以昼续夜”，与《三国史记》等典籍相一致。但他所提到的新罗八月十五之节是为纪念新罗击败渤海国而设则与上述典籍所载相异。圆仁所生活的唐文宗时代距离新罗儒理王时期已800余年，此时中国早知新罗有八月十五之节，《隋书》等记载都可以佐证。如此或许可以推测，八月十五之节不应是起源于此时，而应该是新罗作战胜利更加强化了这一节日的重要性。

虽然八月十五之节在朝鲜半岛历史久远，但“秋夕”的名称却出现得较晚，韩国有学者认为，“秋夕”源于中国。新罗时期大力引进中国唐朝文化，而中国人则称呼八月十五为“中秋”或者“月夕”，根据这种推测，新罗当时很可能是把这两种称呼合二为一，称八月十五之节为“秋夕”。[②] 但依据笔者所接触到

---

① ［日］圆仁：《入唐求法巡礼行记》，广西师范大学出版社2007年版，第56页。

② 参见［韩］郑锡元《韩国的中秋节》，《文史杂志》2008年第10期。

的材料来看，只是到了高丽时期才明确有“秋夕”的称呼。如郑麟趾所编撰的《高丽史》卷81《刑法志》“禁刑条”下，开列了高丽时期的“俗节”，有“元正、上元、寒食、上巳、端午、重九、冬至、八关、秋夕”[①]，并且在秋夕，官员有一天的假日。

从文化人类学的角度看，秋夕的起源与远古时代的月神崇祀有关。如上述有关史料中多次提及古代朝鲜半岛“拜日月神主”的习俗。按照一些学者如傅朗云的分析，“朝鲜”这一名称也和日月崇拜有关，他认为，在上古时期，朝鲜半岛上除了有过朝鲜国之外，还有朝族、朝那、朝云、正明国等小国，正明国又称“日月国”，这说明朝鲜半岛对日月及天的崇拜源远流长。据傅朗云分析，“朝”字蕴含有日月二神或者日月图腾的一个组合。[②]中国的一些古籍文献有记载，如《后汉书》：夫余“以腊月祭天，大会连日，饮食歌舞，名曰‘迎鼓’。是时断刑狱，解囚徒。有军事亦祭天，杀牛，以蹄占其吉凶”[③]。《后汉书·高句丽传》记载，高句丽“好祠鬼神、社稷、零星，以十月祭天大会，名曰‘东盟’”[④]。《后汉书·三韩传》还描述马韩“常以五月田竟祭鬼神，昼夜酒会，群聚歌舞……十月农耕毕，亦复如之。诸国城各以一人主祭天神”[⑤]。结合韩国秋夕节的诸多民俗游艺等节日活动，可以推测，远古时期，在收获季节的月圆之夜祭祀月

---

① ［朝］郑麟趾：《高丽史》卷81《刑法》，国会刊行会印本，转引自杨鸿烈《中国法律对东亚诸国之影响》，中国政法大学出版社1999年版，第44页。

② 参见傅朗云《朝鲜民族族源神话传说新探》，《北方民族》1994年第2期。

③ （东汉）范晔：《后汉书》卷85《东夷列传第七十五》，中州古籍出版社1996年版，第815页。

④ 同上。

⑤ 同上书，第817—818页。

神，感恩月亮之神对人类的赐予及祈求丰产，并伴以歌舞，这应是朝鲜半岛的人们不鲜见的行为，久而久之，便沿袭下来形成节日，即今天韩国极为重视的节日——秋夕。

二　秋夕的发展历程

由于在第二章将探讨官方与民间对秋夕的共同塑造，对官方力量与民间力量相互作用下的秋夕演变轨迹做详细的阐述，故本章仅就秋夕的发展历程做一粗勒勾画。

三国时期与统一新罗时代，尚未有“秋夕”之名，八月十五是和元日同等重要的节日。每年的八月十五，大王就会与群臣共同欢度一天。

高丽时代秋夕更加盛行，这一时期已有“秋夕”之名。其与元正（春节）、上元、上巳、寒食、端午、重九、八关、冬至等节日排在一起并称为“九大俗节”。

朝鲜时代之后，秋夕与春节、寒食、端午一起并称“四大名节”，而且越来越得到人们的重视。

上面三个时期皆属古代，作为收获节日的秋夕在节日体系中一直占据很重要的地位。并且随着东亚各国之间的文化交流，秋夕的内容也不断得以丰富，比如受到儒家文明影响，其祖先崇拜的色彩越来越浓。

日本统治朝鲜时期，对秋夕的某些习俗严令禁止乃至取缔，致使秋夕的发展陷入一个低潮。

韩国光复之后，最初作为农业文明产物的秋夕在发展的过程中遭遇现代文明的挑战，在此阶段，其内涵和功能也出现了一些变化。这一部分的内容将在第四章详述，在此不做进一步阐述。

第二节 秋夕的仪式及象征

仪式与象征，作为最能体现人类本质特征的行为表述与符号表述，是人类思维与行动的本质体现。仪式，通常被界定为象征性的、表演性的、由文化传统所规定的一整套行为方式。信仰与仪式通常被作为人类学宗教研究领域中两个重要的范畴，前者是对自然、社会与个体存在的信念假设，后者则是表达并实践这些信念的行动。虽然大多数宗教的及巫术的行为都是属于仪式的，但仪式这一概念通常却不限于宗教和巫术①，它可以是神圣的，也可以是世俗的活动。我们对仪式这一概念采取了较为广义的理解：它可以是特定时空下的神圣礼仪，也可以是约定俗成的世俗活动。仪式作为一个社会或族群最基本的生存模式，存在于人们的生活之中，是社会秩序整合与调适的平台，是民族文化传统延续的生命场。秋夕文化源远流长，在漫长的历史中发展出繁复的节日仪式，蕴含着丰富的象征意义。这些仪式神圣与世俗交错混融，集韩国人民生产、生活于一体，涵盖了伦理世界和社会生活，集中表现着民间生活的内在逻辑，满足着民众的精神需求和现实利益，成为民族文化的一个缩影。

一 秋夕的仪式展演

不论是西方抑或东方，也不论是何种形式的节日，其结构大致都包括时间、仪式、内容和隐喻四个层面。而这些又集中体现在仪式之上。秋夕仪式与其他节日仪式一样，从其内容的符号和

---

① 参见郭于华《导论 仪式——社会生活及其变迁的文化人类学视角》，载郭于华主编《仪式与社会变迁》，社会科学文献出版社2000年版，第2页。

编码来看，可以视为集体象征文本；从其形式来看，它们都具备形式固定化和操演作用的特点。也就是说，作为人类仪式的结构和形式一旦确定下来后，它就会在长时间里被固定下来，将其文化进行展演。

（一）茶礼

秋夕茶礼又叫“八月荐神”。韩国人在秋夕非常注重“追远报本”，祭祀祖先。尤其是儒家文化传入韩国后，更加强化和丰富了韩国固有的祖先崇拜习俗。另外，秋夕茶礼兼具“荐新”之意。荐指献或进，而新是指新谷或时鲜收获物。《通礼》所云“岁逢令节荐新物”即是。所谓荐新是指以初熟五谷或时节果物祭献天地神明和祖先的祭仪。[①] 在韩国的传统农耕习俗中，每当有新的收获物时，人们都要举行仪式祭拜神明和祖先，向祖上敬献当年的新谷和时鲜水果，把用新米做的松饼、打糕、新稻酒以及各种珍馐美味，还有新收获的栗子、柿子、大枣、梨子等新果实摆设在祖先的牌位前面。一般是当日在宗族祠堂或自家举行祭祖仪式，通常祭拜四代祖先。如果有几个兄弟，则一般由年龄最长者主持。

“茶礼”一词在史书中最初出现时其意却与后来相差甚远，据考证，“茶礼”这一词语最初出现于李朝太宗元年，即公元1401 年，开始时意思只是接待外国使臣的一种礼节，并无祭祀之意，后来才慢慢发展成为祭祀的一种礼节。[②] 由于主要是表达对祖先的感恩之意，因此，秋夕的祭祀尤其讲究，其隆重程度甚至超过了春节，包括供品的制作与摆放，祭祀的礼仪等也要求

① 参见玄松南《韩国传统农耕文化（四）收获季节的农耕习俗——荐新祭》，《中国稻米》2002 年第 4 期。

② 参见张宏庸《茶的礼俗》，台北：茶文学出版社 1987 年版，第 117 页。

严格。

祭品的摆放要严格按照“左脯右醢，考西妣东，炙奠中央”的规则。贡品前后一共分为五行：第一行自左至右为左烛台、酒杯、勺子、筷子、神位烛台、右烛台；第二行遵照“鱼东肉西，头东尾西”的原则，鱼放在东边，肉放在西边；第三行是肉汤、海鲜汤、豆腐汤，按照从左到右依次放置；第四行遵循“左脯右醢”的原则，自左至右依次放脯、三色山菜、拌粉丝等；最后一行按“东枣西栗，红东白西”的原则，依次摆大枣、栗子、柿子、梨子等果类。同时，祭品也有一定的禁忌，如不用桃子，因为在东亚各国中，桃子有驱鬼的功效。另外，末字发韩音치“qi”的不能使用，例如小鱼멸치（韩音：“mier qi”），带鱼갈치（韩音：“gal qi”）等。不能用辣椒和大蒜，祭品不能辣也不能咸。①

秋夕祭祀也有一定的程序。家中男女要穿韩国传统服饰、戴新帽，摆好祭品后，开始祭典。男人们恭敬地站立在祭桌前，主祭的家族长子要先把家里的大门打开，请老祖宗的灵魂进到家门来，然后回到供桌前，烧香、点烛、献花与献酒，率领家庭成员行叩拜礼。在祖宗们享用祭品的时候，主祭者还向家人介绍祖宗的创业史与光荣史，进行较严格的家庭教育。然后卜问祖宗是否已享用完祭品。完毕后，主祭者再率领家族成员对祖宗行礼，恭送祖宗。祭祖仪式完毕后，将祭酒喝掉，然后开始吃团圆饭。②供奉的食物则由全家人分食，称为“饮福”。李吟雪先生也就其所见对秋夕茶礼进行了描述：首先燃香向供桌拜三下，意即求降

① 参见［韩］林宣佑《韩国秋夕的社会文化内涵、功能及其传承意义》，《重庆文理学院学报》2007年第6期。

② 参见钟俊昆《韩国祭祀活动考察》，《赣南师范学院学报》2002年第4期。

福星保佑。然后用茶壶向小茶杯倒茶，向祖宗献茶，最后全家行跪拜之礼。①

（二）食俗

因为隆重的秋夕茶礼在早饭后举行，所以，韩国的秋夕节早餐最为正式和丰盛，这也是韩国秋夕文化当中颇具特色之处。加之所做饮食涉及供品，因此食品原材料都是精挑细选，制作也是颇费周章。当然，对于制作食物的妇女，尤其是长媳，秋夕不啻于一场声势浩大的战役。韩国《农家月令歌》里也记载着秋夕节日的一些传统食物："吃干明太鱼与黄花鱼以度秋夕名节，用新稻酒、新米松饼、匏瓜菜、土卵汤供奉祖先，后与邻居分食。"②《东国岁时记》"八月十六"条载："（秋夕）卖酒家造新稻酒，卖饼家造早稻松饼，菁根南瓜甑饼，又蒸糯米粉，打为糕，以熟黑豆黄豆芝麻粉粘之，名曰引饼以卖之，即古之粢糕，汉时麻饼之类也，蒸糯米粉成团，饼如卵，用熟栗肉和蜜附之，名曰栗团子，按岁时杂记二社重阳以栗为糕，今俗昉于此，又有土莲团子，如栗团子之法，皆秋节时食也。"③ 可见，秋夕的主要传统食物如下：

1. 松饼

如同月饼在中国中秋节的地位，松饼也是韩国的秋夕节最具代表性的食品。"松饼"名称之由来就在于蒸松饼时必须在蒸屉里先铺上一层松针，防止糕饼粘在蒸屉上。秋夕松饼都是用新米制作而成，形似半月，一般以豆沙、枣、栗子、芝麻泥、白糖等

① 参见李吟雪《韩国人的中秋》，《交流》2008年第2期。

② ［韩］郑锡元：《韩国的中秋节》，《文史知识》2008年第10期。

③ ［朝］洪锡谟：《东国岁时记》，载任东权、李元植等编《韩国汉籍民俗丛书》第1辑，台北：东方文化书局1971年版，第40页。

为馅。有时用胡萝卜、南瓜等染成各种颜色，摆放在一起，色彩各异，非常漂亮。现在也有香菇、水芹菜、石茸、鸡肉等肉类和新鲜的蔬菜等做馅的“加馅松饼”。包松饼一般全家参与，非常热闹，既有团圆之意，又加强了家庭成员相互之间的交流。松饼不仅是色香味形俱佳的秋夕食品，在漫长的历史发展过程中，韩国人民也赋予了它丰富的文化意蕴。如古时候就流传这样一种说法，未婚的青年男女如果能够包出好看的松饼，就会寻到心仪的佳偶，反之则会找到一个丑八怪。怀孕的妇女往往在松饼里横着放上一根松针或者缝衣针，如果吃到松针头部或者缝衣针针鼻，就会生女孩，反之则会生儿子。而且松饼呈半月形而非满月，也深含寓意。从传统的风水信仰来看，半月形意味着逐步走向满月，呈上升势头，也象征着家族繁茂、财源滚滚。历史上贵族统治者也很看重这一点，建都时往往都选择半月形的地方，如新罗的首都庆州、高句丽的首都平壤、百济的首都扶余等。[①] 和中国的月饼象征着“团圆”之意不同，韩国的松饼最初是祭拜掌管丰收的月亮之神的祭品，后来演变为祭拜祖先之用。

2. 土卵汤

即芋头汤。秋夕，正是芋头刚刚收获之时，因此，芋头汤是秋夕最具时令性的食物。鲜美的芋头汤属于碱性食物，有益于健康，又可以消食，也是人们非常喜欢的秋夕食品。

3. 新稻酒

秋夕时，人们都预备充足的用新稻米酿制的白酒，一方面作为祭祀用品，另外用于秋夕节日狂欢。

此外，秋夕传统食物还有黄鸡以及各种收获的果实等，不一而足。

---

① 参见［韩］郑然鹤《韩国的民俗学》（二），《民俗研究》1997年第4期。

包松饼（韩国龙仁民俗村展品，笔者拍摄）

（三）秋夕民俗游艺

对于何谓民俗游艺，笔者比较认同任东权先生所做的界定。他认为，民俗游艺包括民俗游戏和娱乐，从广义上说，有时也包括舞蹈和戏剧。游戏，主要指的是青少年男女愉快地嬉闹玩耍，娱乐则是指人们在空闲时间进行的有趣活动。民俗游艺的概念其实与游戏相当接近。属于传统民间风俗的尚未分化的舞蹈也可以归入民俗游艺之范畴。[①]

秋夕是收获的节日，既被视为一年中最好的时节，又被视为

① 参见［韩］任东权《韩国民俗游艺的特点及继承》，《高丽亚那》1995 年第 4 期。

最隆重的节日之一，在祭祖及享用各种美味佳肴之余，还创造了许多传统的民间游艺活动用以助兴。加以中秋月明，便于举行各种游戏活动，所以秋夕的游戏活动比较多，俗称“百戏”。秋夕的游艺活动虽然现在的韩国人一般将之视为娱乐性活动，但是这些民俗游艺活动作为秋夕文化重要的有机组成部分，大多是从古代开始在人们的现实生活中慢慢形成，然后又在日积月累的实践当中逐渐继承下来的。古代人为了取悦于祖先和自然神灵，求助于自然恩赐，以歌舞游艺活动等方式进行求助祭拜。恩格斯在谈到印第安人的宗教观念和崇拜仪式时指出：“各部落各有其定期的节日和一定的崇拜形式，特别是舞蹈和竞技。”① 张筹根先生经过研究认为，不少韩国传统岁时游艺活动“存在于祖先原始信仰的祭天仪式活动当中，不分男女老少所有的人在一起载歌载舞的娱乐方式慢慢地演变成为现在的岁时风俗，而这些岁时风俗又随着时代的发展演变而成各种的游戏，从而超越了纯粹的娱乐形式而成为祖先创造的传统文化而承继下来”②。韩国秋夕的不少游艺活动都源远流长，带有明显的农事礼仪与宗教祭礼的色彩。

其实，梳理一下韩国的民俗游艺活动，可以看出正月十五上元节与八月十五秋夕节占据了绝大部分和农事礼仪相关的民俗游艺项目。林在海认为，除了月亮之神代表丰饶之外，该做法也并非毫无科学依据。“十五首先是因为满月而成为节日的，而月亮，与农业生产的关系又非常密切。有科学家的研究成果表明，

① ［德］恩格斯：《家庭、私有制和国家的起源》，《马克思恩格斯选集》第4卷，人民出版社1995年版，第90页。

② ［韩］张筹根：《韩国的岁时风俗与民俗游戏》，大韩基督教书会1974年版，第39—40页。

十五的月亮能使生命力活化的放射线最强烈地放射出来，植物花的开放一般在临近满月时达到高潮。也就是说，农历十五夜里，由于月亮的影响，植物的生命力是最旺盛的，故此世界各地的人们不约而同地认为，在这个时候进行祈祷农作物丰收多产的游艺活动是最有效的。”① 当然，随着韩国步出农耕时代，接受现代文明的洗礼之后，有些游戏活动慢慢就衰落了。韩国秋夕的游艺活动主要有以下几种：

1. 拔河活动

拔河又称引索，在中国古代称为施钩之戏，起源于古代楚国。拔河习俗广泛分布于东南亚各国以及韩国、日本等国家，是一种非常普及的活动。

在韩国，拔河是传统的竞技性很强的大型民间游艺活动，一般在秋夕、端午、上元等传统节日举行。这项活动历史悠久，洪锡谟所著《东国岁时记》对此早有记载：“湖西俗有炬战，又以绹索分队，把持相牵引，不被引者为胜，以占丰。”“岭南俗有葛战，以葛为索，大可四五十丈长，分队相引以决胜，谓之占丰。”② 很清楚地指出这项活动的目的就是“占丰”，即双方希望通过拔河竞技仪式以祈求丰产，是带有占岁色彩的信仰活动。

韩国学者一般认为，拔河活动发祥地为东南亚的产稻区，主要涵盖印度尼西亚、老挝、柬埔寨及缅甸等东南亚国家。印度尼西亚东部把这一活动视为象征男性的太阳神和象征女性的地母神一年一度相会的仪式。所以每年开始农耕之时，人们便分成男女

① ［韩］林在海：《岁时风俗和祈祷丰收的民俗游艺的生产性》，《高丽亚那》1995年第4期。

② ［韩］洪锡谟：《东国岁时记》，载任东权、李元植等编《韩国汉籍民俗丛书》第1辑，台北：东方文化书局1971年版，第40页。

两队进行拔河活动，拔河动作模仿反复屈前仰后的性行为。在东南亚一些地方，人们也认为拔河有祈雨的功效。在韩国，拔河活动具有明显的地域性。韩国的农业产区以汉江作为分界线，汉江以北是以旱田为主，基本上不举行拔河活动，而在水稻的主要生产地湖南地区与岭南地区，则盛行拔河活动。韩国正月十五和八月十五都有拔河活动，其中秋夕拔河盛行于全罗南道的一些岛屿、京畿道、江原道、济州岛和庆尚南北道的部分地区。拔河在济州岛地区被称为照里戏。《东国舆地胜览》或《东国岁时记》中记录："济州俗，每岁八月望日男女共聚歌舞，分作左右队曳大索两端以决胜负。索若中绝，两队富地观子大笑，以为照里戏。是日又作秋千及捕鸡之戏。"①

韩国自古以来从事水稻生产，至于稻作活动起于何时，确切的时间难于考究。不过根据史书文献，可以知其大概。韩国古籍《三国史记》记载，多娄王六年二月，曾"下令国南州郡，始作稻田"②。说明当时朝鲜半岛南部地区已有水田种植稻米。古尔王九年二月，"命国人开稻于南泽"③。中国《隋书·东夷·新罗》中记载，新罗"每正月旦相贺，王设宴会班赉群官。其日拜日月神……田甚良沃，水陆兼种，其五谷果菜鸟兽物产略与华同"④。都说明自公元前后起，朝鲜半岛南部水稻种植逐渐普

① ［韩］左慧庆：《济州岛的民俗节日》，载陶立璠编《亚细亚民俗研究》第2集，民族出版社1999年版，第139页。

② ［韩］金富轼：《三国史记》卷23《百济本纪第一》，多娄王六年二月，东京近泽书店1941年版，第236页。

③ ［韩］金富轼：《三国史记》卷24《百济本纪第二》，古尔王九年二月，东京近泽书店1941年版，第242页。

④ （唐）魏徵等：《隋书》卷81《东夷》，中华书局1973年版，第1820页。

及。金宅圭的研究也表明，随着百济从 1 到 2 世纪，新罗从 4 到 6 世纪大力兴修水利灌溉设施起，韩国的水稻种植兴起了。[①] 农业文明时期生产力的落后以及对自然条件的依赖，加之水稻种植与收获需要集体协作，为了祈丰或祈雨，拔河活动应运而生。

韩国传统的拔河活动颇具特色，和人们所熟知的体育运动中的拔河区别很大。拔河用的绳索是用稻草编织而成的，由主绳和边绳构成。主绳由两根连接而成，每根至少几十米长，直径 50—100 厘米，有的绳索粗得人骑上去脚都不能着地。其中一根称为雄绳，另一根称做雌绳。为了便于拔河，人们又在绳子上绑上上百条边绳。两根主绳粗的头部都编成套环的形状，雄绳的连接环要小一些，大致呈椭圆形，雌绳的连接环稍微大一些，接近于圆形。在比赛开始之前，双方需齐心协力把雄绳的绳头插进雌绳的圆环里面，之后在雄绳环里插入一个长约 3 米、粗约 25 厘米的木段将其固定。比赛的规模很大，不分男女，一般有数百人乃至数千人，拔河比赛一般是在邻村之间进行，同一村庄比赛的极少。比赛时多以介乎两个村庄之间的道路或者河流为界，分为东西两方，一般雄绳在东，雌绳在西。比赛的场面极其壮观，常常持续数日数夜，双方还各有拉拉队，摇旗呐喊助威。比赛间隙，拉拉队一般会在农乐伴奏下为本方参战队伍跳舞唱歌以鼓舞士气。根据韩国安东大学民俗学教授林在海的研究，拔河比赛一般分为准备过程、比赛过程与结束过程三个阶段。准备阶段，一般是将家家户户都准备好的稻草收上来，以便制作拔河用的绳子。制作绳子需要几千捆稻草，都是村民免费献上的。在村民花

① 参见［韩］金宅圭《日韩民俗文化比较论》，日本九州大学出版会 2000 年版，第 317 页。

费近一个月时间共同将绳子制作完毕后，还要对绳子严加看守。因为拔河绳被视为龙的象征，主绳上的边绳被看作龙足。在稻作文化中，龙的地位和功能不言而喻。出于原始生殖崇拜，绳子有时也被视为带来丰产与繁衍的男根或者女阴。基于这层含义，围绕拔河绳还出现了一种说法，只要能够从大绳上跨过去，即使是不育的妇女也能生儿子，不过这样将会导致庄稼歉收。当然，看守绳子除了防止妇女或其他不洁的东西靠近外，主要是担心对手私下里从己方的大绳跨过或者把针插入大绳之中，因为这样据说会导致出现事故或绳索断开。比赛过程则把绳子人格化，一人穿上男服骑在雄绳上，另一人穿上女服骑在雌绳上。而且两根绳子也分别供上男帽与女冠。连接雄绳与雌绳的过程以及拔河的进退动作无不和人类的交媾动作相契合。弗雷泽在《金枝》中也对欧洲类似的现象予以了关注，“采用两性交媾的手段来确保大地丰产。有些仪式至今，或者直到不久以前还在欧洲保留”①。

拔河不仅是一种游艺活动，而且还有通过拔河占年的传统习俗。拔河时分东西两队分拉雌雄两端。比赛决出胜负，一般认为西队战胜东队即雌绳获胜会丰收；相反如果东队胜西队则当年五谷歉收。这是因为在阴阳哲学中东是阳，代表男性，西是阴，代表女性，而女性能生育，是生产、生殖的象征，所以代表阴性的西队胜利就意味着五谷丰收，必有大年。当然，在一般情况下东队都会败给西队以图吉利。而且，人们相信，如果不举行拔河比赛的话，农产品肯定会歉收。可见拔河也是一种通过拟战方式占年的间接农占习俗。

拔河结束后处置粗大的拔河绳，一般有几种方式，由于人们

① ［英］弗雷泽：《金枝》，中国民间文艺出版社 1957 年版，第 206 页。

将之视为吉祥之物，认为用其肥田或者扔在屋顶上就会带来吉祥和丰收，所以有把绳子剁碎放到田间或者做牛饲料，或者将其缠绕到房屋堂山的树上面。金光彦认为："它显然是与水稻生产密切相关的一项重要仪式。另一方面，我们还需要强调，这项活动起到了加强人们的凝聚力和热爱故乡之情的作用。如果不是对养育自己的故乡充满了爱和自豪，就不太可能无私地献出农家十分珍惜的稻草，也很难做到不分昼夜地欣然参与近一个月的搓绳劳动。就此而言，拔河活动不愧为韩国民俗游艺的标志。"①

拔河（韩国乐安邑城民俗村展品，笔者拍摄）

2. 羌羌水越来

"羌羌水越来"是韩国秋夕时的一个传统的游戏节目，即圆

① ［韩］金光彦：《拔河的风俗及有关的民俗资料》，《高丽亚那》1995 年第 4 期。

圈舞，音译为“强羌水越来”，或“羌羌水越来”。这是韩国秋夕最著名的一个游戏。它集祭祀、娱乐和表演为一体，被列为韩国第八号重要无形文化财产，也在2009年被列入世界文化遗产名录。它流行于全罗南道沿海地区，主要是女性的一种集体游戏，通过世世代代人门口耳相传延续至今。其形式主要是在秋夕月圆之夜，几十个身着韩服、打扮漂亮的女人，择一个合适的场地，手拉手围成一个圆圈，有节奏地一边跳舞一边唱歌。从明月初升一直跳到到凌晨。在游戏进行过程中，一两名唱得比较好的妇女往往被人们挑选站在圈子中间领唱，领唱者每唱一句，其他妇女则随声附和“羌羌水越来”。所以这个游戏也就被称为“羌羌水越来”。歌曲的旋律简单而又通俗，并且时时有同一种旋律的循环出现。领唱者领唱一句，其他人合唱一句。开始时比较舒缓，之后速度逐渐加快。领唱者所唱歌词并不固定，都是根据不同的情境随意编唱，仅举几例羌羌水越来的歌词：“天上星星哎密密扎扎，羌羌水越来；朋友好院子也好，羌羌水越来；松田里松叶哎密密扎扎，羌羌水越来；竹田里竹子哎密密扎扎，羌羌水越来；圆月里的老松树，羌羌水越来。”① “守卫边疆跳起舞，羌羌水越来；一轮明月当空照，羌羌水越来；龙王爷啊出东海，羌羌水越来；秋夕节呀好自在，羌羌水越来；新娘子们尽情舞，羌羌水越来。”②

长期以来，羌羌水越来作为秋夕游戏项目为韩国人所喜爱。但是对于这一游戏的起源，则是众说纷纭，莫衷一是。一种说法是这一游戏源于古老的韩国土俗圆舞。这种提法的代表者是任东

① ［韩］金英模：《秋夕》，《当代韩国》1994年第3期。

② ［韩］赵东一：《韩国文学论纲》，周彪、刘钻扩译，北京大学出版社2003年版，第55页。

权先生，他认为应该追溯到马韩时期的部落群体游戏，最晚在百济时期已经得到广泛的流传。这种原始圆形舞发展到了朝鲜朝“壬辰倭乱”时，被名将李舜臣将军借用来抗击倭寇。“羌羌水越来是在远古时代人们表示对月亮的感激，感谢它照亮了世界，并把人类从黑夜的恐惧中解脱出来而欣喜若狂手拉手跳起圆圈舞的习惯中形成并流传至今的一种游艺。尽管佛教和儒教传入我国以后限制身体的动作，要求人们保持贞静及沉思，但是普通百姓在生活中无法克制因喜悦而表现出来的身体欢快的动作节奏，羌羌水越来就是作为秋夕节的庆祝活动延续下来的。”①

还有一说认为该游戏刚开始只是局部性的，还不是很普及，它的广泛流传与客家人有关。壬辰战争中，明朝政府派广东翁源客家人陈璘率海军过来，与朝鲜海军将领李舜臣一起，在今韩国全罗南道的西海岸海域与日本海军打仗。但朝鲜海军人数少，装备也差，根本就不是日本海军的对手，便向陈璘求助对策，陈将军便想出一个以少胜多的作战策略，即利用韩国传统的“刚刚数来”民俗活动，在晚上，安排一些妇女儿童出来，点上火把，做“强羌水越来”游戏，并大声地唱“强羌水越来”。这样，日本海军不知虚实，以为岸上人多，军事部署周密，每晚都有将士在欢歌跳舞，很难对付，慢慢地便撤走了。当地军民认为这是“强羌水越来”的功劳，且认为这种游戏很吉利，便很快地普及开来了。②

另一种说法是全罗道地区流传下来的口头传说，认为该游戏源于壬辰战争中的李舜臣将军。当时守卫边疆与倭寇对峙的

① ［韩］任东权：《韩国民俗游艺的特点和继承》，《高丽亚那》1995年第4期。

② 参见钟俊昆《韩国民间歌舞考察》，《赣南师范学院学报》2013年第1期。

水军统帅李舜臣将军为了迷惑敌人和提醒军民警惕倭寇来犯，设下疑兵之策。他号召沿海地区的妇女们，在夜晚聚集海滩，监视敌人动向，同时唱着“羌羌水越来”为子弟兵助威。壬辰倭乱平息后，这一歌舞便在全罗南道海岸地区广为流传，直至今日。

有人将“羌羌水越来”这一名称解释为“强羌水越来”，意思是强大的敌人从水那边过来的意思。其实这是从汉字表示来理解这一歌舞。实际上按照全罗南道方言的发音，“羌羌”就是“圆”之意，“水越来”则是“顺着”或“沿着走”的意思。按照后者的含义，这一歌舞应是民间祭祀。舞蹈家郑昞浩即认为“羌羌水越来”这一歌舞源于女性祭仪，而与其相关的祭仪只有在全罗南道地区见得到的珍岛鬼祭和任实舂祭。珍岛鬼祭主要是在每年的农历十五晚上，这一地区的妇女，用脸罩纸做假面具，手提各种叮当作响之物，逐户驱鬼，而且到村头摆设祭品举行祭祀仪式，完毕后，将纸假面投入篝火，跨火堆而返家。任实舂祭流传于任实地方，也是在阴历十五晚上举行，妇女们选择某一家的舂，抬着它排在队伍的前头，一边唱歌一边大声喊叫行走在村子街道以驱赶各色鬼等，最后走到村头把舂倒置树立，妇女们围着舂进行祭祀。①

而中国上海师范大学的翁敏华教授则认为该游戏是从唐朝引进的，源于唐朝中秋的踏月歌。其理由首先是唐朝时期新罗大力引进唐朝文化，其次是和中国的“踏歌”相似点颇多：一是举行的日期一致，都是八月十五这天。二是参与者的性别一致，两国参与者都是妇女。三是圆舞的形式一致，都是“连袂而踏”。

① 参见向开明《太極文化与东亚舞蹈文化》，民族出版社2006年版，第24页。

四是一人引唱、众人和歌的方式也一致。[①] 当然，不管何种说法，“羌羌水越来”带有原始共同体生活时代的痕迹毋庸置疑。

3. 摔跤

摔跤，又称角戏，是韩国广为普及的一项民族游戏。韩民族素以刚勇强悍著称，可以说摔跤是最能体现韩民族这一特点的活动之一。“羌羌水越来”主要是女性的民俗游戏，相比较而言，摔跤则是专属于男性的活动。摔跤在韩国的历史比较久远，朝鲜半岛的黄海道安岳郡，曾经出土了一座于4世纪中叶修建的古墓，在古墓里面的壁画上，惟妙惟肖地绘有两个大力士摔跤的场景。一些韩国学者认为这是起源于韩国的一项运动，和农业耕作劳动有关，是韩国劳动者耕作之余于田边地头休息时产生的游戏。[②] 摔跤活动主要集中于端午和秋夕，秋夕前后，为庆祝丰收，韩国男子们以村落为单位，在田间村头或者河边的沙滩，常常以摔跤为戏。这种欢快的活动一方面可以让人消除一年的辛勤劳作之苦，充分享受丰收的快乐，另一方面也可以加强村落集体成员的联系，增强村落共同体的凝聚力。摔跤的形式也不一，有庆尚道摔跤、咸境道摔跤、平安道摔跤、忠诚道摔跤诸多形式。规模比较大的比赛上，获胜者还会获得一头黄牛作为奖赏。

4. 荡秋千

荡秋千是韩国妇女非常喜爱的一项传统游戏，这一游戏一般在秋夕和端午期间举行。早在13世纪初期，《高丽史列传》里面，“崔忠献传”记载：“端午忠献设秋千戏于柏井洞宫，宴文

① 参见翁敏华《中日韩戏剧文化因缘研究》，学林出版社2004年版，第21页。

② 参见［韩］任日革、李在学《韩国民俗游戏的体育学类型分类》，《韩国体育哲学学志》2001年第9期。

武四品以上三日。”[1] 当时不仅在贵族上层阶级，普通平民百姓中间秋千游戏也非常盛行。到15世纪，秋千比赛中，出现把铃铛系于秋千之前，用来测量荡秋千时所能腾空的高度以确定胜负的方式。李朝作家成俔为此曾经赋诗描绘比赛，用“手揽彩索如飞龙，金铃语半空”[2] 来描绘荡秋千的情景。最初，民间荡秋千是在河边、山坡或家门口的大树上，每到秋夕、端午或一些农闲时间，姑娘们上穿白衣，下着彩裙，成群结队去荡秋千。16世纪朝鲜女诗人许兰雪轩曾经写过关于农村姑娘们荡秋千的诗歌。“各村姑娘齐涌来，荡起秋千比高低，腰系细带，头罩彩巾，飞呀，飞上天。彩绳乘风破蓝天，秋千飘然入云霄，玉佩叮当声播远，柳叶飘摇如落英。”[3] 很形象地勾勒了一幅美丽的乡村秋千比赛的画卷。后来出现了秋千架。秋千比赛方式通常分为单人和双人两种，比赛的评比方式也是两种：一是荡高，荡秋千时以所荡的高度来决定胜负；一是踢铃，在秋千架前竖起两根长木杆，在两木杆之间拉一根绳子，上面拴有铃铛而且绳子可以自由升降。比赛时以荡秋千时铃铛被碰响的次数多少来决出胜负。这种难度较高的游戏也是韩国妇女性格的反映，勇敢、明朗、拼搏向上。

5. 跳跳板

跳跳板也是深受韩国妇女欢迎的游戏项目，在秋夕、端午和正月十五等节日活动中盛行。据说在高丽之前，这一游戏就已产生并受到韩国女性的青睐，最初兴于民间，后来也普及贵族阶

---

① 中国体育博物馆、国家体委文史工作委员会编：《中华民族传统体育志》，广西民族出版社1990年版，第152页。

② 同上。

③ 方皖柱：《朝鲜民俗》，外文出版社1990年版，第54页。

层。关于跳板游戏由来的传说也比较多，如是因为朝鲜古代女子囿于封建礼教桎梏不能出大门露面而想出来的游戏。另外韩国从古代流传下来一些说法，如正月里跳了跳板，脚一年都不会扎刺；姑娘时不跳跳板，婚后生孩子会难产等。跳板呈长方形，长约四五米，宽三四十厘米，中间部分厚约七厘米左右，两端厚约三厘米左右。中间部分下面放一块垫木，垫木大约四十厘米厚。[①] 比赛时，两名队员分立跳板两边，一个人先跳起，在落下的时候用双脚猛烈踏击跳板，借助跳板弹力将对方弹射而起，双方你来我往，反反复复。跳板比赛大致可以分为三类：直立跳、轮班跳、花样跳。每年的端午或秋夕期间，韩国女性一般都玩跳板游戏。有时举行规模较大的比赛，观者众多，场面热烈，选手们穿着鲜艳的民族服装，腰束彩带手持扇，随着音乐展示各种优美的动作。

6. 龟戏

龟戏主要流行于京畿道与忠清北道东北部一带。用高粱叶做成类似乌龟壳的草垫子，然后三名男子一前两后顶着龟壳模仿乌龟爬行，沿村逐家逐户讨要食品，并念念有词："东海龙王的儿子乌龟巡游至此，给些吃的吧！"一般演龟戏的都有农乐队伴随及一些打扮停当的随从人员。各户人家一般会拿出新做的松饼及收获的水果给他们。这一游戏其实也和农业耕作活动有关。因为在韩国的神话传说中，龙王掌管风雨，是农业保护神之一，而乌龟是龙王之子。另外，乌龟寿命很长，也被韩国人视为吉祥之物，同时，农民们认为这样可以驱除村子里面的妖魔。

---

① 参见刘玉学、黄义顺《世界礼俗手册（亚太地区）》，对外贸易教育出版社1988年版，第128页。

7. 牛戏

牛戏和上面提到的龟戏颇类似，这一游戏盛行于黄海道海州地区。每年的秋夕晚上，头戴牛头面具的牛戏就会上演。这一游戏到了近现代，就开始脱离假面舞的形式，由假面牛头舞发展成为今天的牛戏的形式。牛戏一般是两个人披上草席，弯下腰，前者持两根木棍做牛角状，后面的人持一木杆或缀一草绳做牛尾。牛的前面一般有两人，其中一个扮作牧童，另一位扮作牛主人，还有农乐队跟随。挨家挨户敲门拜访，有时直至深夜，被拜访的人家都要提供钱物或美酒食物，牛戏者跳舞祝被拜访者取得丰收。所获钱物除了一部分用作经费外，剩下的钱物则充为村庄的共同财产。这一游戏也带有浓郁的农耕文化色彩。由于牛是人类进入农耕文明时代后最初的和最忠诚的农耕伙伴，其对劳动的忠诚及任劳任怨也赢得人类钦敬，在世界不少地方如印度、中国都出现了耕牛崇拜文化，这实际上寓意对劳动的肯定以及对丰收的祈盼。费尔巴哈在论及动物崇拜现象时曾指出：“动物是人不可缺少的，必要的东西；人之所以为人要依靠动物，而人的生命和存在所依靠的东西，对于人来说就是神。”① 鉴于在农耕时代耕牛对人类的意义，牛被神化和受人祭祀就毫不奇怪了。朝鲜半岛，大约公元1—2世纪出现牛耕，公元6世纪在整个朝鲜半岛普及，耕牛崇拜文化也逐渐形成，出现了一些崇祀牛神的歌舞艺术，有的地方甚至通过牛来占卜收获的丰歉。秋夕的牛戏也属于这种农耕文化。

（四）省墓

在韩国，秋夕类似于中国的春节，不管身在何处，在这一天

---

① ［德］费尔巴哈《费尔巴哈哲学著作选集》下卷，三联书店1962年版，第438—439页。

是必须回家团聚的。因为这一天还有一个最为重要的事情要做，那就是祭祖。饮水思源，数恩报祖，中韩两国是相通的，其中最重要的事项就是祭祖，韩国秋夕祭祖团圆的重要性远超于春节。[1] 韩国人非常重视祖先祭祀，秋夕省墓的风俗自高丽时代开始流传，极其隆重，这也是韩国人秋夕络绎不绝回乡的原因。由于韩国人的祖先的墓地一般都选在山上，因此为祖先扫墓在韩国有个特殊的约定俗成的称谓“上山”。秋夕“上山”是一年中天大的事情，无论有多么重大的事，也不能不扫墓。清光绪年间，许午就其在朝鲜见闻作《朝鲜杂述》记载：“俗于元旦、寒食、端阳、秋夕（谓中秋也），皆行墓祭，但元旦、端阳二节，诸祭馔略减耳。”[2] 秋夕扫墓也有比较严格的顺序，先清除祖先墓前的杂草，如果谁家的祖先墓前杂草丛生，没有人清除，将被大家耻笑为不孝。另外，精心地将受损坏的坟头修补好，然后将供品摆设于墓前。祭拜一般从长子开始敬酒和行祭拜礼。之后，随同一起的祭拜者也敬酒三杯、行两次礼。然后把酒和食物都撒在墓前地上，先让祖先饮用。由于有着祭品不能带回家的风俗，一般祭拜祖先后，祭拜者坐下来饮食，最后剩下的要么撒在墓周围，要么给村里人吃。

（五）觐亲

秋夕觐亲风俗主要在韩国忠南一带流行，又被称为半见。最初这一风俗是因为秋夕时庄稼收获完毕，比较空闲，给媳妇半天时间探望娘家人——但并非是回娘家，而是双方各自带上对方喜欢的食品，在预选好的婆家与娘家之间的第三地见面，后来改为

---

① 参见钟俊昆《韩国民间歌舞考察》，《赣南师范学院学报》2013 年第 1 期。

② 转引自朱云影《中国文化对日韩越的影响》，广西师范大学出版社 2007 年版，第 414 页。

省墓（韩国龙仁民俗村展品，笔者拍摄）

会面时间为一天。秋夕本就起源于纺织比赛、唱“会苏曲”、跳舞等女性为主的活动，因此，“这一天也是妇女的交际日，访问亲戚等活动盛行”①，觐亲是其表现之一。

二　秋夕的象征意义

根据涂尔干的观点，节日是一种社会时间的制度性安排，以区隔出日常的生活作息。节日活动之不同于日常生活，明显的表现在于它集中了一整套富有深意的象征事物。巴赫金说：“节庆

① ［日］朝鲜及满洲社：《朝鮮に於ける農村の年中行事と其の娛樂に就いて》，1935，No. 37。

活动永远具有重要的和深刻的思想内涵，世界观内涵。任何组织和完善社会劳动过程的练习、任何劳动游戏、任何休息和劳动间歇本身都永远不能成为节日。要使它们成为节日，必须把另一种存在领域里即精神和意识形态领域里的某种东西加进去。"① 但是，节日的习俗又不是与日常生活实践相分裂的事物，节日作为精神建构活动是当地民众生活整体的有机组成部分，是经由其象征体系深刻体现和通过仪式语言完整表达的生活整体的部分。秋夕作为一种文化现象，通过符号在历史上代代相传的意义模式，将传承的观念表现于象征仪式之中，而通过文化的符号体系，人与人得以相互沟通、连绵传续，并发展出对人生的知识及对生命的态度。

（一）祖先崇拜观念

秋夕节日所表现出的很重要的内涵之一就是祖先崇拜观念。秋夕的茶礼、省墓等行为无不呈现出浓浓的祖先崇拜观念。祖先崇拜观念是韩国最主要的民间信仰之一，在韩国的风俗习惯与意识形态中皆有广泛表现，特别是在祭祀与孝道上表现最为突出。按照韩国的说法，春节是给活人过的，秋夕是给死人过的。其本质是对祖先的感恩。因此，秋夕又被称为"韩国的感恩节"。韩国的祖先崇拜思想由来已久，当然，今天的韩国秋夕茶礼及扫墓等行为表现的多是儒家礼仪观念，受朱子家礼影响尤深。

总的来说，韩国的传统思想主要由四部分组成，一是本土的萨满教思想，其次是儒家思想，还有佛教思想及道教思想。虽然这四种传统思想在观念及表现形式上各不相同，但是都包含有祖先崇拜思想。祖先崇拜可以说是人类信仰生活当中的一种非常普

① ［俄］巴赫金：《拉伯雷的创作与中世纪和文艺复兴时期的民间文化》，李兆林等译，河北教育出版社 1998 年版，第 10 页。

遍的文化现象，最初源于远古社会的灵魂崇拜与图腾崇拜，是灵魂崇拜和血缘关系相结合的产物。韩国最初的萨满教思想中的灵魂崇拜就蕴含了祖先崇拜的观念。芬兰学者哈儒略（Uno Harva）曾经在对阿尔泰语系各民族的灵魂崇拜进行研究时指出，“他们的扎根于原始的灵魂崇拜的世界观，一般被称为萨满教”①。其中的灵魂崇拜包括祖先的灵魂在内，他们相信人都是有灵魂的，人死了以后，肉体虽然不存在了，但是灵魂却永存，灵魂具有不同寻常的超人的能力，而且可变化为不同的形态，并且对活着的人仍然起作用。祖先长辈死后，会成为本家族或者家庭的保护神，所以后世要对祖先进行祭祀。

韩国最早的萨满教式的祖先崇拜祭祀与后来的儒家祭祀仪式有着诸多不同。据韩国学者张筹根研究，韩国仍然残存着萨满教的祖先崇拜祭祀，如不少地方存在的崇祀祖先坛子的习俗即是明证。这种习俗认为祖先的灵魂生息于坛子里。所谓的祖先坛子就是坛子里面装上米，每年新米下来时倒出旧米换上新米，一般都是供奉在长子家的内厅角落处。每逢名节和家人生日的时候，都要置办膳食进行祭祀。但这种祭祀和后来儒家式的茶礼不尽相同，膳食没有酒肉，只是蔬菜、水打糕和米饭。有的地方如釜山加德岛在置换新米时并不用准备祭品。管理祖先坛子及举行祭祀仪式的都是家庭主妇。这种祭祀方式带有明显的萨满色彩，因为坛子等容器形如女性子宫，韩国的一些始祖的出生传说与此也有相通之处。高丽时期的绝大部分时间里，原始的萨满祭祖形式一直盛行，人们比较熟悉的儒教式祭祖仪式还没有出现。宋朝宣和年间出使高丽的徐兢曾经在《宣和奉使高丽图经》中记载了当

① 娜仁格日勒：《蒙古族祖先崇拜的固有特征及其文化蕴涵：兼与日本文化的比较》，内蒙古教育出版社2003年版，第2页。

时高丽人的祖先观念及祭祀习俗：“臣闻高丽素畏信鬼神，拘忌阴阳，病不服药。……其祖庙在国东门之外，唯王初袭封，与三岁一大祭，则具专服冕圭亲祠之，其余则分遣官属，岁旦、月朔、春秋、重午皆享祖、祢，绘其像于府中，率僧徒歌呗，昼夜不绝，又俗喜浮屠。”① “高丽于诸夷中，号为文物礼仪之邦……冠婚丧祭，鲜克由礼。……至死，殓不拊棺，虽王与贵胄亦然，若贫人无葬具，则露置中野，不封不植，委蝼蚁、鸢食之，众不以为非。”② 可以理解徐兢对所见现象的诧异之态，毕竟当时高丽的祭祖观念与习俗同中国儒家式的观念具有天壤之别，徐兢的记载也透露了当时佛教的盛行。现在韩国的祭祖仪式是从高丽末年朱子学传入朝鲜半岛之后才逐渐形成的。据韩国学者柳洪烈研究，韩国的祠宇早在三国时代就已经出现，不过是用来安抚含冤死去的人的愤恨之情的，和后来祭祀祖先的家庙迥然不同。

韩国家庙的产生和祭祀祖先的现象是在朱子学在高丽末年从中国传到韩国之后才出现的。高丽末年，重臣李成桂重视儒学并极为赏识大儒郑梦周，郑梦周“时俗不行三年丧，梦周独庐墓三年，始令士庶仿朱子家礼立家庙奉先祀”③。到了李朝时期，倡导儒学，严格奉行朱子家礼，一扫高丽时期的祭祀之风。“士大夫丧葬祭礼，一依《朱文公家礼》，父母之丧，率皆庐墓三年。若有不谨者，不齿士列。其间或有啜粥，终丧不食盐菜，或

① （宋）徐兢撰，朴庆辉标注：《宣和奉使高丽图经》卷 17《祠宇》，吉林文史出版社 1986 年版，第 32—33 页。

② （宋）徐兢撰，朴庆辉标注：《宣和奉使高丽图经》卷 22《杂俗一》，吉林文史出版社 1986 年版，第 43—44 页。

③ 佚名：《朝鲜史略》卷 12，转引自朱海滨《近世浙江、韩国的祖先崇拜比较》，载金泽、陈进国主编《宗教人类学》第 1 辑，民族出版社 2009 年版，第 317 页。

手自炊，以供奠事。婚娶必同媒纳采，不娶同门。士大夫皆立家庙，四时仲朔必享。”① 最初儒家的祭祀仪式在士大夫阶层实行，之后普及民间。现在秋夕的茶礼及扫墓等风俗大都继承于李朝时代，如茶礼，最初在李朝初期只是接待外国使节的礼节，到后来成为一种祭仪。李朝时代所编纂的《四礼便览》中对茶礼等祭礼程序进行了详细记载：“出主、参神、再拜、焚香、再拜、降神、再拜、进饼、初献、起饮、正筋、读祝、再拜、亚献、再拜、终献、再拜、添酒、再拜、压匙、侑食、合门、启门、点茶、落匙、辞神、再拜、焚馔、礼成、纳主、撤饮、再拜。”② 当然，发展到今天，秋夕茶礼的程序已经大大简化，并做了不少改动，如以酒代茶等。可见，虽然到今天传统社会遗留下来的不少儒家的思想已经消失或变质了，不过祖先祭祀的儒教风俗依然稳固地存在于韩国民间。

尽管目前韩国早已是比较发达的现代化国家，但是祖先崇拜观念仍然极强，这在韩国秋夕祭祖仪式上表现得淋漓尽致。从现在追溯到远古历史，祖先崇拜这一原始的宗教观念和行为长期地保存在韩国人社会生活的多个领域，也成为韩国人原始宗教信仰的核心，到今天作为历史遗留和已经变异了的宗教行为在韩国人的生活习俗和社会风尚中打上深深的烙印，对现代韩国人的文化心理与社会生活仍旧产生着巨大的影响。对祖先崇拜的强调致使现在的韩国主要主持祖先祭祀活动的宗亲会和族谱极度发达，据统计，在韩国，姓氏有 280 余个，而每个姓氏又都有不同的籍贯，有的多达 200 余个，如金姓有 250 多个

---

① 佚名：《朝鲜志》，中华书局 1985 年版，第 13 页。

② ［韩］李绛：《四礼便览》卷 2 崇祯四年甲辰（1844）赵寅永刻本，转引自张宏庸《茶的礼俗》，茶学文学出版社 1987 年版，第 97—98 页。

籍贯，宗亲会是由姓氏、籍贯都相同的人组织而成，因此目前韩国具有数以千计的宗亲会。[①] 将韩国称为世界上最重视供奉祖先的民族毫不过分。

从以上分析可以看出，韩国的祖先崇拜在历史发展过程中历经了较大的变迁，最初原本面貌的祖先崇拜仪式至今已经发生了极大的改变。李朝以来的以秋夕茶礼为代表的祖先崇拜表现较多的是儒家的慎终追远的观念。不过，秋夕祭祀仪式也早已形成了不同于中国的韩国特色，如长子的祭祀权，以及残留的一些萨满习俗等。

（二）共同体观念

中国的中秋节活动基本上局限于家庭成员内部，游艺活动大多局限于户内。韩国则恰恰相反，其秋夕节日期间的诸种活动基本都是超出家庭的集体性户外活动，如摔跤、荡秋千、跳板、农乐舞、“羌羌水越来”、牛戏、龟戏、拔河等都集中体现了韩国传统的共同体观念。实际上，萌芽于原始时期的韩国的传统民族游艺大多为户外活动，并且多数为集体活动。据统计，在韩国传统游艺活动中个体游戏只占6%，其他94%的游戏都是两个人以上的分组游戏以及大规模的集体性游戏。[②] 像拔河等秋夕节日期间的集体游戏都是以村落为基础进行，这些祈丰感恩的仪式加强了村落共同体的向心力和凝聚力。通过秋夕的各种仪式活动，邻里及社会成员之间逐渐形成了融洽的人际交往氛围，共同体意识也得到了强化。

以村落为单位的协作联系、团结一致的共同体意识一直贯穿

---

① 参见吕春燕、赵岩《韩国的信仰和民俗》，北京大学出版社2010年版，第250页。

② 参见［韩］郑然鹤《韩国的民俗学》（二），《民俗研究》1997年第4期。

于韩国的起源与发展过程之中。早在远古时期，“迎鼓、舞天、东盟”等原始祭天仪式就孕育了共同体意识的萌芽，后来，农业社会时期如祭祀村落守护神的洞祭等仪式得以普及，全村村民都以村落守护神为中心协作团结，村落共同体意识潜移默化地影响着每一位韩国子民。在传统社会之中，“互助”“换工”等在生产劳动中成立的组织长期存在。直到今天，农村中的互助组织和农民组织依然发挥着作用，如按照农作物不同种类成立的各行业团体以及丧葬互助会、同龄人兄弟会以及妇女会，等等。而且，在每年的年底，每个村庄都要召开每一个家庭都派代表参加的全村大会，会上对年度账目进行审核，并且就村长选举、村庄自治事务进行讨论和表决。

共同体观念是以韩国传统社会的农耕文明为基础的。韩国传统社会以农耕文明为基础，主要是以水稻种植为主，金宅圭认为，随着百济从 1 到 2 世纪，新罗从 4 到 6 世纪大力兴修水利灌溉设施，韩国的水稻种植兴起了。① 水稻生产是一种劳动密集型的生产方式，由于对一定的农时和气候条件要求极高，因此集体的团结协作是必不可少的，也容易产生强烈的集体文化认同感。在农业生产实现机械化作业之前，水稻的插秧、除草、灌溉、收获等都需要集体协作才能完成。可以说，稻米的生产与饮食习惯在一定程度上决定了韩民族的生活方式和思维习惯，也培养了韩民族的文化价值观。另外，讲究集体伦理观的儒家文明的熏陶，历史上艰难困苦的生存环境以及经常遭受侵略的苦难经历也都更加促进了韩国共同体观念的强化。韩国的共同体观念也被一些学者称为“全体主义”或者“我们主义”，甚至韩语也因此被称为

① 参见［韩］金宅圭《日韩民俗文化比较论》，日本九州大学出版会 2000 年版，第 317 页。

"无我的语言"。[①] 在这种以"无我"为中心的社会文化中，集体的地位和力量对个体的社会行为有着巨大的影响作用，它渗透到韩国社会每个个体的认知系统，集中体现在人们的交际规则和言语行为中。"无我"的文化价值观使得韩国人更容易接受社会规范，对集体观点更敏感，他们并不把自己看成是一个独立的自我，不是"为了自我的社会表现"，而是深知"社会中的自我"、"为了同族与社会的自我"之意义[②]，认为自我是存在于社会结构中的一员，诸如国家、集团、团体或家庭。甚至有韩国专家指出，韩国社会和文化是以"我们主义"为基础，与西方的"我主义"形成鲜明对比，过分强调自我被社会看成是缺点。在韩国的社会意识中，一个人更多的是把自己横向定位为一个集体内部成员，代表个体的"我"通常是被掩盖在集体的"我们"之下[③]，"我们"强调了个体与集体的密切关系，是社会同等关系的表现手段。

第三节 秋夕本体的结构与功能

本书的核心概念是"功能"。对于功能一词，哲学领域里有非常严格和清楚的界定。但"当这个词被运用到其他领域，再几经辗转之后，'功能'已经被滥用，甚至离其原意已相去甚远了"[④]，导致"功能"和"作用"相混淆。根据功能主义理论，

---

① Yoon Tae-Rim, *Personalities of Koreans*, Seoul: Tongbang Doseo, 1986.

② [韩] 李泫淑:《〈悲歌一曲〉与韩国人传统的审美意识》,《当代电影》1996 年第 4 期。

③ 曹秀玲:《朝鲜语语言活力与朝汉双语集团》,《东疆学刊》2010 年第 4 期。

④ 廖冬梅:《节日沉浮问——节日的定义、结构与功能》, 广西师范大学出版社 2007 年版, 第 45 页。

“所谓功能，一般无非是指具有特定结构的事物或系统，在其内部和外部的联系和关系中所表现出来的特性、能力和作用”①。这里就涉及一个结构的问题，功能和结构有着逻辑上必然的联系。“所谓结构，就是社会系统诸要素或各部分之间按一定的方式组织、结合起来，从而形成的一种相对确定的相互构成关系和作用方式。”② 对于结构和功能二者而言，“功能”在逻辑上被赋予了核心的位置，但“功能”分析离不开对“结构”的探讨。

民俗学界泰斗钟敬文先生曾有过明确表述，民间节日是“历代祖先在长期的社会活动中，适应社会的、生产的各种需求和欲求而创造出来、修增和传承下来的”③。这说明节日具有功能主义理论意义上的“功能”。那么，面对纷繁的秋夕节俗仪式，如何去探讨其结构进而呈现其功能？功能主义和结构主义给了我们理论上的参考和方法上的视角。因此，本书将从构成节日的元素提炼和节日的结构分析入手来谈节日的功能。

一　秋夕的节日结构

（一）秋夕的元素

节日的功能研究以分析结构为前提，这是“功能”与“作用”的最大区别。结构一词的原意是部分构成整体的方式。分析结构也就是找出构成结构的基本元素，然后梳理元素间的相互关系。

考察韩国秋夕的节俗仪式，繁复多样，但归纳起来不外两

① 刘润忠：《试析结构功能主义及其社会理论》，《天津社会科学》2005 年第 5 期。

② 刘润忠：《试析结构功能主义及其社会理论》，《天津社会科学》2005 年第 5 期。

③ 转引自王菊娥《跨文化视野下的中国情人节和西方情人节》，《西安文理学院学报》2009 年第 6 期。

类：神圣仪式和世俗仪式。在这两类仪式活动中，我们可以尝试剥离构成秋夕的基本元素。

秋夕的神圣仪式主要表现为祭祀。在祭祀中，祭祀主体即主持和参与者是人；祭祀客体即对象是作为神的祖先，最主要的祭祀形式是茶礼和扫墓。

表面上，秋夕祭祀似乎和自然无关，其实不然。一个民族所处的自然环境的特征决定了该民族会崇拜哪种神，原始思维中的神其实就是对自然伟大的力量的具体化。在农耕社会的韩国，在象征丰饶的月圆之际，在收获时节的秋夕，向祖上敬献当年的新谷，祭祀感恩，追远报本，其根本目的正是祈丰求福，因为在农耕社会中，自然风调雨顺才能有充足的食物。自然因素在秋夕节日里虽然没有直接体现，但是已然隐含其中。

因此，秋夕神圣仪式的三个基本元素是人、自然和神。自然和神是主角，是核心，祭祀的根本目的是敬神娱神，祈丰感恩；人是谦卑的存在。

在秋夕的世俗仪式活动中，人成为主角。无论是饮食节俗，还是游艺竞技，都充满了世俗的口腹愉悦和娱乐精神，无一不是为了娱人，使人乐在其中。但是，神和自然也并没有被放在一边，而是无处不在。张筹根先生认为，不少韩国传统岁时游戏“存在于祖先原始信仰的祭天仪式活动当中，不分男女老少所有的人在一起载歌载舞的娱乐方式慢慢地演变成为现在的岁时风俗，而这些岁时风俗又随着时代的发展演变而成各种的游戏，从而超越了纯粹的娱乐形式而成为祖先创造的传统文化而承继下来”①。人与自然和神的交流贯穿于每项活动的仪式。以食俗为

---

① ［韩］张筹根：《韩国的岁时风俗与民俗游戏》，大韩基督教书会1974年版，第39—40页。

例，秋夕是收获的节日，韩国《农家月令歌》里载："吃干明太鱼与黄花鱼以度秋夕名节，用新稻酒、新米松饼、匏瓜菜、土卵汤供奉祖先，后与邻居分食。"这里，既包含着人的元素，如人自身的饮食乐趣，以及人与人的关系——"与邻居分食"，也包含着神的元素——"供奉祖先"，还包括自然的元素，即用于饮食、供奉和分享的当年新收获的各种果实。又如用以占丰的拔河，和雨水有关的龟戏、和耕种有关的牛戏等，都关联着神和自然。

可见，在世俗仪式中，秋夕的三个元素依然是人、自然和神。只不过，这时，娱人成为主要目的，自然和神退居幕后，但暗含其中。

通过以上对秋夕节俗仪式的梳理，我们可以看到，贯穿始终的秋夕节日基本元素显然是人、自然和神。

不仅韩国秋夕如此，廖冬梅在其博士学位论文中以纳西族二八节例，并以其他节日为佐证，得出结论："进一步分析其他节日，如汉族的春节、西方人的圣诞节和其他一些少数民族的节日，其原初形态也都是由这三个基本元素构成。因此，节日的基本元素是人、自然和神，这是具有普遍意义的。"[①] 这可以当作是对秋夕基本元素的检验。

（二）秋夕的结构

既然秋夕的基本元素是人、自然和神，那么根据列维—斯特劳斯的结构分析方法，我们可以得出秋夕的节日结构。

斯特劳斯在《今日的图腾与崇拜》中强调，宇宙虽然是一个连续体，但是人的思维由于能力所限，只能将其割裂为不连续

---

① 廖冬梅：《节日沉浮间——节日的定义、结构与功能》，广西师范大学出版社 2007 年版，第 53 页。

的东西，并且划分类别和秩序化。人的思维的本质是二元对立的结构，所以经人的思维反应的非连续性的事物也具有二元对立的特征。在人类思维中，一切关系最终都能还原为若干对对立的关系。他认为，对于研究对象，要研究的是联结和结合诸元素的关系网络，而不是研究单个元素本身，因为只有通过存在于部分间的关系，才能解释整体，而这个关系是若干对对立的关系构成的，比如大自然的黑白对立，宗教的善恶对立，华夏文化中的阴阳对立，西方哲学中的心物对立等。所以结构主义就要求人们尽可能的找出各个现象的对立关系。斯特劳斯在该著作中还说明了结构分析的具体方法：首先，把要研究的现象还原为两个或者两个以上真实或假设项目之间的关系；其次，列出这些对子可能的排列组合；最后，从对子之间的关系出发分析所研究事物的整体。[①] 根据斯特劳斯提出的这种人类二元对立思维特征和结构分析方法，在节日框架下，由人、自然和神这三个元素组合而成的若干对关系在本质上也是二元对立的。而正是通过对这些对立关系的分析，才能够去了解节日，了解其功能，进而了解作为一个整体的社会生活。

如此，我们可以得出，秋夕的节日结构其实就是由人、自然和神这三个基本元素排列组合而成的几对关系。以人为出发点，可以得到四对关系，分别是：人与自然的关系、人与神的关系、人与他人的关系以及人与自身的关系。当社会生活作为一个整体时，在日常生活中，构成节日的这四对关系间存在对立。因此，人类创造出宗教、道德和法律等来调节这些对立关系。同时人类也创造出节日，试图通过节日来集中调节这些对立关系。通过上

---

① 参见夏建中《文化人类学理论学派》，中国人民大学出版社 1997 年版，第 266 页。

文对秋夕节日结构的剖析，其节日的基本功能也就呈现出来了：通过建构一定的秩序来调节上述四对对立关系，以实现“和谐”的功能。

二　秋夕的社会功能

任何一个社会都面临着霍布斯问题，即社会秩序何以可能。任何社会都必须有全体成员共同认可和执行的行为准则，以对社会成员行为方式进行制约，从而实现社会秩序。实现社会秩序的途径千差万别，有法令、契约、纪律、戒律、禁忌，等等，但通过民俗建构社会秩序则是最有效的方式之一。民俗是产生最早、约束面最广的一种深层行为规范。民俗以习惯的力量，像一只看不见的手，暗中支配着人们的行为。从吃穿住行到心理活动，从行为到语言，人们都不自觉地遵从着民俗的命令，并对此毫无觉察。民俗的“软控”，可以说是一种最有力的控制。所以培根说：“人的思考取决于动机，语言取决于学问和知识，而他们的行动，则多半取决于习惯。”① 本尼迪克特则更为详细地指出：“个体生活历史首先是适应由他的社区代代相传下来的生活模式和标准。从他出生之时起，他生于其中的风俗就在塑造他的经验与行为。到他能说话时，他就成了自己文化的小小创造物，而当他长大成人并能参与这种文化活动时，其文化的习惯就是他的习惯，其文化的信仰就是他的信仰，其文化的不可能性就是他的不可能性。”② 而节日民俗通过仪式活动完成其建构社会秩序的功能。从仪式心理上来看，仪式的很重要的一个功能就是渲染气氛，增加神秘感，通过感染与震撼人们的心灵来达到一定的目

① ［英］培根：《培根随笔选》，何新译，三联书店1983年版，第63页。

② 转引自钟敬文《民俗学概论》，上海文艺出版社2008年版，第28页。

的。隆重的仪式与庄严的场景无疑会增强神圣性，从而强化对仪式所强调的行为或理念的自觉履行。仪式不是简单的行为与动作的机械重复，它反映了特定社会和历史时期的行为方式和文化形态，并通过周期性对民众身体的存在进行秩序化，使得民众的身体内化社会秩序的要求，进而建构社会秩序。

韩国秋夕经过长时期的发展演变，早已成为一个覆盖面广、内涵丰富的节日文化系统，具有完整而独立的节俗仪式，包含神圣仪式与世俗仪式，覆盖精神世界与物质世界。秋夕正是通过其可重复化、固定化的仪式，强化人们的价值观，维护传统道德的认同，规范人们的社会行为。并以秋夕仪式所具有的全体性使每一个社会成员都把其所强调的伦理道德、行为经验作为理所当然的事情来遵从，从而完成文化规训，建构起社会秩序，成为社会群体定期重新巩固自身的手段。

按照涂尔干及伊利亚德的神圣与世俗的二分法，依据列维—斯特劳斯的结构分析法，从秋夕节日结构的四对关系入手，我们下面将对秋夕的社会功能予以具体呈现。

（一）调节人与神的关系：于神圣仪式中建构伦理秩序

神圣仪式指的是人们在不运用技术程序，而求助于对神秘物质或神秘力量的信仰的场合时的规定性正式行为。仪式是信仰行为的重要表现，人对神的所有崇拜表达几乎都在神圣仪式中得以体现、巩固和升华。其根本目标就是将人们引入与神的交流之中，在这种特殊的交流过程中获得精神慰藉和文化规训，所揭示的是一个群体的价值。这种在仪式范围内发展的关系，会给人们的行为打上烙印，现实生活于是为神圣仪式所强调。秋夕对人与神之间的关系的调节，主要就是通过省墓和茶礼两种神圣仪式的举行，规训与教化，建构韩国社会精神世界的伦理秩序：“孝”与“礼”。

1. 孝

秋夕对“孝”的思想的强调主要体现在秋夕祭祀的客体，即祭祀对象上。祭祀作为一种以神灵信仰为前提的祈祷和酬报活动，是联系人神的桥梁和纽带。因此，祭祀行为产生的逻辑前提，是必须有可供崇拜的神灵。而神灵源自神灵观念，对于韩国来讲，神灵观念主要体现为祖先崇拜。祖先崇拜思想由来已久，是韩国最主要的民间信仰之一，产生于原始宗教。原始宗教源于对人与自然、人与神之间关系的不合理或失衡的缺乏理智和科学的归因解读。人类社会初期，人们对自然的掌控不遂人意，例如自然灾害等，对此怀有敬畏和恐惧之心，对四季交替、万物生长发育使人类得以生存又心怀感激，同时坚信天、地、日、月、山、川中皆有神灵，由此产生了以自然崇拜为核心的最早宗教，所以希望能够通过祭祀来祈求神灵的庇护以消除灾殃。此后自然崇拜逐渐发展为人格诸神崇拜，认为人死之后会变成鬼神，而亲人死后则会变成护佑家族的神，更要加以祭祀，祖先崇拜观念由此产生。后来原始宗教的祖先崇拜观念为儒家思想所强化，特别是深受儒家礼仪观念尤其受朱子家礼的影响。所以，在韩国，祭祀对象一般是祖先。所谓祭祀主要是指在祖先去世的祭日或节日时子孙们聚在一起设置贡品，怀念祖先恩德的一种仪式。对于韩民族而言，祭祀活动非常重要，有“饿死事小、祭祀事大”的说法。①

秋夕茶礼、省墓是韩国人祭祀祖先的典型行为，按照韩国的说法，春节是给活人过的，秋夕是给死人过的。其根本意义是向先祖祝祷丰收，祈求护佑，其本质思想是通过对祭祀对象即祖先

① 参见萧唐《韩民族独特的道德观和家庭伦理观》，《当代韩国》2006 年第 2 期。

的尊崇，建构和强化“孝”的观念。从“孝”的角度来诠释，祭祀可以理解为追慕祖先的恩德、真诚怀念祖先、追远报恩的一种仪式，即子孙对于在祖先生前未能尽到的孝道的一种延续。韩国人认为，如果只是在祖先生前尽孝心，而去世之后就将祖先忘掉的话，是不妥当的做法，不能称为真正的孝子。所以，韩国有“事死如事生”的说法，即在祖先去世之后要经常举行祭祀纪念追慕祖先。[①] 通过每年的秋夕祭祖的洗礼，孝的观念更加深深浸淫到韩国人的头脑之中。

“孝”在韩国社会精神文化生活中占有主导地位，浸透到社会物质生活和精神生活的各个角落，被称为“孝道”。在世界各国中，韩国社会可能是最强调孝道的。在这样的社会氛围下，父为主、子为从，夫为主、妻为从的父是一家之长的观念至今仍普遍存在。《礼记》说，父母有过，下气怡色，柔声以谏，不仅是传统社会，现代韩国社会也是如此，不仅在家里，在学校，而且社会上也广泛使用“孝道”这两个字。比如，儿女们安排父母旅游被称为孝道旅行，向父母送礼物被称为孝道礼物，字大、屏幕大且价格便宜的手机被称为孝道手机。此外还有孝道商品券等。可见，孝道两个字使用很广，这可能是韩国社会独有的现象。

“孝”的伦理思想基于在血缘关系之上形成的养亲、尊亲、敬亲等亲亲之情。人生在世，受父母抚爱养育，长期以来形成的那种血浓于水的天然敬爱之情总是割舍不断的。《孝经·三才章》中就说，孝乃天之经也，地之义也，民之行也。据考古资料显示，大约在公元前2000年末到公元前1000年前半期，在朝

① 参见谭绍玉《韩国社会重视祭祀文化的原因考察》，《文教资料》2010年第8期。

鲜半岛的社会中已形成一对夫妇及其子女为成员的家长制小家庭。在独立的小家庭里，由于男权地位的提高，父权变得至高无上，所以就形成了父慈子孝的伦理道德观念。[①] 孝的思想后来受到中国的影响。据《三国史记》记载，《孝经》中所阐述的孝的思想早在公元前1世纪就已经传入朝鲜，以后随着中朝两个民族之间交流的加强，儒学思想在朝鲜社会得到较大范围的普及，学校课本也以《论语》和《孝经》为核心。“世俗五戒”中所说的“事君以忠、事亲以孝、交友以信、临战无退、杀生有择”，“五常”中的“父义、母慈、兄友、弟恭、事孝”，都是“孝”的观念的本土化、理论化和体系化。

儒家文化的核心是“仁”，即人与人之间的关系。这种关系又特别体现在个人与国家及家庭的关系之中，与国家的关系是忠，与家庭的关系是孝。一个有趣的现象是，儒学在朝鲜半岛和日本分别得到了广泛的传播，但两者对儒学接受的偏重点各不相同。后者侧重于忠，而前者却侧重于孝。对此，延边大学潘畅和教授认为，由于日本的经营群体和朝鲜的家族群体内部结构不同，它所通行的伦理价值也不同。日本是主从序列，朝鲜是父子系列；父子伦理以孝为上，主从伦理以忠为先。[②] 正是基于这两种不同的社会结构和文化背景，儒学在朝鲜半岛和日本的传播期间，其价值体系的组成在两国的受重视程度呈现出不同。在朝鲜半岛，孝因此优先于其他价值而凸显。由于孝是先天的，是做人处世之根本，也是其他伦理价值的基础，在农耕社会，它成了构

① 参见郭德君《韩国“孝”伦理思想的历史探源》，《重庆理工大学学报》2010年第2期。

② 参见潘畅和《论日本与韩国文化机质的不同特色》，《日本学刊》2006年第5期。

成人际关系和社会稳定的基本因素。正是基于此，韩国在很早的时候就看到了孝的伦理思想的重要性，视“孝”为儒家文化的基盘。

“孝”的伦理思想并不单单局限在家族范围内。《孝经》中说：“君子之教以孝也，非家至而日见也。教以孝，所以敬天下之为人父者也；教以悌，所以敬天下之为人兄者也；教以臣，所以敬天下之为人君者也。”① “夫孝，始于事亲，中于事君，终于立身。”② 儒家思想强调国家和家庭，“以孝平天下”为本实施孝道教育。朝鲜文臣张载把宇宙天地看成一个家庭，天是父亲，地是母亲，君王是宗子，因此提出“宇宙一家”的概念。性理学家赵光祖曾在他的绝命诗中说：“爱君如爱父，忧国如忧家”③，重视家庭胜过个人、重视社会胜过家庭、重视国家胜过社会，这可以说是朝鲜时代儒学家的普遍意识。从这个意义上来讲，孝的外延扩大，内涵加深，以“孝”为内核的儒家思想已深深地根植于韩国的文化之中，强化了韩国人的家国意识，维系了社会运行的基础。

2. 礼

祭祀作为一种仪式，是信仰的外化，其重要意义在于使信仰得以强化和宣泄，使信仰变成了看得见的行为，进而形成某种秩序。韩国文化浸透了儒家思想的基本精神，其社会秩序也是建立在儒家伦理的基础之上的。如果说秋夕对“孝”的伦理思想的建构和强化主要是基于祭祀对象的话，那么秋夕的祭祀程序和祭

① 《孝经》卷7《广至德章第十三》，见《四部备要·经部·孝经》，上海中华书局据永怀堂本校刊1936年版，第17页。

② 同上书，第5页。

③ ［韩］朴永焕：《反思韩国儒家文化的当代表现》，《浙江大学学报》2010年第4期。

祀主体则凸显了“礼”的思想。

何为“礼”？礼就是对人伦秩序、政治秩序、社会秩序的安排、确认。“礼者，贵贱有等，长幼有差，贫富轻重皆有称也。”[①] 礼的核心功能就是辨等差、别贵贱、分长幼，使人人都找准在社会生活和政治秩序中的位置。

对于礼的理解和崇尚是从能够看得见的祭祀仪式程序开始的。庄严的程序活动，严格的程序仪式会给人们带来灵魂的震撼，使人油然而生对“礼”的敬仰、畏惧和信心，从而凸显其在世俗社会的至高无上。秋夕祭祀仪式程序非常严格。如前所述，秋夕举行茶礼，从祭祀者服饰到祭品选择，从祭品摆放到祭祀流程，从叩拜长辈到吃饭“饮福”，都有较为固定的一套程式。秋夕扫墓也有比较严格的顺序，先清除墓前的杂草，再修补坟头，然后摆放供品，最后行祭拜礼。

除了祭祀程序，秋夕祭祀仪式的主体也体现了对“礼”的强调。按韩国民俗文化传统，通常实行长子继承制，祭祀也要由长子来举行。“举行祖先崇拜仪式的职责是长房父系后代单线相传的特权。在这一点上，长房后代（长孙）在举行祖先祭祀的活动中被赋予了无可争议的权力和职责，无论他的个人能力和社会经济地位如何。最重要的是，这位长孙必须是合法出生的：妾的儿子或作为非正式婚姻生的儿子被排除在外，即使他们在同辈中年龄最长。如果一位长孙没有合法出生的儿子，人们要以这个家庭之外过继一个儿子来做继承人。”[②] 秋夕祭祀也不例外，嫡

① 北京大学《荀子》注释组：《荀子新注·富国》，中华书局1979年版，第141页。

② ［韩］金光亿：《当代韩国祖先崇拜复活的社会政治意义》，《民族译丛》1994年第4期。

长子拥有祭祀权，祭祀由嫡长子主管。秋夕当天，兄弟姐妹汇集到兄长家里参加茶礼和省墓等祭祀活动。男人们恭敬地站立在祭桌前，由主祭的家族长子恭请祖先灵魂并率领家庭成员行叩拜礼。祭拜仪式中，家族里按辈分的高低和同一辈中先长后幼、先男后女的次序进行祭拜。

由此，我们可以看到，“礼”的思想在韩国得到了充分发展，秋夕祭祀仪式建构和强化了韩国社会的“礼”。

首先，上下有仪。这是在长期的封建宗法社会里吸收儒家思想发展而来的，由于对于血缘关系特别重视，形成了一套完整繁细的亲属关系，体现出辈分之别，人伦之序。秋夕祭祖仪式之后，晚辈要向长辈行礼。这时的行礼并非简单的点头或者鞠躬。而是大礼，行大礼的方式又因行礼者的性别和受礼者的身份的不同而不同。男子的大礼为“稽首拜”，韩国男子只对自己的直系亲属，妻子的直系亲属，以及方圆八村以内的尊长者行这种大礼。女子向长辈行的大礼分为“肃拜”、“平拜”、“半拜”几种，其中以肃拜最为恭敬。

其次，长幼有序。韩民族异常注重不同年龄层的秩序问题。不管男女老幼都非常重视兄长弟幼的观念，前后辈关系非常明确。尊老是韩民族恪守的传统礼仪。“尊老”不限于对老年人，而是及于所有的年龄层，成了一个年龄大小的问题。也就是说，韩国的社会秩序的原则之一，便是按照每个人的年龄大小，将之纳入到一个等级序列中去，扮演自己的社会角色，决定先后尊卑关系。有句谚语叫“年龄长者是两班”，“两班”是高丽和朝鲜时期的世族阶级，在当时，两班们即使再穷困潦倒，也会受到庶民的绝对尊敬。把年长者视为贵族，可见“长幼有序”观念影响之深。秋夕中，只有长子才具有祭祀权。不仅是秋夕祭祀，其他各类祭祀活动也是由长子主持。比如在葬仪中，逝者子女每年逢秋夕、春节、清明节、忌日（逝世日）四次聚拢到长子家里，由长子领头，举行祭祀仪式。①

再次，男女有别。“男女有别”、“重男轻女”、“男尊女卑”的秩序渗透于韩国社会生活的方方面面。俗语有“男人是天，女人是地”的说法，家庭生活是“男主外，女主内”的方式，亲朋相聚时，要男女分而席之。男性是一个家庭的中心，女性结婚后则隶属于男性，成为夫家的人，要绝对地服从丈夫。秋夕祭祀中，立于牌位之前的是男非女，祭拜顺序之中先男后女；女子若已婚，则需参加夫家的祭祀而非娘家的祭祀。

最后，贵贱有分。这既体现在家庭家族生活中，也体现在社会结构中。一方面，如前所述，嫡长子才有祭祀权，体现了嫡庶的身份贵贱差别。另一方面，和中国古代社会一样，韩国也具有家国同一意识，具有“家国同构”的独特社会结构。把家庭中的“礼”延伸到国家和社会中，则成为上下有仪、长幼有序、男女有别的家庭式社会规范，形成贵贱有分的等级式社会秩序，君臣、主仆、官民之间都存在着社会角色的身份差别，上下尊卑十分严格。

数千年来，忠孝礼治等儒教思想已经融入韩国人的血液。正是在这一背景下，以“孝”为核心、以“礼”为结构，传统韩国形成了君对臣、父对子、夫对妇的无上权威，建构了中央集权制的国家秩序和家长制的社会秩序。而秋夕正是通过祭祀沟通和调节人与神的关系，以其年复一年、周而复始、代代相承的神圣仪式，建构并强化着韩民族精神世界的这一伦理秩序，维系着国家统治和社会运行的基础。

---

① 参见［韩］朱刚君《浅说祭祀》，《时代文学》2006年第2期。

（二）调节人与自然的关系：在神与人之间

表面上看，秋夕仪式或神圣或世俗，或娱神或娱人，似乎都和自然无关，其实不然。人与自然的关系有两类，分别融于人与神的关系和人与人的关系之中。通过贯穿于秋夕始终的仪式，人与自然的交流无处不在。

1. 神化自然

一个民族所处的自然环境的特征决定了该民族会崇拜哪种神，原始思维中的神其实就是对自然伟大的力量的具体化。面对自然中为人所不能认知无法控制的成分，人将其神化，人与自然的关系于是转化为人与神的关系。古代生产技术落后，生存环境恶劣，自然灾害频发，人与自然之间难免存在一定程度的紧张与冲突。正是人面对自然的这些紧张和冲突，这种对自身的卑微感和对神力自然的敬畏心理，才产生了自然信仰，产生祭祀祖先或各类神灵的仪式。

韩国作为稻作农业民族，其自然信仰主要表现在农人对创造有关农事诸神的崇拜。关于人造神，恩格斯曾精辟指出，在所有文明民族所经历的一定阶段上，他们用人格化的方法来同化自然力。正是这种人格化的欲望，到处创造了许多神。[①] 就韩国而言，其奉祀的农事神有水神、日神、雷神、雨神等。农人们在从事种植业生产过程中，遇到风调雨顺时，获得大丰收，遇到自然灾害时，歉收乃至颗粒无收，于是便对某些自然力产生感恩和畏惧，从而对大自然中的太阳、雷、风、雨、水等予以人格化加以崇拜。太阳、水都是农作物尤其是水稻生长不可缺少的要素。[②]

① 参见［德］恩格斯《自然辩证法》，《马克思恩格斯全集》第20卷，人民出版社1971年版，第672页。

② 参见吴诗池、魏露苓《浅谈稻作农耕文化的内涵》，《考古农业》2005年第1期。

回顾秋夕的源起和发展历程，从生成意义上说，其正是因自然崇拜而产生的一种神圣的祭祀仪式活动，与月亮崇拜直接相关。月亮的律动自古不变，人们通过对新月、满月、上弦月、下弦月等月相的认识，去关联那些有着发育、生长、衰老、死亡和复生的万事万物的生命模式，领悟人类在宇宙中的生存。秋夕月圆之日，恰值水稻收获时节，一年的月圆月缺正好关联一年的播种收获。在这样特殊的节点，人们将月亮神化，对月亮进行祭拜并以歌舞等形式取悦，去祈求下一年的风调雨顺，去祈求新一轮的五谷丰登，期盼得到神灵的眷顾，以实现自己的愿望。秋夕的诸种游艺活动大多是因此而产生的，如拔河、龟戏、“羌羌水越来”等。这种秋夕祭祀活动，表面祭祀的是月亮，其实是被神圣化后的自然。通过这种周而复始的祭拜，形成人们社会生活的节奏，原始的敬天感恩思想沉积为人们内在精神的秩序。人们通过身体力行地参与到仪式活动中去，理解并记住了处理人与自然及人与神之间关系的方法和原则，并通过每次过节不断强化，从而使人们自觉地在生活中践行。

2. 顺应自然

在人与自然的关系中，一类囿于对自然界不可知力量的畏惧和敬仰，人们神化自然并祭祀自然；另一类是面对自然界已经为人所知晓和掌握的部分，人们则将其转化为人与人的关系，并将其渗透于自身的日常生产生活中，表现为对自然的顺应。

从发生学上看，节日大致可以分为三类，“要么跟节令农时有关，要么跟宗教神话有关，要么跟政治事件有关”①，秋夕无疑是与节令农时有关的。在韩国这样一个有着古老农业传统的国度里，人们对自然季节的变化十分关注，天时成为人时的重要依

① 刘东：《有节有日》，《读书》2001 年第 10 期。

据与指南，人终始与四季流转的节律合拍，春种秋收，顺时而动。秋夕作为农业生产上的一个循环的接合点，过渡仪式和转换习俗特别突出。秋夕的各种节俗仪式都可以用盖内普的通过仪式来解释，感恩庆丰与祭祀祈丰并行，继往与开来同在，承前与启后共时。人们通过大量的节俗仪式，去庆祝一个农业周期年的收获，在这些仪式之后，进入对下一个周期的期待。这种“有规律地循环的节庆，引发了人们对自然秩序的规律性的观念”①，从而对人类社会的运作秩序也产生了自然的对应感。对秋夕而言，这种对自然的对应感和仪式化处理，最后归于人与自身及与他人的关系上。一方面是欢庆仪式中体现的娱乐精神。随着社会的发展和农业水平的提高，秋夕仪式也不断地演变发展，充满神秘色彩的祈神、娱神主旨逐渐被较为单纯有趣的娱乐所替代，萌发了娱乐精神，调节了人们的内心秩序。另一方面是集体游艺中强化的协作意识。基于古代生产力低下、以稻作为主的韩国农耕文明更需要大量的协作，因此，对于人与自然的把握，体现在秋夕节日中，即是农业生产所需的集体劳作。这种生产协作的共同体观念，体现了农耕社会的生产秩序。这部分将在下一节中具体阐述。

综上，在人与自然这一对二元结构中，反映出的秋夕的节日功能，一方面是前文所述“人—神”结构中的建构精神世界伦理秩序，另一方面是下文将要详述的“人—人”结构中的建构物质世界的社会生产秩序和社会成员内心秩序的功能。

（三）调节人与他人的关系：于世俗仪式中建构生产秩序

如果说神圣仪式主要是以家庭关系为中心去调节人—神关

---

① 刘宗迪：《从节气到节日：从历法史的角度看中国节日系统的形成和变迁》，《江西社会科学》2006 年第 2 期。

系，强化家族的血缘关系、建构伦理秩序的话，那么，世俗仪式则通过对人—他人关系的调节，建构社会成员共同遵守的社会生产秩序。

韩国秋夕文化和稻作文明联系密切，在传统社会极低的生产技术水平的背景下，农耕活动必须通过协作劳动才能完成。所以，在韩国传统社会中，村落实际上是农耕生活的共同体，韩国民众以村落为单位，团结协作的观念很强。韩国从古代流传至今的民俗游艺大都是集体性的户外项目，很多比赛都是以村落为基础进行的，都要求有较强的协作意识。具体到秋夕的民俗游艺活动，则更为明显。不同于中国的中秋节活动基本上局限于家庭内部，萌芽于原始时期的韩国的传统民族游艺大多为户外活动，并且多数为集体活动，如摔跤、荡秋千、跳板、农乐舞、“羌羌水越来”、牛戏、龟戏、拔河，等等。据统计，在韩国传统游艺活动中个体游戏只占6%，其他94%的游戏都是两三个人以上的分组游戏以及大规模的集体性游戏。[①] 这些从祈丰感恩的娱神仪式逐渐转变为娱人的世俗仪式的集体游戏都是以村落为基础进行的，例如一场拔河比赛，至少要调动几百人、上千人参赛，而且仅是编制拔河绳，就需要村民共同参与花费近一个月的时间互助协作来完成。

秋夕是收获之后的万民齐欢庆的盛大节日，具有特别强大的吸引力和非常广泛的参与性，每逢秋夕，不论达官显贵，还是平民百姓，都同日而庆。人们以此感谢神灵，将村社结成较为牢固的共同体，以增进成员之间的情感联系，满足农业生产和生活上互助的需要，从而形成社区文化传统，形成了融洽的人际交往氛围，加强了村落共同体的向心力和凝聚力，并强化了村社成员的

① 参见［韩］郑然鹤《韩国的民俗学》（二），《民俗研究》1997年第4期。

公共意识和集体精神。在前面我们也探讨过秋夕及秋夕游艺活动的来源，都是和在农业文明的大背景下产生的人们的相互协助有关。在农耕社会里，人们的劳动生活必须相互协助，这自然而然地使每一个成员都产生了自己和他人共存的观念，韩民族互相协助的精神就是这样逐渐发展而来的。

现代文明的冲击和科学技术的提高，使古老的传统农耕生活方式消失殆尽。不过，秋夕节日文化仍然代代相传，这些长期积淀而成的民间节日习俗依旧在今天发挥着作用，承担着团结家庭成员、促进邻里和睦相处，凝聚社区、整合社会的维系功能。韩国是受儒家文明影响极深的国家，极其重视血缘亲情，有很强的家族观念，很重视人与人之间的关系，包括邻里、朋友、亲戚等。秋夕为人们提供了广泛交往的机会和舞台，成为拉近亲人朋友间、密切邻里间关系的极佳契机。如家庭成员在秋夕团聚，一边一起包松饼，一边互拉家常。同学亲友间秋夕期间互相探望，互赠礼品，可以加深感情，弥合平常疏远的关系。而民俗游艺能激发人们对乡土的热爱，增强协作精神，是加强人们整体意识的极好手段。正如任东权先生所言，“因为民俗游艺具有乡土特色，某一地方的民俗游艺尤其能引起当地人强烈的共鸣，更令他们振奋。同样，一个民族的民俗游艺对该民族来说也是如此”①。由此，也不难理解，在朝鲜被殖民统治时代，日本殖民统治者为何要禁止秋夕的某些民俗活动的开展。

以集体欢腾为特征的秋夕世俗仪式在以农业伦理为基本背景，以村落、家族、家庭为社会基本单位的传统韩国社会中所起到的作用非常重要，仪式活动参与者总是表现出一定的主体意

① ［韩］任东权：《韩国民俗游艺的特点和继承》，《高丽亚那》1995 年第 4 期。

识，正因为参与者的这种主体意识，便产生了凝聚功能。因此其在联系、传承、调节社会中的各种不同的人际关系方面具有无可替代的纽带联结作用，更是成为界定群体身份的标志。由此，秋夕世俗仪式可以通过强化地缘认同来整合社会关系，进而发挥自身维系地缘共同体从而建构生产秩序的功能。

（四）调节人与自身的关系：于圣俗交错中建构内心秩序

秋夕对人与自身关系的调节在于对社会成员内心秩序的建构，这在圣俗仪式中皆有体现。

一方面，秋夕的神圣仪式可以提供心理安慰。古代韩国是典型的农业国家，农业生产不仅是古代百姓的衣食之源，也是统治者的立国之本。但是农业生产活动对自然的气候条件非常依赖，农业生产的收成在很大程度上受自然条件所左右，而非人力所能控制。这就使得古代农业生产活动披上一层神秘化的色彩，人们通过举行各种各样的神灵祭祀仪式来祈求好的收成。秋夕即是以感恩祈丰仪式为核心的节日。仪式反映了农耕文明对自然的依赖，然而未必真正有实际效果，毕竟祈丰与丰收之间没有必然的因果关系。尽管如此，仪式带来的心理安慰，使人们能够在面对困难时保持信心，获取精神力量，为战胜困难、发展生产奠定了基础。同时，自然灾害频发，人与人之间、人与自然之间难免存在一定程度的紧张与冲突，因此通过祭祀、祈祷仪式，可以舒缓和发泄心中因各类紧张和冲突引发的焦虑。这种通过神圣仪式获取心理安慰、维护经济活动的秋夕传统，稳定了社会成员的内心结构，成为韩民族重要的生活方式。

另一方面，秋夕的世俗仪式具有调节功能，即通过补偿、娱乐、宣泄等方式使人们的社会生活与心理得到调适的功能。

首先，处于收获时节的秋夕作为韩国最隆重的节日，具有很强的满足人们生活的物质补偿功能。秋夕有“五月农夫，八月神仙”[①] 的俗语，秋夕的存在让人们的日常生活变得张弛有度、劳逸结合。这一天人们还可以根据风俗仪礼制作各种饮食，带着收获的喜悦享受自己创造的丰富的食物和美酒，在物质匮乏的传统社会，这在一定程度上改善了人们的物质生活。

其次是娱乐功能。节日的产生具有明显的原始宗教信仰的痕迹，远古时期的人们，由于生产技术的落后和生存环境的恶劣，相信神灵存在，囿于自身的渺小和对神力伟大的敬畏，期盼得到神灵的眷顾。正如马克思和恩格斯“宗教的根源不在天上而在人间”[②] 所描述的一样，人类把本来不存在的事物幻想出来并刻有人的痕迹，人神同性，人神同形。人们对威力无边的神灵进行祭祀并以歌舞游艺等形式来取悦神灵。这为以后岁时节日民俗所具有的娱乐性质的出现奠定基石。经过长时段的历史发展之后，以娱神为目的而进行的歌舞游艺等节日民俗逐渐超越了原初的形式，褪去神圣外衣，走上了一条神人共娱的道路。在这一过程中，随着人类认识自我水平的提高，把人与神分离，愈发突出了人的主体地位，人性得到了高度的认可。娱神仪式演变为娱人的活动，成为众人狂欢的节日，具有了世俗娱乐和调节生活节奏等功能。

最后是宣泄功能。在以儒家思想为主导、社会等级严格的韩国社会，个体本能在群体生活中必然受到一定程度的压抑，平时处在社会最下层的百姓，终日辛苦，很难有机会参与到社会集体文化活动中。秋夕时大量的游戏等节日活动带来的狂欢正可以创造这样一个机会，宣泄内心深处被压抑的欲望和平日循规蹈矩生

① 刘鹏辉、郑信哲：《韩国：雾幕后的国家》，世界知识出版社 1995 年版，第 225 页。

② 《马克思恩格斯全集》第 3 卷，人民出版社 1965 年版，第 29 页。

活中所积压的心理能量。而沉浸于集体狂欢中的人们似乎打破了人们日常生活中的年龄、性别、身份和地位界限，严格的等级结构、紧绷的社会关系得以松动自由，人们在世俗仪式中达到特纳所说的“共睦态”。人们在节日里可以被公共允许“放纵”，用节日里的宣泄来调整平日里的压抑。

可见，秋夕在其世俗仪式活动中，改变了日常的社会秩序和社会结构。按照人类学家特纳的“结构—反结构”模式，由于“反结构”状态的出现，人们在狂欢化的仪式和集体欢腾中实现了一种潜在的“平等意识”和“补偿心理”，使人们交融和谐在秋夕仪式之中。正是基于此，韩国秋夕建构了社会成员个体的和谐的内心秩序。

我们可以以秋夕中的女性为例来进一步说明这一问题。总的来说，韩国传统社会中，妇女的地位很低，尤其在李朝时期，受儒家伦理的影响，韩国妇女参加社会交往和公开娱乐活动的机会十分有限，“女子不能抛头露面”是几千年来封建社会对女性不成文的道德观约束，传统社会中的女性面临来自社会各方面的约束。且妇女们终日劳碌，被大量的繁重家务所羁绊。在日常生活中，妇女们所生活的空间被极度压缩，她们的情绪也十分压抑。即便是在当代韩国，男尊女卑依然突出，韩国女性社会地位低微，在世界排名第 84 位。[①] 詹小洪研究员在以日记体撰写的书中提到在“人民韩国”网站上看到一则帖子；很能说明韩国的男尊女卑意识仍然很浓烈：男人在家绝对是家长、一言堂，男人一回到家，通常只对妻子说三句话：“我回来了！孩子呢？吃饭

① 参见萧唐《韩民族独特的道德观和家庭伦理观》，《当代韩国》2006 年夏季号。

吧！”[①] 直到1998年12月23日韩国国会的环境劳动委员会表决通过了《男女雇用平等法修正案》，第二天，国会的程序委员会通过了《禁止男女不平等待遇及其救济法》。虽然这两个法案还要送到国会正式表决才算完成立法，可是之前两天，已有50多位妇女活动家冒着严冬酷寒，在国会大楼外边等候结果。好消息传出后，大家一齐鼓掌欢呼，拥抱祝贺，喜不自禁地流下了热泪。[②] 尽管已经有了立法，尽管有些受到男女平等思想影响的年轻男性在婚后会帮助太太做一些家务，但是四五十岁的男性则很少这样，韩民族彻底改变男尊女卑的传统思想意识，恐怕还需要一个长期的过程。

然而，秋夕的时候，节日合理的出行游乐可以使她们开阔视野，获得更多接触社会的机会。她们可以抛却平时的桎梏，穿上鲜艳的衣服，荡秋千、跳跳板、跳“羌羌水越来”的圆圈舞，一舒平时的郁结之气。美国神学家哈维·考克斯（Harvey Cox）说，节日是表达被压抑和忽视的情绪的机会，这也是节日的三个关键因素之一，这三个因素分别是故意放纵、积极庆祝、对比性。故意放纵表示庆祝活动就是为了追求愉悦，所以放纵的庆祝行为都是故意的；积极庆祝所表示的意思是庆祝活动总是需要保持对生活的积极态度，才能产生最深远的愉悦的心情；对比性与放纵元素有关，这意味着，节日之中必须出现比照，并且它必须明显与日常生活不同。[③] 其实，该说法和特纳的仪式结构理论有

---

① 詹小洪：《告诉你真实的韩国》，山东人民出版社2005年版，第87页。

② 参见萧唐《韩民族独特的道德观和家庭伦理观》，《当代韩国》2006年夏季号。

③ 参见［韩］金明子《韩国女性与节日》，载中国民俗学会、北京民俗博物馆编《“传统节日与文化空间”东岳论坛国际学术研讨会专辑》，学苑出版社2007年版，第33—34页。

异曲同工之妙。根据涂尔干学派的观点，节日是一种社会时间的制度性安排，以区隔出日常的生活作息。秋夕调节个体与自身对立关系的有效性正是源于它在“被区隔出来的时间”里，通过固定的世俗仪式，完成了从带给个体紧张和冲突的社会“结构”到颠覆了结构的“反结构”状态，即“交融”或“共睦态”的转变，通过“交融”或“共睦态”实现了从“反结构”再到“结构”的回归。回归后的“结构”，消解了矛盾，为仪式所强化，更为稳固。正是在这样的循环中，在节日的世俗仪式带来的狂欢中，秋夕调节了民众的生活，抚慰了民众的心理，平时心中积累的紧张、不安和焦虑得以宣泄。秋夕仪式之后，人们的内心复归平静，开始新一周期的生活。对于韩国社会文化环境下长期被压抑的妇女来说，更是如此。

秋夕通过其神圣仪式和世俗仪式及其所蕴含的文化内涵和生活智慧，调整着人与神、人与自然、人与他人、人与自身的关系，建构着韩民族精神世界以“孝”和“礼”为核心的伦理秩序、物质社会互助协作的生产秩序和“结构—反结构”式的个体内心秩序。表面看，节日中的节俗仪式很琐碎，活动也很简单，但抽象而缜密的秩序却蕴含其中。并且，由于日历中日常时间和节日并置的时间序列，节日变成社会关注的独特时刻，每年同样的时间设置会使人记忆起往年的仪式，正是这种周期性的间隔使得“此时”具有同质性，从而也会产生大体相同的感觉体验。帕累托说过：“重复，尽管它没有半点逻辑—经验的价值，但比最好的逻辑—经验论证更为有效。”[①] 秋夕正是如此，通过周期性的重复在无形中强化了社会秩序，内化了社会秩序的要

① 转引自［法］雷蒙·阿隆《社会学主要思潮》，葛智强等译，上海译文出版社 1988 年版，第 472 页。

求，使得社会得以“均化”，从而维系着社会体系的稳定及其延续。

本章小结 走向世俗：作为生存技术的秋夕

每一个民族的文化都是本民族在特定的自然人文环境下长期积累起来的整套适应体系，是在一定的生产力水平上的最佳适应选择。节日作为民族文化的典型代表，其所建立的仪式体系和强调的价值体系，恰是这种选择的集中反映。地理环境的因素决定了韩国社会属于独具特色的农业社会，其具有以下特点：第一，自然条件适宜，韩国从原始文明时代快速步入“农者天下之大本”的农耕文明时代，以农为本，以种植水稻为主；第二，世代定居，以血缘宗法关系为纽带的家庭和家族是基本的生产和生活单位；第三，以自然经济为主，属于自给自足的小生产经营，规模小，经济力量脆弱。在这种社会条件下，相应的生活经验、价值观念、处世哲学、伦理体系以及生产活动规则就是：崇尚天地、敬畏自然、注重农事、尊重祖先的权威和经验、强调以家长为中心的尊卑等级次序等。而节日，尤其是与农业生产直接相关的节令节日秋夕，就是适应这种社会条件而生的，它集中体现和强化着这些规则，以此传承韩民族对生活的知识和态度，从而达到生存和延续发展的目的。可以说，秋夕是一套物质与精神、道理与实践相互配合的完整的文化系统，包含着丰富的生活智慧。换言之，韩国秋夕主要是作为生存技术而存在的，遵循的是一种实用的生存逻辑。这样的逻辑体现于秋夕仪式的各个方面。

借鉴哈贝马斯关于工具理性和价值理性的概念，我们可以将仪式区分为工具性和价值性两个方面。所谓价值性就是仪式的价值属性，是指将仪式建基于某些伦理的、美学的、宗教的或其他行为方式有意识的信念之上，以某种特定的终极的立场或方向为依归；而工具性则是仪式的工具属性，是指为实现特定目标而运用仪式的价值取向观念，注重于适用性与有效性。对于秋夕而言，无论其神圣仪式还是世俗仪式，无不凸显了其工具性的一面。

从神圣仪式看，《说文解字》释“祭”为“从示，以手持肉”，表明“祭”的本义是以牲肉献给神灵，表明祭祀行为出现之初就带有一种工具性的控制意识，企图用人的行为影响神灵，使之按人的意图行事。郭于华认为：“（祭祀中）通过这样一套技术程序，他们得以与神明沟通，使其助益于自己的生活。于是人们对于神灵就不仅有虔诚尊崇祈求，也有许诺利用娱悦操弄乃至胁迫。”① 费孝通先生也曾就中国人祭祀的工具性进行过分析，他指出：“中国人总是以自己的生活要求作为信仰的表达形式。人们对神祇的祭祀相当实际，往往采用有求必应的功利主义方式，主要是为了风调雨顺、免灾逃祸。祭祀很有点像请客、疏通、贿赂；祈祷有点像许愿、哀乞。祭祀的对象——鬼神对中国人而言是权力，不是理想；是财源，不是公道。”② 表面上，祭祀仪式由于其连接鬼神而显得神圣，而就其实在的内容来说，它基本上是比较功利与现实的，往往与世俗世界中人们日常生活中最基本的生计相关联。尤其是在差不多靠天吃饭的传统社会境况中，从人们的生存状况出发，对神的心态和行为既可以归纳为一种民间信仰，更是生活世界中的一种生存技术。

① 郭于华：《民间社会与仪式国家：一种权力实践的解释——陕北骥村的仪式与社会变迁研究》，载郭于华主编《仪式与社会变迁》，社会科学文献出版社 2000 年版，第 353 页。

② 费孝通：《美国与美国人》，三联书店 1985 年版，第 110 页。

对韩国秋夕而言，祭祀主要有祭祀自然神灵的仪式和祭祀祖先的仪式，这两种祭祀都与直接关系到生存的生产活动有关。祭祀自然神灵是源于对自然界不可知力量的畏惧和敬仰，祭祀祖先则是对祖先的经验与传统的尊崇。韩国古代生产的显著特点是小农经济。韩国的始祖神话“檀君神话”中描述，天神的儿子桓雄带着风伯、雨师、云师及三千天将来到人间，管理人们的谷食、疾病、刑罚以及善恶。以此可以推断，韩民族最初就是一个依靠农耕而发展的民族。三国时期，新罗嘉俳节的绩麻即是一种为庆祝麻类丰收和鼓励纺织生产的农耕礼仪。农业经济尤其是小农经济，靠天吃饭，离不开大自然的风调雨顺，所以对自然神灵尤其是和农业生产相关的风雨等以及代表着丰饶的月亮进行祭拜；农业经济离不开日积月累的生产经验，使熟谙农耕规律的长者自然成为权威，对祖先的敬畏和祭拜也必将产生。尊老敬上成为全社会自觉自然的选择，孝和礼等观念由此产生，君对臣、父对子、夫对妇的无上权威得以确立，传统社会中的伦理秩序得以构建并广为认同，起到了规范人际关系、维护生产秩序以保证社会生存、延续和发展的作用。

可见，韩国祖先崇拜的观念和秋夕祭祀祖先的行为，以及在韩国社会产生的巨大文化张力和社会伦理秩序的建构，不仅出于亲缘、血缘、历史感、归属感等本体需求，更是以小农经济为基础并以保障这种经济生产方式的顺利运行为目的的，具体的生计要求和实现这些生计利益的功能才是更为直接和根本的原因。

从秋夕世俗仪式上看，其发展历程经历了两个阶段。第一个阶段仍然保持着神圣性，通过歌舞游艺等活动去辅助祭祀仪式以表达对祖先和神灵的崇拜；第二个阶段开始世俗化，娱神的性质减弱，更多实用性元素被凸显。生态环境和生产活动的特点使我们不难理解这种转变的物质性基础。传统社会旷日持久的问题在于小农经济下生计的紧张。面对这一根本性的问题，通常有两个应对策略：一是外向型策略即求诸神灵，二是内向型策略，即顺应环境，采取最适宜的劳作方式。对民众行为的分析必须放在其特定的、具体的生存境遇、制度安排和社会背景中进行。民众的选择在很大程度上受制于其生存境遇和制度性安排。在秋夕仪式中，生存伦理成为仪式行为选择、生产方式选择的根本依据，正如郭于华所言："传统行为在传统宇宙观中的合理性是不证自明的，民众基于生存境况所做的选择常常是谋生的最合理方式。民众在生存困境的长久煎熬中世代积累传承下来使其家系宗祧绵延不绝的岂止是理性，那应该称为生存的智慧。"[①] 秋夕通过大量的集体游艺活动，强调共同体意识，建立起和谐互补共存共荣的社区生活，以满足稻作文化所必需的集体劳动和互助协作，传承小农经济社会的处世哲学和生存经验。在这一过程中，不仅满足了生计的需要，同时也在不断的重复中积累着人情，强化着凝聚力，内化着价值观，整合着社会，建构着认同，保证着生产与生存。

另一方面，秋夕世俗仪式的工具理性还表现在它缓解了社会生活本身所固有的紧张和冲突，在一定程度上抚慰了民众的心理。人类在社会群体生活中生存和繁衍，必须有维系群体生活所需要的种种制度，也需要实施这些制度的文化手段，还需要更多的文化条件，这就是文化迫力。这种文化迫力是必须和必要的。但是人既具有社会性，又具有生物性，换言之，人既具有社会文化的一面又具有生物本能的一面。因此文化迫力本身是对人本能的压迫与束缚。它使人的本能在文化的框架中受到压制，在制

① 郭于华：《"道义经济"还是"理性小农"：重读农民学经典论题》，《读书》2002 年第 5 期。

度、规范、礼仪、价值体系中被困厄。文化系统这种源于自身的压力和束缚必然会造成人的社会性和自然性的冲突；此时，文化系统需要一个类似科塞提出的“安全阀”这样的东西而维持系统的良性运行。节日即承担着这种功能。[①] 秋夕的各种活动，皆以追求现实的幸福快乐为目的，凝聚人们对家庭的热爱，对共同体的珍视，对当年农作艰辛与收获的肯定，对下一年美好生活的向往。人们吃喝玩乐，追求乐感、平衡、快适、自足的生活体验和心理感受，注重充满娱乐精神与集体欢腾的境界，崇尚感性心理和自然生命，具有人本的价值尺度，是人性回归的表现。借助于秋夕世俗仪式活动，文化系统源于自身的压力和束缚就可以得以缓解，社会结构得以稳固。

可见，切合在“圣”、“俗”之间的秋夕仪式有一个很大的张力“场”。一方面，节日中的神圣仪式是民间宗教信仰的主要元素之一，履行着解释宇宙、自然、神灵等神秘事物的功能。另一方面，节日仪式在伦理道德和社会秩序的观念上，反映的是民间社会的历史，表现着民间生活的本质。在调节人神关系时，展演了现有的社会人际网络和关系秩序，勾勒出现实的社会等级和伦理道德秩序，具有典型的神圣与世俗混融的特点。但是，虽然秋夕仪式从神圣中来，圣俗共通，但却是指向世俗的实用主义的。围绕着秋夕的仪式构成韩国人的精神生活空间和基本文化价值系统，而这一系统与其生活世界和生存逻辑之间是相互融合与匹配的，他们构成传统社会一套完整的生活与意义体系亦即本土的或者地方性知识。这样的生活逻辑和意义系统以生存为基本取向，并因此而形成整合的基本自足的和集体协作的小农经济的生

① 参见廖冬梅《节日沉浮问——节日的定义、结构与功能》，广西师范大学出版社 2007 年版，第 69 页。

活世界。[①] 不难看到围绕着上述仪式的活动都和最基本的生命需求相关，有深厚的生活底蕴。一言以蔽之，韩国秋夕仪式反映了韩民族的生存智慧，秋夕是作为生存技术而存在的。

① 参见郭于华《民间社会与仪式国家：一种权力实践的解释——陕北骥村的仪式与社会变迁研究》，载郭于华主编《仪式与社会变迁》，社会科学文献出版社2000年版，第351页。

第二章

互动研究：官方与民间共塑下的韩国秋夕

由于受儒家文化影响极深，韩国李承晚统治时期之前（1948—1960）的相当长时间内，韩国社会一直呈现出的是泾渭分明的中央集权的官僚机构与下层民众的两层式结构。即使是韩国的现代化道路也带有浓烈的政府主导的色彩。同样，在秋夕节俗的形成及变迁过程中，也可以看出官方与民间各自所起的作用，有的时候是此消彼长，有的时候是共同发力。从官方与民间对秋夕的塑造这一角度审视秋夕的盛衰沉浮，可以深化我们对韩国秋夕的认识，也可以更深入地了解国家力量与民间力量在节日塑造中的博弈过程及作用。诚然，传统社会中的大部分节日属性都是民间的，节日里诸种民俗仪式活动都是民众在漫长的历史发展进程中自发形成和传承的，这也表明了在节日塑造及传承过程中民间力量的威力。但作为政府的官方力量在节日形成过程中所施加的作用力更不可忽视。对被西方视为儒家文明“活化石”的韩国而言，其民俗文化毫无例外地显示出官方的影响。考察官方对秋夕节日习俗的介入方式、介入过程以及所取得成效，包括民间力量的反应及二者在塑造秋夕中的冲突和合作等，有助于我们发掘韩国秋夕的社会功能，同时对于国家而言，也具有民间文化保护与开发方面的经验价值。

第一节　传统社会官民对秋夕的共同塑造

一般认为，秋夕出现于新罗时期，在高丽时期及李朝时期不断得到充实和发展，在这一漫长的发展历程中，官方及民间对秋夕的塑造都作出了各自的贡献。

一　三国时期及统一新罗时期

如前所述，韩国对于秋夕的最早的记载，是《三国史记·新罗本纪一》“儒理尼师今（王）九年（32）”。从这条史料看，秋夕至今大约有2000年历史了，最初和庆祝丰收有关。

另外，中国古籍中，对新罗秋夕也有不少记载。见于《北史·新罗传》、《隋书·东夷·新罗》、《旧唐书·东夷·新罗》，等等。

如第一章所述，日本高僧圆仁《入唐求法巡礼行记》也记载了其于开成四年（839）在新罗侨民云集的山东赤山法华院所过的秋夕，其中记载：“老僧等语云：新罗国昔与渤海相战之时，以是日得胜矣，仍作节乐而喜舞，永代相续不息。”[①] 而遍寻高句丽、百济等有关史料，皆无有关秋夕的记载，可见秋夕源于新罗。虽然当时还没有“秋夕”的称呼，但可以肯定的是，八月十五是新罗非常隆重的节日，在这一天，歌舞、饮食作乐，并有射箭等游戏，官方与民同乐。最初活动的主体应该是以女性为主，进行纺织比赛，并唱“会苏曲”、跳舞等。按照韩国学者金明子的分析，“在农业社会，满月象征着丰产，这与女性生育者的角色联系在一起。满月的那天象征着丰产，作为丰产的源头

① ［日］圆仁：《入唐求法巡礼行记》，上海古籍出版社1986年版，第67页。

的女性在那天举行仪式尽情欢娱是为了庆祝大丰收，同时这个仪式也是为了期望来年获得好收成”①。这表明，秋夕和农业生产关系密切，有着深厚的民间基础。而圆仁的记述年代比较靠后，其关于秋夕起源的记述虽然可能不足为信，但可以据此推想，新罗作战的胜利强化了这一节日，其为秋夕增加了一层政治意义，强化了秋夕的官方色彩，使之更为新罗所重视。

总而言之，三国时代尤其是统一新罗时代，虽无“秋夕”这一称呼，但八月十五作为主要庆贺丰收的节日已经为官方和民间所认同，并且有了初步的仪式和民俗活动。

二　高丽时期

918年，高丽王朝建立，虽然诞生了一个稳固的、高度中央集权的国家，但相比于新罗时代，高丽王朝所面临的外部形势极为严峻，在其存在的四百余年里，辽、金、元都虎视眈眈，对高丽构成了莫大的威胁，而宋朝又软弱不堪，因而高丽只能自立以应付强敌。这一时期也是其独立的民族意识和民族文化得到较大发展的一个时代。秋夕在这一时期也更加发扬光大，经过官方与民间的共同努力，秋夕的内涵更加丰富，普及程度更加广泛。

高丽时期，农历八月十五已有“秋夕”之名，而且官方极为重视，国家在这一天给所有的官员放假，将之定为全国性节日，与元正（春节）、上元、上巳、寒食、端午、重九、八关、冬至并称为“九大俗节”。《高丽史·刑法一》详尽记载了高丽王朝的节庆假日：“每月人节日一日；元正（前后并七日），立

① ［韩］金明子：《韩国女性与节日》，载金宏图、李萍编《“传统节日与文化空间”东岳论坛国际学术研讨会专辑》，学苑出版社2007年版，第29页。

春一日，蚕暇（正月内子午日），人日（正月七日），上元（正月十五日前后并三日），燃灯（二月十五日），春社一日，春分一日，诸王社会（三月三日），寒食三日，立夏三日，七夕一日，立秋一日，中元（七月十五日前后并三日），秋夕一日，三伏三日，秋社（社稷祭日），秋分一日，授衣九月初一日，重阳九月九日，冬至一日，下元十月十五日，八关（十一月十五日前后并三日），腊享（前后并七日），日月食各一日，端午一日，夏至前后并三日。”① 而且据记载，在秋夕的时候，国王亲自赴景灵殿进行大规模祭祖的祭享礼。“景灵殿，正朝、端午、秋夕、重九、亲奠仪，其日四更末，内侍茶房及指谕先入内殿，庭次承宣入庭、肃拜讫，内侍茶房及指谕次次拜谒，次重房入庭肃拜。……上将军奏看中禁，奏山呼肃拜，扶策大将军下庭复位，次承宣重房，内侍茶房指论一时肃拜，讫。……至景灵殿，入就东阶下西向再拜，上殿诣太祖室外户，再拜。……又从二室尺入诣太祖前，俛伏，省郎自西阶上殿，诣太租室户外读祝文，讫，王再拜，茶房别监奉福酒盏，承宣传奉授枢密，承宣奉注子斟酒，承宣又进酌酒器，王酌酒三漏，饮福酒讫，再拜出，诣太祖室户外，再拜，讫。舍人喝从官再拜，王退还东阶，下西向再拜，承宣秉烛前引，次承宣受笏，尚衣，别监传受，王还内殿，坐绞床，阁门望龙颜，承传云：宣赐侍臣员将酒果，舍人喝，员将肃拜讫，王入内，次中官出，劳传承宣重房，内侍茶房，指谕肃拜而退，无时奏告，如大庙奏告仪。”②

---

① ［朝］郑麟趾：《高丽史》卷84《刑法一》，转引自郑显文《法律视野下的唐代假宁制度研究》，《南京大学法律评论》2008年第21期。

② ［朝］郑麟趾：《高丽史》卷61《景灵殿》，转引自张宏庸《茶的礼俗》，茶学文学出版社1987年版，第82—83页。

同时，《高丽史》记载，在秋夕等重要的节日，禁止刑罚。“禁刑：国忌、十直（初一日、初八日、十四日、十五日、十八日、二十三日、二十四日、二十八日；二十九日、三十日）、俗节（元正、上元、寒食、上巳、端午、重九、冬至、八关、秋夕）、慎日（岁首、子午日、二月初一）。”① 官方对其重视程度可见一斑。

可以看出，高丽时期，秋夕已经成为重要的节日之一，官方极为重视，宫廷也已有盛大的祭祖仪式。

三　朝鲜时代

这一时期的节日体系逐步走向完善与成熟，秋夕的地位更加重要，1518 年，朝鲜中宗李怿将春节、端午、秋夕确定为朝鲜的三大民族节日。洪锡谟在《东国岁时记》里面则称“正朝、寒食、端午和秋夕”为朝鲜的四大名节。《东国岁时记》这样描述八月秋夕：“十五日，东俗称秋夕，又曰嘉俳，肇自罗俗，乡里田家，为一年最重之名节，以其新谷已登，西成不远，黄鸡白酒，四邻醉抱，以乐之。”② 金迈淳《洌阳岁时记》载，是日“虽穷乡下户，例皆酿稻为酒，杀鸡为馔，又有果之品，侈然满盘”③。可见朝鲜时代秋夕的盛况。与高丽时期相同，朝鲜时期也规定秋夕等重大节日禁止行刑。《李朝实录》记载：“刑曹报议政府曰：续《刑典》云：‘中外掌刑衙门，自立春至秋分及朔

① ［朝］郑麟趾：《高丽史》卷 84《刑法一》，转引自杨鸿烈《中国法律对东亚诸国之影响》，中国政法大学出版社 1999 年版，第 44 页。

② ［朝］洪锡谟：《东国岁时记》，载任东权、李元植等编《韩国汉籍民俗丛书》第 1 辑，台北：东方文化书局 1971 年版，第 40 页。

③ ［朝］金迈淳：《洌阳岁时记》，载任东权、李元植等编《韩国汉籍民俗丛书》第 1 辑，台北：东方文化书局 1971 年版，第 16 页。

望上下弦二十四气雨及夜未明，不得行死刑。’然宗庙社稷祭誓戒日至行祭日及大殿中宫东宫诞日，行死刑未便。自今上项日及俗节重午中秋重阳等，并禁死刑。议政府启曰：‘令礼曹参考历代格例详定。’从之。”

随着国力的兴盛及社会的发展，秋夕的内涵日益丰富，崇朱子学为国教的朝鲜还借鉴了朱子家礼，使秋夕等节日的祭祀礼仪更为系统和完善。成宗六年（1475），朝鲜编纂《国朝五礼仪》，成为其推行礼治的核心根据。这一时期，民间也兴起对礼仪的研究，如金长生于1599年编撰的《家礼辑览》，李宜朝整理其祖父及父亲遗稿编纂而成的《四礼便览》和《家礼增解》等。

此时一些娱乐活动也融入秋夕。如摔跤活动在这一时期已不再仅仅是贵族阶层的游戏，开始走向民间，在平民阶层流传开来。《李朝角力》记载，李朝时期由于官方的设行减少，摔跤开始逐渐成为民间盛行的游戏，农闲时在乡村涌现出很多出色的摔跤手。当时在平壤地区经常开展摔跤活动，其中端午节和秋夕的摔跤尤为著名。秋千活动出现于13世纪初期，在当时主要盛行于上层阶级。到了朝鲜王朝时期，秋千活动不再局限于王宫，慢慢流传到民间，主要成为端午节和秋夕的一种娱乐方式。

传统韩国社会历来奉行以农立国，认为“农为天下之本”。在这一典型的东亚农业社会中，其节日体系无疑和农耕社会的岁时节气密切相连，其中，作为收获季节象征的秋夕自然与人民最重要的农业生产、日常生活紧密相关，在秋夕这一将历法上的自然时间和民众的庆祝仪式结合在一起的时间节点上，官方和民间的观点与步调都是一致的。虽然传统的韩国社会具有极其鲜明的官方和民间的分野，呈现出明显的两层式结构：强大的中央集权的官僚机构以及民间的芸芸大众，中央政府依靠金字塔式一层管一层的官僚机构实现对社会的控制，官方相对于民间具有绝对的权威，不过在节日所代表的时间框架体系方面，官方假日却对民间节日进行顺应，官民之间呈现出高度整合、和谐统一的关系。秋夕自新罗时代起开始成为官民同乐的民俗节日，到高丽时代成为九大俗节之一，直至朝鲜时代成为与春节、端午并列的三大节日之一。纵观韩国传统社会中秋夕的这些演变，其中的原因当然与秋夕有着深厚的民间土壤直接相关，但其间官方通过律法和倡导所起的推波助澜的作用也绝对不能忽略。

第二节　殖民时期官方压制下的秋夕

1876 年日本通过《江华条约》确立了对朝鲜的治外法权，1905 年朝鲜沦为日本的保护国，1910 年签订《日韩合并条约》，日本正式吞并了朝鲜，其殖民统治一直持续到第二次世界大战结束。日本殖民时期为加强对朝鲜的统治，采取了文化抹杀政策，导致许多朝鲜的民俗及游艺活动中断，包括秋夕在内的传统文化遭到极大的损害，民间习俗遭到强力压制。

一　禁止节俗

日本为长期而彻底地吞并朝鲜，企图抹杀其民族意识，以日本文化同化朝鲜文化。在其殖民统治期间，极力鼓吹“日鲜一体论”，并从语言、教育、宗教、信仰等方面抹杀朝鲜色彩。日本殖民当局认为：“想要了解一国文化及其民族性，首先必须了解该国的风俗习惯。风俗习惯被视为人心民意的基础，充当着伦理道德的标准，是社会进步的一大动力。世界上任何一个国家，其各个时期的风俗习惯中都潜藏着祖先遗留下来的传统精神。"① 所以，古代流传下来的很多民风民俗都遭到殖民者的压制。比如，放风筝、歌舞等民间游戏依据《警察处罚规则》被镇压；和农业相关的聚锄仪式和洗锄仪式等传统风俗习惯则根据《契约取缔规则》被全面禁止，原因是可能培养出民族团结意识；而秋夕的活动多是集体活动，受到的压制更大；颇具尚武风气和集体精神的活动项目如拔河、摔跤等民间游戏均以妨碍施政的借口遭到禁止。任东权曾分析日本殖民者极力禁止秋夕拔河比赛的原因："在日本帝国主义看来，这种民俗游艺所追求的协作精神以及由此产生的对乡土、对民族的热爱，甚至离乡背井的人也在心中留下了少时在家乡体验过的兴致勃勃的民俗游艺的回忆而保持整体意识，极不利于殖民政策的贯彻，因此他们动用了行政手段，极力限制和抹煞韩国传统民俗游艺。"② 此外，日本修改朝鲜的节日体系，强迫朝鲜过日本的节日，把天长节、纪元节、明治节等日本节日作为朝鲜节日，逼迫朝鲜人去参加这些节日活动。

二　改换历法

1895 年 11 月 15 日，力主进行近代化改革的朝鲜金弘集内阁在日本公使小村寿太郎的指使下，改年号为"建阳"，废除阴历，实行阳历，施行改革，史称"甲午更张"。当时为了改历下了一系列诏书："诏曰，三统互用，因时制宜，修改正朔，用太

---

① ［日］朝鲜总督府：《朝鲜的年中行事》，京城大海堂印刷株式会社 1931 年版，第 1 页。

② ［韩］任东权：《韩国民族游艺的特点及继承》，《高丽亚那》1995 年第 4 期。

阳历。开国五百四年十一月十七日为五百五年一月一日。"[①] "诏曰，既改正朔，用太阳历，开国五百五年为始建年号，制为一世一元，万世子孙恪守。"[②] "二十九日，宫内府布达第四号，废止从前人定及罢漏时钟，依午正例子正撞钟，报时与更鼓节次一体废止。"[③]

"纪年的创立和废弃成了政治策略行为。纪年的延续不只是年号的延续，更与它的纪念对象相关。"[④] 虽然金弘集内阁的"甲午更张"改革措施促进了朝鲜资本主义发展与朝鲜近代化历程，不过其亲日倾向遭到朝鲜民众抵制。日本明治维新时期极力推行西化，1872 年在东亚诸国中率先推行阳历，在朝鲜殖民时期也大力推行阳历，但其在朝鲜推行阳历的意图则是消除传统文化的根基。朝鲜朝廷曾赞扬新历："盖此法（格里高利历）每四百年一回则精合不差，每年节候之月与日不早不晚，于农作甚便。其春秋分必三月二十一日、九月二十一日，夏冬至必六月二十日、十二月二十三日，而历法莫良于此，故泰西列邦后先取用，而独俄国尚今遵用周丽历法（Julian Calendar），故年终相计则每十二个日落后也。"[⑤] 但阳历的实行对以农耕文明为基础的朝鲜岁时文化造成很大冲击，因为节日制度本身就是阴历历法系

---

① ［韩］《高宗实录》卷 33"乙未 32 年 9 月 9 日"条，载［日］末松保和《李朝实录》第 55 册，日本东京学习院东洋文化研究所 1967 年影印本。

② ［韩］《高宗实录》卷 33"乙未 32 年 11 月 15 日"条，载［日］末松保和《李朝实录》第 55 册，日本东京学习院东洋文化研究所 1967 年影印本。

③ ［韩］《高宗实录》卷 33"乙未 32 年 9 月 29 日"条，载［日］末松保和《李朝实录》第 55 册，日本东京学习院东洋文化研究所 1967 年影印本。

④ ［印度］罗米拉·塔帕尔：《早期印度的循环时间观和线性时间观》，载里德伯斯编《时间：剑桥年度主题讲座》，章邵增译，华夏出版社 2006 年版，第 24 页。

⑤ ［韩］金致仁等：《增补文献备考》卷 1《象纬考一·历象沿革》，首尔世宗大王纪念事业会 1980 年版，第 77—78 页。

统的组成部分，所谓节日，即是历法的岁时周期中一些具有特殊意义和标志性的日子，节日系统和历法系统密不可分。在阴历中秋夕的日子是固定的，即八月十五，在阳历当中却每年的日子不固定，只能是阳历九十月中的某一天。因此，相当长时期内朝鲜民众对阳历既不适应，也不热情。金明子对日本在朝鲜改行阳历做出评价："日帝强迫使用的阳历也给岁时风俗带来很大的影响。阴历比阳历更适合农耕社会，阴历也是传统岁时风俗的标准。日帝强行撤回阴历，而把阳历通过学校、教会和官厅逐渐普及，结果三月初三、七夕等的节日在日历上逐渐失去自己的适应力，尤其是在农耕社会上原本受到重视的十五日节日的概念也越来越弱化了。然后，星期天休息日的概念逐渐扩大，代替了这些传统节日。"①

除了秋夕，另一大节日春节也深受影响。朝鲜总督府试图以阳历新年取代阴历春节，但是遭到朝鲜全国上下的抵制。当时的诗人黄玹（1855—1950）在《梅泉野录》中写道："虽然年度和日数改变了，但韩国国内人民并无使用阳历者。"② 而朝廷也与民间类似，并不热衷于阳历新年。"丙中年 11 月 17 日敕命施行阳历，为 1 月 1 日。因此我国是从 1886 年开始由大君主陛下敕命使用阳历。但那只是一道敕命而已，没有多少人奉行。高宗时阳历过岁也只是在俄罗斯公馆举行过一次，第二年 2 月回到德寿宫后仍用阴历，这可以英亲王的生日佐证。英亲王是严纯嫔在俄罗斯公馆侍奉高宗时怀孕，次年 9 月 25 日出生在德寿宫肃雎斋。

① ［韩］金明子：《韩国民俗学研究论著 18 · 岁时风俗卷》，首尔巨山出版社 1998 年版，第 71 页。

② 邵毅平：《黄海余晖：中华文化在朝鲜半岛及韩国》，云南人民出版社 2003 年版，第 176 页。

《璋源谱略》载 9 月 25 日是按阴历计算的日期。”① 改历之后的一段时期内，所印制的日历仍以阴历为主，只是在其后面注上阳历的日子。1896 年 8 月 21 日，朝鲜政府对历法又做出一定修改，祭祀仪式可以用阴历，朝鲜王宫在祭祀、传统节日和生辰也用阴历。“二十四日诏曰，有国祀典，莫严莫敬，而伊时内阁之逆臣执命，恣意裁减，已极痛追，况又新旧历日字，原有差互，其在诚慎之道，尤为未安。自今太庙殿宫各陵园祭享，一遵旧式，凡大中小祀月日，并用旧历。又诏曰，圜丘社稷诸山川诸庙享祀，其令官内大臣掌礼卿，参酌时宜，考礼厘正。亦令掌礼院专管举行。又诏曰，祀典既已复旧，不可无告由之节。遣大臣设行，告文当亲撰以下矣。”② “二十一日，宫内府大臣李载纯，以各宫殿诞辰月日。自今为始，从阴历。明年新历印明件，开录上奏。允之。万寿圣节壬子七月二十五日，王太后庆节辛卯正月二十二日。王太子千秋庆节甲戌二月初八日，王太子妃诞日壬申十月二十日。”③

但是，到了 1908 年，朝鲜总督府则以“文明开化”为由采用强制措施推行阳历，这一时期的日历开始以阳历为主，阴历日子则在其下面以小字注出。并且殖民者禁止朝鲜老百姓过阴历新年及其他一些阴历传统节日的岁时民俗活动。到了 20 世纪 40 年代，日历上则完全没有了阴历的影子。

① ［韩］李窗益：《民俗的时间、空间和近代的时间、空间——祭仪时空间的变化》，载周星主编《民俗学的历史、理论与方法》下册，商务印书馆 2006 年版，第 532—549 页。

② ［韩］《高宗实录》卷 34 “丙申建阳元年七月二十四日”条，载［日］末松保和《李朝实录》第 55 册，日本东京学习院东洋文化研究所 1967 年影印本，第 280 页。

③ 同上书，“丙申建阳元年八月二十一日”条，第 283 页。

然而，对朝鲜民间而言，他们更关注的是传统的阴历节日及节日习俗，与官方的期望和活动则相背离。就最隆重的两大节日——春节和秋夕而言，即便日本殖民当局极力采取弱化的措施，如在春节前关掉朝鲜的年糕作坊，禁止秋夕的某些集体活动，但其仍是朝鲜老百姓最看重的两大节日。连朝鲜总督府的官报《每日新报》在 1915 年 2 月 14 日的社论中也不得不承认，“虽然正式新年是公历的新年而朝鲜人还是把农历的春节迎接得更热烈”。可以说，民间借助对传统民俗文化的维护与固守来与殖民政府进行博弈和对抗。

第三节　官方与民间相互作用下的现代秋夕

1945 年光复之后至今，是韩国逐步开展并完成现代化的时期。由于韩国的现代化无论是起步还是推进主要都是在政府主导下完成的，因此包括秋夕在内的韩国节日民俗的变革也始终带有浓烈的官方色彩。以官方与民间作用于秋夕的不同情形而言，这一时期大致可以划分为三个阶段。一是光复后至 20 世纪 60 年代之前；二是 20 世纪 60 年代至 80 年代中期；三是 20 世纪 80 年代至今。

一　光复后至 20 世纪 60 年代

光复后至 20 世纪 60 年代的韩国仍然是农业为主的社会，对绝大多数韩国国民而言，他们仍然按照农耕社会的节奏生活。当时由于战乱及政治动荡等原因，韩国大规模的现代化建设还未展开，官方则主要依靠美国，遵照西方社会的现代化节奏，改革国家假日制度，这造成了官方与民间在节日文化方面的分离。这一时期阴历与阳历之间的竞争仍会时有显现，檀君纪元、西历纪元与民国年号（以“三一运动”作为起点来计算）三种纪年方法一度并行使用。后来，相对于较短时期就会出现变更的年号，长期不变的纪元方法的价值逐渐获得青睐。1948 年（檀纪 4281 年）7 月 17 日，即大韩民国宪法公布 9 个月 25 天后，关于年号又有了下面的规定：“法律第 4 号，有关年号的法规，大韩民国正式使用檀君纪年。附则：本法自公布之日起实施。”①

1946 年 6 月 4 日，韩国颁布了总统令第 124 号《有关政府机构假日的案件》，规定了国家法定假日：（1）星期日；（2）国庆节；（3）公历 1 月 1—3 日；（4）植树节（4 月 5 日）；（5）秋夕（秋收节）；（6）韩国语日（10 月 9 日）；（7）圣诞节（12 月 25 日）；（8）其他政府指定的假日。② 之后韩国政府对此法规又进行多次修改，增加了一些政治性的节日，如 1950 年第一次修改，增补“国际联合日”（10 月 24 日）为国家假日，以纪念朝鲜战争；1956 年 4 月 19 日第二次修改，增加了纪念在朝鲜战争中阵亡的韩国将士的“显忠纪念日”。

这一法令规定明确反映出政府的意图，即压缩传统节日空间，向美国等西方现代文明国家学习，将传统农耕社会的节日习俗视为落后。不过秋夕的情况有些特殊，在官方法定节日体系中占据一席之地。之所以选择秋夕作为国家节日放假一天，主要是受西方基督教影响，将秋夕视为东方的感恩节。在该法令中，秋夕是以“秋收节”的名称位列国家节日体系之中的，其身份是

---

① ［韩］李窗益：《民俗的时间、空间和近代的时间、空间——祭仪时空间的变化》，载周星主编《民俗学的历史、理论与方法》下册，商务印书馆 2006 年版，第 540 页。

② 参见［韩］张长植《韩国国家节庆假日与传统岁时风俗之变化》，《民间文化论坛》2005 年第 2 期。

“感恩节”而不是传统节日“秋夕”。

在民间，由于近代农业生产方式的延续，以农耕为基础的生活方式和岁时风俗没有太大变化，韩国老百姓还是按照传统的农历及传统的风俗过节，他们认为新的国家法定节日主要是政府机构工作人员的节日，对普通老百姓的传统生活影响不大。普通民众的节日民风可以视为朝鲜旧时代风俗的延续。大部分工作在外的年轻人也认为即使别的时候去不成，过两个节日（春节和秋夕）一定要回老家。并且此时期去外地工作的人口逐渐增多，所以每到秋夕和春节，归乡省亲的大军就络绎不绝，成为秋夕的新的节日事象。[①] 这个阶段，因为秋夕放假，所以民间与官方合二为一，和谐一致。

二　20 世纪 60 年代至 80 年代中期

20 世纪 60 年代至 80 年代中期，是韩国由一个农业国逐渐转变为一个现代化强国的过程。在韩国崛起的过程中最重要的时期是朴正熙统治时期，其执政时期从 1961 年至 1979 年长达 18 年，使韩国完成了从农业社会向工业社会的转型。随着工业化进程及相伴而来的城市化发展，韩国对传统节日所实行的政策也几经变化，对秋夕这一传统节日所产生的影响也是不尽相同的。

以官方的政治力量介入节日体系等民俗变革是韩国朴正熙等威权主义型政权维护自己统治的一项策略。韩国经过光复后包括整个 20 世纪 50 年代的激烈震荡的岁月，到 20 世纪 60 年代初期，朴正熙执政时期面临的是百废待兴的局面。与李承晚不同，朴正熙出身寒微，既非开国元勋，亦非朝鲜贵族后裔。为了稳固

---

① 参见［韩］金明子《韩国民俗学研究论著 18 · 岁时风俗卷》，首尔巨山出版社 1998 年版，第 76 页。

自己的统治及建构政权的合法性，朴正熙认为："除非让人民看到成绩，否则人民是不会合作的。"[①] 唯有振兴韩国民族经济，实现韩国的现代化，才能取得韩国人民的拥护。故而朴正熙时代开启了韩国大规模现代化之路。然而因韩国现代化之路属于外源性的，所以这一时期在赶超型的现代化进程中，政府多视传统习俗为现代化之敌，导致很多为国家发展而实施的政策给秋夕等传统习俗带来了消极影响。

（一）《家庭礼仪准则》

为了移风易俗，朴正熙政府于 1969 年制定并颁布《家庭礼仪准则》，这给秋夕礼仪风俗带来一定影响。

在 20 世纪 60 年代，韩国政府主导型的工业化初见成效，城市化水平也发展迅速，大量农村人口涌入城市。韩国光复之初，城市人口只占全国人口的 17%，到 1960 年增加到 35.8%，1970 年则增加到 49.8%。[②] 原是传统农业社会的韩国迅速向现代工业社会转型，原有的生活方式也发生很大变化。这导致传统的岁时风俗面临严峻的考验，传统而复杂的各种节日礼仪随着生活节奏的加快趋向衰败，在 20 世纪 60 年代社会转型期，这种趋势相当明显。朴正熙对韩国的旧有文化进行了批判，认为李朝的政治遗毒有七个方面："缺乏独立精神"、"懒惰和不劳而获伪愿望"、"缺乏开创精神"、"缺乏进取精神"、"可恶的自私自利"、"荣誉感的缺乏"、"缺乏良好的判断力"；他举出"人民的缺点如逍遥自在、趋炎附势、游手好闲、'奴才主义'以及依赖别人的恶

---

① ［韩］朴正熙：《我们国家的道路》，陈琦伟等译，华夏出版社 1988 年版，第 149 页。

② 参见肖金成、汪阳红《土地管理新论——工业化、城市化过程中土地管理制度研究》，中国计划出版社 2007 年版，第 327 页。

习等”①。基于这种对原有民风民俗的批判，朴正熙政府于1969年颁布了《家庭礼仪准则》，该法则其实就是政府对传统民间习俗的一种干预，它通过行政命令的方式对固有习俗做了修改，如对秋夕等重大节日而言很重要的祭祀礼仪的规定。在韩国传统中，有关祭祀礼仪是相当讲究的。1469年，朝鲜编制的《经国大典》规定：三品官以上祭四代，四品到六品官祭三代，七品以下及士人祭二代，庶民只祭父母。② 这在相当长时期内成为大家遵守的准则，直到1884年“甲午更张”时期才打破身份制，规定全民都祭拜四代祖先。而朴正熙的《家庭礼仪准则》倡导的是“二代奉祀”，即只祭拜两代祖先。不过韩国民间并未完全遵守这一规定，时至今日，韩国秋夕祭祀，有祭祀四代的，也有祭祀两代的。

（二）新农村运动

1970年开始的新农村运动使韩国由农业社会步入现代社会的同时，也对秋夕习俗造成较大影响。

20世纪60年代，朴正熙的经济开发计划取得了一定成效，但是也出现了不少问题，如城乡差距和贫富差距等，而且朴正熙政权也遭到城市知识分子阶层及其他党派的抵抗。为推动韩国农村的经济发展，平衡城乡差距，巩固自己的统治，全面推进韩国的现代化建设，朴正熙在70年代发起了新农村运动。这一运动虽然对韩国农村的经济发展起到一定作用，但是，对韩国农村节日民俗活动冲击不小。朴正熙虽然自称信奉孔子学说，但他更倾

---

① 尹保云：《韩国为什么成功？朴正熙政权与韩国现代化》，文津出版社1993年版，第80页。

② 参见［韩］文智成《潮汕族谱所见宗族祭祀礼仪与韩国家祭礼仪之比较》，载黄挺编《第七届潮学国际研讨会论文集》，花城出版社2009年版，第445页。

向于西化思想，对韩国的民族传统否定的比较多。在新农村运动中，朴正熙提倡新的价值观和理念，即“勤勉、自助、协作”精神，并以此对国民进行精神启蒙，在新农村运动的裹挟之下，韩国民众认为要走向近代，必须与传统的旧的风俗习惯一刀两断，而且运动的官方色彩极浓。“由于是在总统阁下的特别指示下推行的运动，所有国民不分老幼必须全部参与，不参与是绝对不允许的，几天之前，总统阁下曾经提到，对抵触新农村运动的人不分职位高低都要严肃处理。”① 由于得到强有力的官方支持，新农村运动以雷霆万钧之势，席卷了整个韩国，而给韩国的民俗和传统文化则带来了消极影响，使农村社会从个性化走向一般化、共同化。该变化对岁时风俗有很大影响，原本认为对农业有绝对必要的民俗仪式，被冠以迷信之名，加之农业技术的进步和普及，这些民俗逐渐走向消失。金光亿先生曾评价说：“这个新村运动都是政府在推动，表达的是政府的意识形态，把韩国传统文化贬得一文不值，把传统文化视为现代化的障碍。”② 例如当时有一个口号“消灭草房，拓宽农村道路”，使大批韩国传统民居及一些历史遗迹不见踪影，一些巫戏等传统民俗也在打倒迷信的声音中消逝，一些秋夕的活动如拔河等也在农村难觅踪影。

三　20世纪80年代中期至今

20世纪80年代中期，韩国与中国台湾、中国香港、新加坡

---

① 徐萍：《新农村运动和朴正熙政权的统治意识形态》，载牛林杰、刘宝全编《中韩人文社会科学研究》第2辑，山东大学出版社2007年版，第216页。

② ［韩］金光亿：《艺术与政治——20世纪80年代韩国的民族艺术运动》，载中国艺术人类学学会编《艺术人类学的理论与田野》（上），上海音乐学院出版社2008年版，第33页。

一起被誉为“亚洲四小龙”，实现了经济腾飞，被视为新崛起的现代化工业强国。但是自20世纪60年代以来向西方学习的国家导向，产业化所导致的标准化，也使韩国传统文化受到排挤和打压，一些传统文化面临着衰败和消亡的危机。所以，20世纪80年代中期开始，随着韩国军人独裁政治的结束及民主主义的高涨，韩国复兴传统文化的呼声越来越强烈。政府也转变了对传统文化的态度，对文化遗产保护的力度越来越大，其具体措施将在第四章详细阐述。单就对秋夕的影响而言，其地位在这一时期得到了很大提升。

（一）在国家节假日体系中地位凸显

随着经济的现代化，韩国日益认识到传统文化的重要性。因此，韩国的节假日体系也随之发生相应的改变，增加了传统节日的数量，提升了秋夕等重要的传统节日在节假日体系中的地位。1986年，韩国《有关政府机构假日的案件》进行了第12次修改，将秋夕假期由一天改为两天。1989年2月1日又进行了第13次改定，由原来的两天改为三天假期。同时，在1985年，另一个传统节日春节也被韩国政府宣布为国家法定节日，放假一天，后在1989年改为三天。而公历1月1日的新年假期则在1989年由原来的三天改为两天，到1998年第15次改定案中减少到一天。总而言之，这一时期，韩国的传统节日在节日体系中所占的分量越来越重。

（二）名列非物质文化遗产名录

这一阶段，传统文化复兴和保护运动在韩国大规模铺展开来，韩国政府将发展文化提升为国家战略。1986年，在韩国的第六个经济发展五年计划中，明确提出了“文化的发展与国家的发展同步化”的战略目标，这一目标为后来的“文化立国”战略的提出奠定了坚实的基础。随后的1990年，韩国政府制定并颁布了《文化发展十年规划》，进一步提出“文化要面向全体国民”。1993 年，在“文化繁荣五年计划”中，把文化产业开发作为其中的一项重要目标。1994 年，韩国文化体育部下设文化产业政策局，倡导观光商品化与乡土传统节日的结合，以突出文化产业对经济发展的重要性。1998 年，韩国制定“文化立国”战略，并于同年 2 月份将文体部改为文化观光部，致力于在国内外弘扬韩国传统文化。由此，韩国政府加大了对传统节日的保护力度，秋夕、春节、端午等传统节日文化都被冠以“国家非物质文化遗产”的名义得到认定，并作为重要的文化观光产业受到重视。秋夕期间，在韩国民俗村、国立民俗博物馆、南山韩屋村、首尔大公园等地可以看到各种传统活动。由于得到国家的支持，秋夕的传统游戏“羌羌水越来”在 2009 年入选联合国教科文组织世界非物质文化遗产。

第四节　官民在塑造秋夕过程中的互动关系

一　官方力量在塑造秋夕中的作用

国家机器是进行政治统治的工具，相对于韧性十足的民间风俗，它是一种实施社会控制的刚性系统。而诸如秋夕之类的节日是长时期延续下来的具有调节和规范人们思想和行为功能的民间风俗。从官方的角度看，民间风俗不啻为一种极为有效的权力资源，加以利用，就会变成不亚于法律的一种规范人民行为、进行社会控制的有效手段，而且这种柔性的权力资源所起的作用是潜移默化、持久弥坚而且无处不在的，其威力不可小觑。儒家文化历来重视通过国家调控民风礼俗，力图使民俗为之所用。早在西汉时期，中国儒家学者应劭就明确提出，“为政之要，辨风正俗最其上也”[①]。而韩国自古深受儒家文化浸淫，故而深谙此道，即使在当代，韩国也极为重视国家对民俗文化的调控。因此，韩国节日民俗的变革始终带有浓烈的官方色彩，作为塑造秋夕文化的重要外部力量，官方在秋夕发展演变中的作用不容忽视。

纵观韩国官方对民俗事象所施加的作用力，给人印象最深的就是通过节假日体系和历法的变更以实施对秋夕的调控。“直接地看，节日文化通常是一个民族的生活文化之精粹的集中展示。间接地看，现代国家的节假日体系是反映一个国家根本的价值取向和民族精神状态的风向标，是反映政府与人民、国家与社会之间的关系的重要指标。”[②] 以秋夕为例，在高丽时期就被列为九大俗节之一并给所有官员放假一日；1518 年，朝鲜中宗李怿将春节、端午、秋夕确定为朝鲜的三大民族节日；甲午更张时期实施西化，改行公历；日本殖民时代殖民者通过抹杀秋夕等节日民俗以图同化朝鲜；现代化时期通过更改节日体系以实现各届政府的政策目标等。秋夕随着这一系列的措施和目的而盛衰起伏。这种现象在世界其他国家也不鲜见。如法国大革命时期，法国封建君主专制被推翻，法兰西第一共和国于 1792 年 9 月 22 日成立。雅各宾派执政后，革命者认为原有的历法基督教色彩太浓，推出了新的共和历，废除了旧历基督教的格里历法（即公历）。共和历规定，革命成功的 1792 年 9 月 22 日为共和国元年元旦，以后的年份依次为共和二年、三年等延续。每年分春夏秋冬四季，共

① （汉）应劭：《风俗通义》，中华书局 1985 年版，序第 3 页。

② 高丙中：《文化自觉与民族国家的时间管理——中国节假日制度的现代问题及其解决之道》，载潘蛟主编《中国社会文化人类学/民族学百年文选》（下卷），知识产权出版社 2009 年版，第 610 页。

12 个月。为了显示革命后取消封建等级制人人平等的新气象，共和历取消了旧历的大小月之分，每个月都是 30 天。10 天为一旬，每一旬的最后一日即旬日为休息日。剩余下来的 5 天则作为革命功臣城市平民无套裤汉的节日（闰年为 6 天）。刘易斯·科塞在其著作《理念人》中对此做过具体的分析："于是过去和现在的连续性被打破了；新共和国的公民将总是受到提醒，他们是生活在一个全新的社会正在诞生、过去的罪恶正在被清除的令人振奋的时刻。"[①] 实际上，纵观世界历史，无论东方还是西方，任何一个新政权取代旧有的政权时，因为其权威并不具有先赋性，上层阶级一般依靠法令的形式规定新的节期、确定新的仪式，或者是更改历法等，按照中国古代的说法，即"定正朔"，以示与旧有的秩序一刀两断，划清明界限，从而彰显自己与旧政权的决裂，以期在短期内使自己的政权统治的合法权威得以树立和强化。

作为韩国重要传统节日的秋夕，一直深受官方的影响。官方力量的介入对韩国秋夕产生了多方面的影响，既有积极方面的，也有消极方面的。

积极方面的影响之一是，官方的介入使秋夕由一个地方性的节日成为一个长盛不衰的全国性节日。

据一些韩国学者考证，秋夕本来是一个地方性节日。韩国学者金宅圭在《韩国农耕岁时的研究》一书里面提出韩国文化基层论。按照金宅圭的设想与划分，朝鲜半岛由"端午文化圈"、"秋夕文化圈"以及"两种文化重叠的文化圈"三个文化圈构成，其中，每一个文化圈还有各自的"文化原型"。关于"文化

① ［美］刘易斯·科塞：《理念人》，郭方等译，中央编译出版社 2001 年版，第 164 页。

原型”及“文化圈”的构想还引发了关于韩国文化南方起源与北方起源的争论。[①] 具体来说，“秋夕文化圈”是朝鲜半岛“南汉江”以南与“小白山”西部地区，“端午文化圈”则位于南汉江以北，而“秋夕端午两种文化重叠的文化圈”则位于“南汉江”以南和“小白山”东部地区。[②] 韩国国立民俗博物馆学艺研究官张长植博士通过对日占时期有关节日仪式的报道的梳理，也印证了金宅圭的设想并非毫无根据，据他考证，端午节日仪式在朝鲜半岛的汉城、仁川、开城、平壤与咸境道以及平安道等地举行，而秋夕仪式所涉范围则大为不同，主要是在开城、汉城与京畿以南，尤其集中在湖南地区（扶安、灵光）与岭南地区一带（包括安康、居昌、金海、统营、晋州、宜宁、咸阳、固城和釜山）。[③] 造成这一现象的原因主要与朝鲜半岛各地地形条件及种植作物的不同有关。朝鲜半岛北部多山，一般种植大麦，朝鲜半岛南部水田较多，多种植水稻。两种作物的成熟季节不一样，大麦收获季节在五月，而水稻则在八月。所以八月秋夕之时，南部水稻产区正好新稻收获，可以作为祭祀用的贡品荐新，而此时北部则非收获季节，因此北方更重视处于收获季节的端午节。到今天仍然如此，相比较而言，韩国更加盛行秋夕，朝鲜则更加重视端午节。与此相类似的是安东地区，由于秋夕期间这一地区的农作物不能成熟，因而这一地区传统上都在重阳节谷物成熟时举行隆重的祭祀仪式，对生活在这一区域的人们而言，重阳节更为隆重。但重阳节在现代国家法定节日体系中没有占到一席之地，因

---

① 参见黄有福《民俗学、文化人类学研究》，载李惠国编《当代韩国人文社会科学》，商务印书馆 1999 年版，第 672 页。

② 参见［韩］金宅圭《韩国农耕岁时的研究》，玄岩社 1985 年版，第 454 页。

③ 参见［韩］张长植《韩国国家节庆假日与传统岁时风俗之变化》，《民间文化论坛》2005 年第 2 期。

而原有的重阳节祭祀和扫墓等活动都被迁移至秋夕的活动之中。

国家对节假日体系的调整则使秋夕成为受益者。韩国光复后，在 1946 年将秋夕定位为国家法定假日，后来在 20 世纪 80 年代又陆续将秋夕假期延长为两天直至三天。与其他传统节日如端午、重阳、七夕等相比，秋夕受到了更多的官方眷顾，而其他几种传统节日由于没有被确立为国家法定节日，其地位和在传统社会时期不可同日而语，并逐步衰落下去。比如端午节，其在进入现代社会之前和秋夕情况相似，一北一南，都曾经是地域性节日，后又长期并存于传统重大节日之列。即使在日本占领期间，端午节在民间的重要性也不亚于秋夕。姜正源对从 1876 到 1945 年日本强占时期主要的报纸和杂志上有关传统节日的新闻报道进行了统计，总计 446 件。其中涉及春节的共 98 件，约占 22.0%；涉及端午的共 109 件，约占 24.4%；涉及秋夕的 70 件，约占 15.7%。[①] 这三大节日的相关报道占据了绝大部分，而其中端午居于首位。虽然我们不能因此就断定端午重于春节和秋夕，但端午在民众生活中所占据的重要地位可见一斑。郑锡元在《韩国的秋夕》一文中也说："对于在朝鲜战争之后出生的笔者这一代人来说，至少在 1950 年之前，这两个节日（寒食和端午）过得还是十分盛大的，各种民俗活动也非常丰富，这种记忆非常深刻。"[②] 但由于端午节在现代社会中一直都未被纳入韩国国家法定节假日之列，很快就衰落下去。现在除了"江陵端午祭"外，其他地区的人们对端午节都比较漠然。张长植 2002 年在韩国忠清南道清阳郡做调查时发现，这一地区的七夕节历史上远比春节

① 参见［韩］姜正源《近代在新闻与杂志上的岁时风俗》，载韩国国立民俗博物馆编《韩国岁时风俗资料集成》，2003 年，第 626 页。

② ［韩］郑锡元：《韩国的秋夕》，《文史知识》2008 年第 10 期。

和秋夕隆重，传统上人们会在七夕节休息 10 天，而且在节日期间，从本地区出去的人都纷纷返乡过节，这一节日的目的就是促进与加强地方共同体的团结。而到今天，同样由于七夕不属于国家法定节日，外出者也无暇返乡，这一节日的衰落也在所难免。①

另外，官方的涉入使秋夕的内容由较为单一逐步变得较为丰富，成为一个日趋综合性的传统大节。纵观秋夕发展变迁的历史，可以看出，秋夕由庆祝丰收的节日经过历代的推行与支持，成为融祭祀、娱乐、扫墓等于一体的综合性大节，其中官方的支持起到了相当大的作用，如通过将之立为国家假日，或者因俗制礼，将民间的活动加以引导，纳入节日活动体系之中，或者将其他一些地方性节日的活动吸收进秋夕。

至于官方对秋夕的干预所造成的消极方面的影响，鉴于在传统农业社会中官方对这一重大节日一贯持支持的态度，主要体现在由传统社会向现代社会转型的过程中。这一时期秋夕的命运起伏和官方所实施的相关政策密切相连。

秋夕所遭遇的冲击始于甲午更张时期的更改历法。当时的亲日派官僚，受日本明治维新的影响，实施西化改革，其中一项就是废弃传统的阴历，改行阳历。可以说，对阴历、阳历兼顾的传统旧历是岁时节日秋夕形成的重要历法基础，而一旦改行阳历，则会对原有的历法和节日体系产生相当程度的乃至颠覆性的影响，传统节日的日益衰落和历法的变更有直接的联系。阳历及现代文明的节奏和现代的生活方式相符合，尤其是在韩国光复之后，随着官方对阳历的法定化，阳历无可置疑地在韩国社会生活

① 参见［韩］张长植《韩国国家节庆假日与传统岁时风俗之变化》，《民间文化论坛》2005 年第 2 期。

中占据了最为强势的地位。在这一历法变更的背景下，许多阴历中的传统节日已无太大的现实意义。以文化人类学的视角来看，时间实际上是一种社会和文化现象，它可以衡量和区分不同的社会和文化，同样也可以培养文化认同和整合社会。“谁控制了时间体系、时间的象征和对时间的解释，谁就控制了社会生活。”① 不同历法下的节日体系包含不同的时间节点，历法与节日体系的更改预示着社会秩序的改变。基于这种认识，政府往往通过时间节点的改变来发挥其对政治的影响，以调整社会秩序，巩固自己的政权。对于韩国而言，从甲午更张变革历法开始直至 20 世纪 80 年代中期，一系列有关历法和节假日体系的改革，官方的意思很明显，视传统社会中包括秋夕等节日民俗在内的传统文化皆为落后的、应当抛弃的东西，而现代化的文明才是应该追求的目标。日本殖民时期，禁止旧历书和传统节日习俗，试图以此斩断朝鲜文化之根，巩固日本殖民统治，以达最终将其纳入日本文化之中，彻底吞并之意图。光复之后韩国于 1946 年初建立新的节假日体系，传统节日的生存空间受到极大的压制，秋夕成为唯一的硕果仅存的传统节日，这一现象直到 20 世纪 80 年代中期才得以改善。

二　民间力量在塑造秋夕中的作用

秋夕是韩国的传统节日，源远流长，历史悠久，同时也是对韩国人而言最具影响力的一个节日。韩国有句传诵已久的谚语，“不多也不少，跟秋夕一样好”。1974 年韩国曾经对最具儒家传统文化色彩的庆尚道的 238 个地区进行调查，调查什么节日是该地区最重视的节日，结果 140 个地区选择秋夕，81 个选择春节，

---

① 吴国盛：《时间的观念》，中国社会科学出版社 1996 年版，第 121 页。

1 个选择端午，16 个选择其他节日。[①] 由此可见秋夕在韩国有着深厚的民间发展土壤。

秋夕的很多节日活动都源于民间力量的塑造，民间力量才是秋夕的源泉和内在动力。传统的韩国社会是农业社会，尊崇“农者天下之大本”，秋夕正好处于收获与丰饶的时间节点，与韩国民众的日常生产、生活息息相关，民众赋予了秋夕各种各样的民俗活动和仪式，如祭祖、荐新、吃松饼、拔河、“羌羌水越来”、摔跤，等等。在漫长的农业社会中，以农耕文明为载体的传统秋夕民俗中的诸多特色日渐积淀和传承，形成了蕴含着丰富人文意义的秋夕文化。秋夕所具有的强大的生命力正是来自在深厚的民间基础上、漫长的历史发展长河中形成的稳定的文化传统。这些文化一经形成，则具有超强的稳定性和普遍性，成为韩国传统文化的重要组成部分。而且，由于民俗具有滞后性和变异性，即使进入现代社会时期，生活方式和社会环境改变，民俗也会保持着一定的固有特色，并不会完全随着时代和外界环境的变化而变化。

在保持和传承秋夕文化方面，民间力量所起的作用也是有目共睹。甲午更张时期，更改历法等措施曾激起人民的极大不满，引发了义兵运动。日本殖民时期，颁布了诸多取消朝鲜民俗的强制性法令，但很多秋夕的民间习俗仍旧顽强地被保存传承下来。光复后，政府长时间将旧习俗视为落后腐朽的东西，并通过设立各种新的节日或纪念日革故鼎新，颁布各种措施力图使传统民俗边缘化，但最终还是妥协，秋夕等传统节日在节日体系中的地位越来越高。究其原因，主要是在民间，秋夕所包含的丰富内容是长时期发展而成的，具有极高的认同性和延续性。1918 年朝鲜

① 参见［韩］张筹根《韩国的岁时风俗》，萤雪出版社 1989 年版，第 272 页。

总督府关于1917年江原道雪灾的一份报告可以从一个侧面说明民俗的顽强生命力。这份报告记载当时江原道一户人家四五口人在这场雪灾中全都饿死了，但有关人员事后调查发现这户人家的天花板上挂着一个包，里面有四五斤大米，当地人说这是父母祭祀日所用的大米。即使饿死也不能动用祭祀的大米。① 即使在今天，“韩国四大名节当中，春节和秋夕至今还被人们所重视，正是因为它们一个意味着新一年的开始，一个意味着收获、丰饶与荐新”②。鲁迅先生曾言，“倘不深入民众的大层中，于他们的风俗习惯，加以研究，解剖，分别好坏，立存废的标准，而于存于废，都慎选施行的方法，则无论怎样的改革，都将为习惯的岩石所压碎，或者只在表面上浮游一些时”③。这用于评价分析韩国秋夕也非常贴切。韩国政府设立的新的节日，如“韩国语日”（10月9日）、“国际联合日”（10月24日）等，与传统节日相比，带有相对浓厚的政治意味，一般民众多将之视为政府国家工作人员的节日，缺乏秋夕那样的全民参与的普遍性的特点。

三　秋夕发展历程与官民互动关系

秋夕是一套物质与精神、道理和实践相互配合的完整的文化系统，包含着实用的生存逻辑与丰富的生活智慧，其形成、变迁、延续和发展是一个漫长的历史过程，在这一过程中，官方力量与民间力量对秋夕的塑造共同发挥着作用。在这种互动共塑

① 参见李红杰《韩国国民素质考察报告》，广西人民出版社1999年版，第44页。

② ［韩］郑锡元：《韩国的秋夕》，《文史知识》2008年第10期。

③ 鲁迅：《习惯与改革》，《鲁迅全集》第4卷，人民文学出版社1981年版，第224页。

中，官方力量和民间力量之间形成一种张力关系。这种张力关系“包含着对立关系、并置关系、交融关系和整合关系等”①。根据前文对秋夕发展历程的梳理，可以对官方力量与民间力量在形塑秋夕过程中的互动关系做如下总结。

（一）交融关系

从秋夕诞生直到甲午更张之前可视为第一个时期，这一时期官方力量与民间力量高度一致，双方形成交融关系。这一时期，韩国处于东亚典型的农业社会，在以农立国的宗旨下，建立了以农历为基础的节日体系。虽然传统社会中的韩国长期都是中央集权的官僚政治，官民之分野泾渭分明，社会呈现典型的官民两层式结构，但在节日体系中，官方和民间使用同一种历法安排生产和生活，官方因俗制礼，顺应民情，双方达成高度和谐，秋夕诸多蕴含丰富人文意义的节日习俗都是在这一时期完成的。在官方与民间力量的同心合力塑造下，秋夕完成了从形成到逐步完善的过程，成为最具民族特色的重大节日之一。

（二）对立关系

第二个时期是从甲午更张到20世纪80年代中期，这一时期官方力量与民间力量相互对抗，形成对立关系。随着甲午更张时期变革历法及一系列近代化改革，原来以农历为基础的节日体系日渐风化瓦解，官方和民间的节日体系出现二元分离的现象。为重建社会秩序，官方强力介入节日体系和节日民俗的变革。但是此时段，官方与民间的关系只被视为对立关系，不被看作整合关系。或者认为官方所代表的文化是先进文化，民间文化特别是传统民俗文化是落后的文化，于是采取逐步限制乃至消灭的政策；

① 朱炳祥：《张力的变量——以“朝珠花的传说”为例对国家与民族社会关系的研究》，《武汉大学学报》2004年第1期。

或者将民间文化视为官方统治的障碍而直接进行取缔。相应的，官方介入的方式各异，如前所述日本殖民时期采取的是暴力取缔某些秋夕民俗的方式，光复之后政府多是采取设立新节日、塑造新俗或拟定某些刚性的标准来压缩秋夕的生存空间。而民间力量则顽强地维持着旧有民俗，与官方对抗。

（三）整合关系

第三个时期是20世纪80年代中期至今，这一时期为官方力量与民间力量兼容与协调时期，双方形成整合关系。在这一时期，官方不仅对此前的权力下沉有着一种批判性反思，而且在反思中所制定的一系列方针政策，大大缓和了官方与民间的对立关系。首先，围绕着“文化立国”为中心的政策路线和民族主义的意识导向，民间文化在国家经济文化建设中被牵引，以民俗文化为资源的旅游业等文化产业得到很好发展，国家与民间保持了合理的张力关系，官方利益与民间利益在此得到了一致性的表述。同时，官方还对节日体系进行了一定程度的变革，使节日体系向传统民间节日有所倾斜，秋夕的假日时间也得以延长，这在一定程度上缓解了官方所设立的现代新节日与传统节日争夺仪式空间和有限的国家法定假日时间的紧张关系。此外，官方也在新的条件下有意识地保护和传承、发展民俗，积极主导文化遗产保护运动，使传统民俗文化得到官方与民间的双重承认和关注。在该时期，官方力量的介入对秋夕产生的最重要的积极影响，就是使秋夕由一个地方性的节日演变成为一个长盛不衰的全国性节日。

从上述总结可以看出，当官方与民间方向契合时，官方尊重民间文化资源并与之共享，官民之间会形成交融关系，二者良性互动、和谐共促，秋夕的发展就会步入快速发展的兴盛期。当官方排斥民间文化传统，官方与民间二者方向完全背离时，官方或者会因失去民族传统文化基石而付出代价，如大规模快速现代化时期，或者因与民间形成对立，激起社会的反抗，如日本占领时期。这样的时期，秋夕发展步伐则会有所减缓。当官方与民间兼容协调时，官民之间进行文化接合，形成整合关系，保持合理张力，民间传统的性质、功能为官方目标所牵引并跟随官方步伐而出现稳定性变迁或转型，社会在张力中良性运行和发展，秋夕就会在新的形势下得到较好的传承并有所发展。这表明，官方与民间二者之间一直都是相互渗透的，并无截然分开的鸿沟存在。只要不将官方与民间对立起来，而是把握官方与民间之间的张力关系的适度范围，避免对立关系，努力形成并置关系、交融关系与整合关系等正向的张力关系，并合理利用张力关系进行牵引，民间社会是可以按官方的要求协调发展的。

第五节　官方与民间互动视角下的秋夕功能

秋夕等节日民俗是经长时期的发展传承而延续下来的具有调节和规范人们思想和行为功能的民间风俗。从官方的角度看，韧性十足的民间风俗和刚性的律法一样，是一种极为有效的权力资源，可以成为国家规范民众行为、进行社会控制的柔性但有力的政治统治手段。从民间的角度看，秋夕是深植于民间的传统节日，它不仅是民众日常生活中最基本的生存技术，也是和官方进行互动、表达政治诉求的工具。

一　官方：政治统治的手段

政治合法性是保持政治统治秩序的基础，它将政治权力的行使变成了“合法”的权威。没有合法性，统治者们就必须依靠压制来保持权力，然而，单靠压制是不能保持长久的稳定的。所以，政治权力不仅表现为简单的强制，而是力图呈现为一种合法合理的运用。合法性问题是一个古今政治统治都必须面对的问题，因为任何时代的政治统治都必须为自己的统治正当性提供理由而承担政治合法性的建构任务，以获得政治统治的基本尊严。① 哈贝马斯说："任何一种统治都试图唤醒和培养人们对其合法性的信念，一切权力都要求为自身辩护。"②

合法性是人们头脑中合法性观念的直接产物。而合法性观念亦即人们关于何种政治统治或政治权力是"应当的"、"值得服从的"一类认识，本身就是一种价值判断，这种价值判断的标准或规范是政治主体通过一定机制进行建构的结果。而节日仪式就是这种建构机制之一。周期性的节日仪式具有保持社会记忆、强化个体归属的功能。节日通过年复一年的重复和某些固定的仪式形式，不断强化群体对本仪式及其所代表内容的记忆，并使之内化为国民的潜意识，突出现存秩序的合法化。反之，如若节日仪式弱化或者消失，也就会相应地淡化附着其上的社会记忆，改变现存社会秩序的合法性。也就是说，节日仪式和其他仪式一样，具有政治合法性构建的功能。所谓仪式的政治合法性建构功能，是指通过仪式的举行，让民众认为政治权力符合自己的价值观念和信仰而对之产生认同。③ 鉴于仪式的这种功能，对节日仪式等传统民俗的干预和控制就成为官方用来建构合法性的手段和进行政治统治的工具。而秋夕仪式从古至今，都是官方加以利用的统治手段之一。

---

① 参见任剑涛《道德与中国传统政治的合法性》，《华中师范大学学报》2005年第1期。

② ［德］尤尔根·哈贝马斯：《合法性危机》，上海人民出版社2000年版，第127页。

③ 参见廖小东、丰凤《民族地区祭祀仪式的功能及其现实困境探析》，《东南学术》2012年第2期。

（一）传统社会

传统社会的统治者通过官方的力量，因俗制礼，通过参与和主持民间周期性展演的仪式来获得人们的支持与忠诚，从精神与心理上强化统治者与被统治者的联系，强调自身“符合正统”，具有合法性。《左传》云，国之大事，在祀与戎，这里的“祀”的重要意义就在于通过祭祀宣扬合法性信仰。郊天拜祖，祭祀圣贤，为古代的王朝政权奠定了不可缺少的合法性基础。[①] 这种合法性，是通过仪式而确立的权威和规定的秩序来实现的。

首先，统治者的合法性权威是通过仪式所提供的“公共产品”来确立的。弗雷泽曾对古埃及人、朝鲜人、西徐亚人、南太平洋的纽埃岛或“野人岛”等珊瑚岛上的居民做过研究，认为“世界其他很多地区，国王们曾被期待着要为他们人民的利益去控制自然进程，并在他们未实现人们的期望时受到惩罚”[②]。可见，统治者肩负着族群的安全与繁荣，对民众所期待的福祉负有责任。而在传统社会，祭祀仪式是民众的精神依赖，被认为是能够带来安全、繁荣和福祉的，因此祭祀仪式提供的共同体秩序、心理安抚甚至娱乐以及身份认同都属于社会的“公共产品”。因此，统治者通过组织、主持祭祀仪式为大家提供“公共产品”，从而获取或提高合法性权威。秋夕祭祀亦不例外。在自然崇拜时代，秋夕祭月仪式是由国家主持的，祭天祈丰。从三国时代起祭祀的对象逐渐由自然界鬼神转变成祖先，这种祭祀行为也是首先在王室中兴起的，拜祖感恩。高丽末期随着中国性理学

① 参见廖小东、丰凤《民族地区祭祀仪式的功能及其现实困境探析》，《东南学术》2012 年第 2 期。

② 转引自廖小东、丰凤《民族地区祭祀仪式的功能及其现实困境探析》，《东南学术》2012 年第 2 期。

和朱子家礼的传入，很多贵族士大夫开始设立家庙进行祭祀，追远报本。尤其是进入朝鲜王朝之后，历代国王采取崇儒废佛政策，使儒教思想在全国得到广泛传播，儒教理念渗透到百姓日常生活的每个角落，作为儒教思想之根本的祭祀成为日常生活中重要的一部分，也被认为是国家的伦常。

除了提供"公共产品"，仪式活动本身也能够产生权威。庄严仪式会给人们带来灵魂的震撼，使人油然而生对权威的敬仰、畏惧和信心，从而凸显权威人物在世俗社会的至高无上，既可以表达权威，又可以创造和再造权威。秋夕祭祀仪式就是统治者在精神领域里对社会进行有效调控的工具之一，借助仪式威严的外在形式突出自身的权威至上，促使民众产生对自身权威的服从与恭顺心理，从而将对神祇的祭祀转换为对自身权威的敬从。统治者通过祭祀神灵或先祖向民众标榜自己将会延续前代贤明的方法来治理国家。韩国最早有关祭祀的记录始于三国时代。根据《三国史记·新罗本纪》的记载，新罗第二代王南解王二年（6）第一次为始祖赫居世建立大庙并每年祭祀四次。南解王在即位伊始便建立大庙祭祀先王，是为了昭告天下将会继承始祖赫居世的治国之道，以达到巩固自身统治的目的。后来统一新罗、高丽、朝鲜时期都有关于国王登上王位之后祭天祭祖的历史记录。

其次，官方利用神灵崇拜、祭祀仪式等方式，对社会成员实施价值观念的导引和精神信仰的设计，通过秋夕等节俗中所蕴含的忠孝仪礼等精神内涵和价值观念，来规定符合统治需要的秩序，获取合法性。

传统韩国是一个典型的以儒教文化为根基的国家，自称为"小中华"。儒家文化推崇忠、孝等观念，认为个人与国家的关系是"忠"，个人与家庭的关系是"孝"，并宣扬"家国同构"，即由家庭而家族，由家族而宗族，由宗族而扩展到整个社会，国是家的放大和扩充，家与国彼此相通无碍，孝与忠二者相得益彰。后来朱子学提倡大义名分，将“三纲五常”崇尚为“天理”，确立了君对臣、父对子、夫对妇的无上权威。同时，儒家文化尊崇礼治。小林兽王二年（372）时即以《周礼》为依据，仿效中国法制，制定各种律令与社会统治体制。从那时起，“礼”就在社会秩序中发挥着重要的作用。礼的核心是“贵贱有等，长幼有差，贫富轻重皆有称也”，通过“辨等差、别贵贱、分长幼”，达到“经国家，定社稷，序人民，利后嗣”的目的。这些儒家思想强化了家国思想和集体意识，强化了中央集权制的国家体制和家长制的社会秩序，符合国家统治的需要，所以赢得统治阶级大加赞赏。迈克尔·罗斯金指出：“在任何意识形态下，通过基层机关实现价值观的整合作用从来没有被忽视过，尽管其中的政治社会化途径和机制是不尽相同的。”① 传统韩国亦然。鉴于儒家思想对统治者的有利性，程朱理学在朝鲜建立后被宣布为统治阶级的正统思想，并在周期性祭祀仪式的反复强调下、在封建国家的大力庇护下得到长足发展。儒家思想于是成为传达统治阶层意志的载体，成为统治者有意加以利用以进行统治的工具。正如郭于华所指出的：“仪式、神话、信仰体系并非源于政治真空的环境中，它们反映、增强并弥漫于政治权力中。所以应该探讨谁为了什么目的创造出这些意识形态，其创造和运用除了揭露出心智逻辑外，还揭露出权力的运作。”②

① ［美］迈克尔·罗斯金等：《政治科学》，林震等译，华夏出版社 2001 年版，第 143 页。

② 郭于华：《导论：仪式——社会生活及其变迁的文化人类学视角》，载郭于华主编《仪式与社会变迁》，社会科学文献出版社 2000 年版，第 2 页。

我们知道，仪式是信仰的外化，其重要意义在于使政治信仰得以强化和宣泄，使信仰变成看得见的行为。统治者通过秋夕祭祀等仪式将权威和为人们所广泛信仰的道德符号、神圣象征和行为准则相联系，通过确立权威和规定有利于自身统治需要的伦理秩序，来尽力证明他们对制度统治的正当性，从而使得许多本属民间层面的现象被意识形态化、政治工具化。传统民俗节日秋夕即是如此。

（二）殖民时期

日本殖民时期，殖民者为了加强对朝鲜的统治，一方面宣扬“朝鲜文化是停滞、落后、缺乏历史性的”①，一方面强调“日鲜一体”，试图将朝鲜文化纳入日本文化之中，以斩断其文化之根，抹杀其民族意识。为此，朝鲜总督府委托各种委员会调查朝鲜古老习俗、礼节和制度，为“日鲜同祖论”寻找有利根据。同时，日本殖民者颁布了一系列干预朝鲜民俗的强制性法令，诸如修改节日体系，强迫朝鲜人过日本的节日；禁止旧历书，强力推行阳历；禁止朝鲜老百姓过传统节日，取缔传统节日民俗活动等。日本殖民者的这些措施，打着“文明开化”的旗号，其实质是将包括秋夕在内的民间习俗的废立作为一种殖民统治手段，旨在同化朝鲜，消除其民族传统的根基，取得政治的合法性。

（三）现代社会

柯恩在《双向度的人》一书中，概括了权力关系与象征行为这两个不可分割的维度。指出象征符号和仪式行为等通常被视为非理性的东西并非专属于所谓原始的野蛮的或传统的社会，现

① 尹虎彬：《殖民地时代东亚萨满教研究的跨文化考察》，《中南民族大学学报》2006年第6期。

代文明社会的权力运作亦离不开他们。[①] 韩国进入现代社会后，以官方的政治力量介入节日体系等民俗仪式依然是国家政权维护自己统治的一项策略。

80 年代之前，朴正熙等威权政府对秋夕等传统民俗实施的是压制政策。这个阶段，通过军事政变上台进行威权统治的韩国政府，国家拥有绝对的权力。但是，军事统治的合法性却不断受到民众的质疑，建立合法性成为政府的迫切需要。为了稳固自己的统治，“政府一方面用殖民剥削、贫穷、外部势力对祖国的分裂、灾难性的朝鲜战争等主题操纵人民的历史记忆；另一方面，运用绝对的权力成功地高速发展经济”[②]。政府认为，唯有发展经济，实现现代化，才能取得人民的拥护。故而朴正熙时代开展了大规模的现代化运动。在现代化进程中，传统习俗被视为现代化之敌。“政府一边鼓励采用新的生活方式，学习外来的文化；一边声称传统文化是不科学的、非理性的、不切实际的，因而有碍现代化的实现。”[③] 在 70 年代，特别是政府发动“新村运动”的时期，人民被告知应该抛弃他们自己的文化传统。传统节日民俗因此受到压制。不过，需要指出的是，秋夕在此时并没有受到影响，反而跻身于国家节假日体系。但是这一时期秋夕的身份是相当于西方感恩节的“秋收节”，而非韩国传统“四大名节”之一的秋夕。

① 参见郭于华《民间社会与仪式国家：一种权力实践的解释——陕北骥村的仪式与社会文化变迁》，载郭于华主编《仪式与社会变迁》，社会科学文献出版社 2000 年版，第 341 页。

② ［韩］金光亿：《当代韩国祖先崇拜复活的社会政治意义》，《民族译丛》1994 年第 4 期。

③ ［韩］金光亿：《当代韩国祖先崇拜复活的社会政治意义》，《民族译丛》1994 年第 4 期。

然而，80 年代后，随着韩国经济的飞跃，韩国政府在否认传统之后不久，又开始利用传统。传统民俗文化被用来作为民族文化的独特性的一种表达，作为构建统治集团认同的手段。政府开始用民族主义的角度对历史进行阐释。此时，“孝”被强调为向国家尽“忠”的基础，在这种背景下，作为民俗文化的祖先崇拜被奉为光辉的民族文化传统的组成部分。“当军队的权贵人物要人们把列祖列宗置于民族的历史这个背景中来看时，他们就是在诱导人们承认，他们自己的社会文化背景足以证明他们有资格担起国家的政治重任。”①

政府对传统民俗文化的利用，还体现在文化遗产保护上。随着文化遗产保护工作的开展，很多民间大众文化都被纳入国家体系，有了权威的文化身份，演变为国家文化符号。政府态度的转变，对传统民俗文化成长与保护的关注，既是现代化与全球化背景下对民族文化的一种自觉，也是国家权力运行的一种手段。在国家意志层面，传统民俗文化不仅被看作是某一具体地域或历史时代的文化特质，更被整合为一个文化整体，以“非物质文化遗产”的名字出现在世人面前，成为整个民族国家的文化象征与身份标识，并以此区别于其他国家与民族，实现“政治精英人物编出的‘创造一个发达的祖国’、‘屹立于世界的韩国’等口号”②，以作为一种政治业绩和统治成就的证明。同时，以此强化以“文化民族主义”为核心的民族国家意识，在国家的宏大政治权力话语中建构一种民族国家认同的“神圣”，以进一步

① ［韩］金光亿：《当代韩国祖先崇拜复活的社会政治意义》，《民族译丛》1994 年第 4 期。

② ［韩］金光亿：《当代韩国祖先崇拜复活的社会政治意义》，《民族译丛》1994 年第 4 期。

维护和巩固民族国家的统治。可见，从官方层面来说，政治的而非文化的目的，才是文化遗产保护的意义之所在。

二　民间：诉求表达的工具

在国家层面，对秋夕加以利用而进行的政治运作是权力的实践，其目标是要灌输一套思想体系，推行一套行为方式，这是国家力量向民间社会渗透的主要方式，是国家的统治手段。而对民间而言，并不是完全接受这种被利用和被统治的局面，以秋夕为代表的民俗文化往往被民间拿来用以表达政治诉求，成为民间对抗官方的政治工具。这在日本殖民时期和威权政府时期表现最为鲜明。

（一）殖民统治时期

日本殖民时期，殖民政府采取通过暴力取缔某些秋夕节俗的方式来维护自己的统治，而民间力量则顽强地维持着旧有民俗。在历法上，尽管殖民者强制推行阳历，但是对朝鲜民间而言，如前文所述他们更关注的是传统的旧历节日及节日习俗，老百姓还是按照传统的农历及传统的风俗过节，春节和秋夕仍是朝鲜老百姓最看重的两大节日。在节俗上，秋夕的重要活动如摔跤在日本殖民时代照样在民间盛行。朝鲜民众抵制阳历、极力维护传统节日的主要原因在于，阳历是日本强制朝鲜实行的，被认为是日本的历法，所以保护旧历和秋夕等传统节日就和保护民族文化、坚守民族性联系在一起，因此带有深厚的抵抗外来殖民侵略的色彩。

不仅是普通民众，文化精英也借助民俗文化对殖民者进行抵制并为此做了大量的工作。早在1895年，大韩帝国在日本的威胁下建立后，“为了与中国保持距离和排斥日本，韩国的民族主义者努力把韩民族界定为族群上的单一血统，文化上的独特性，精神上的独立性，政治上充满活力”[①]。而殖民时期，针对日本殖民政府以同化为目的来解释民族历史经验的“日韩同祖论”、“日韩一体论”等宣传，民族主义学者为了保持民族主体性，更加致力于对韩国历史、习俗和宗教等文化方面的考察研究。学者李能和（1868—1945）、崔南善（1890—1957）经过调查，在日本官方学术所支持的同化政策的文化论之外，提出了针锋相对的学术论点，集中阐述了本民族的文化精神，并对富有民族特色的萨满做了专门研究，认为“萨满信仰为朝鲜民族固有的宗教，佛教、道教和儒家文化之外也有萨满教系统的文化圈”，以强调韩国民族文化的独特性和主体性。学者们对于民间民俗文化活动的重新阐述被用来作为反对殖民统治的一种表达，作为民族认同的一种建构手段，作为特定政治条件下政治诉求的一种形式。[②]

可见，在日本殖民统治下，作为政治主体的韩国不复存在，民族国家失语。而民间则扛起反殖民的大旗，将秋夕等传统民俗文化作为一种政治工具，借以表达韩民族要求独立自主的政治诉求。

（二）威权政府时期

光复后四十年左右的时间里，韩国施行威权统治，国家拥有绝对的权力。而“民众根据自己的经验把威权统治看作一个亵渎政治民主和社会公正的时代”[③]，威权政府统治的合法性不断受到民众的挑战。政府面对自身合法性的被质疑和被挑战，宣布

---

① 尹虎彬：《殖民地时代东亚萨满教研究的跨文化考察》，《中南民族大学学报》2006 年第 6 期。

② 参见尹虎彬《殖民地时代东亚萨满教研究的跨文化考察》，《中南民族大学学报》2006 年第 6 期。

③ ［韩］金光亿：《当代韩国祖先崇拜复活的社会政治意义》，《民族译丛》1994 年第 4 期。

开展现代化运动，希望通过经济的发展来获得政治合法性的认可。而在现代化进程中，政府视传统为现代化的障碍，要求民众抛弃他们自己的文化传统。

尽管政府通过现代化取得了国家经济繁荣和在国际政治中的地位，但是，依然遭到民众的抵制。一方面，官方对于传统文化的历史阐释受到民众的历史意识的挑战，民众在自己的历史意识中普遍认为传统文化自有其价值，国家由于未能弘扬文化传统的优越性而导致了缺乏民族认同。另一方面，在强势的威权政府的统治下，民众被排挤到边缘成为弱势群体，其对政府及政府主导的理念产生了抵触情绪。在此语境之下，作为一种反应，为了对抗政府，寻求民族认同，边缘的弱势群体极力推崇自身作为社会下层所代表的民间民俗文化，力图从中找出能够与国家及上层阶级文化相抗衡的因素。于是，以新一代的知识分子和大专院校的学生为代表的知识界精英人物们发起了一场专注于民俗文化的文化运动。这场运动是国家权力与大众意识之间的冲突，是民众借以与膨胀的政治权力相抗衡的手段。此时，民俗文化成为民间对抗进行威权统治的官方的政治工具。

本章小结　国家在场：作为政治工具的秋夕

和传统社会中的大部分节日一样，秋夕的属性是民间的，节日仪式活动及诸种节日习俗都是民众在漫长的历史发展进程中自发形成和传承的。然而，秋夕的兴衰沉浮又是官方与民间共同作用的结果。从秋夕诞生直到甲午更张之前，在农业立国的主旨下，官方因俗制礼，与民间保持和谐一致，在双方同心合力塑造下，秋夕成为韩国最具民族特色的重大节日之一。从甲午更张到20世纪80年代中期，官方和民间的节日体系出现了二元分离，双方进入对立时期，秋夕的某些节俗被取缔，其生存空间被压缩。从20世纪80年代中期开始，官方与民间进入兼容与协调时期。民间利用官方力量来复兴传统，官方则对民间文化进行征用，双方保持了合理的张力关系。在该时期，秋夕由一个地方性的节日成为一个综合性全国性的节日，并名列世界非物质文化遗产名录。可见，官方与民间的互动关系直接影响了秋夕的发展。

当然，尽管官方与民间是相互渗透共同作用的，但总体而言，在对秋夕发展的影响中，相对于民间，官方占据主导地位。“官方”一词往往与“国家”相互替用，所谓国家，是指“在一定领土范围内通过合法垄断暴力的使用权对其居民进行强制性管理和各种组织机构及其体现的强制性等级关系的总体”①，而“民间”则常常与“社会”互相替用，与“官方”相对的“社会”相应的指“在该国家领土范围内的居民及其群体的非国家组织与关系的总和”②。二者之中，官方居于强势。官方不仅垄断着暴力工具，而且拥有不同程度的文化霸权，它既是政治共同体，也是社会意识共同体；既是知识、规范的生产者和维护者，也是合理性和合法性的根源。国家可以运用暴力工具取缔民间仪式，也可以通过特定知识和规范的灌输促使受众自动放弃这些仪式。③ 官方成为民间仪式兴衰存亡的决定性力量。

而官方之所以介入秋夕，是秋夕作为“传统”所具有的功

① 转引自崔榕《“国家在场”理论在中国的运用及发展》，《学术论坛理论月刊》2010年第9期。

② 转引自崔榕《“国家在场”理论在中国的运用及发展》，《学术论坛理论月刊》2010年第9期。

③ 参见高丙中《民间的仪式与国家的在场》，《北京大学学报》2001年第1期。

能决定的。当代西方新社会史学家埃里克·霍布斯鲍姆将“传统”的功能归为三类：一是使各个真实的或虚假的共同体的社会凝聚力或成员资格得到确立或象征化；二是使制度、身份或是权利关系得以确立或合法化；三是使信仰、价值体系或行为准则得到灌输和社会化。[①] 作为传统的秋夕正是官方借以完成形塑自身这一系列象征化、合法化和价值体系社会化的手段，是用来进行思想调控、建构政治合法性和统治权威的有效的权力资源。

官方对传统民俗文化等权力资源的利用方式根据自身的统治需要而定，根据前文所梳理的历代官方对秋夕的利用，我们可以将其归为两种，一种是因俗制礼，一种是因政治俗。

古代传统社会官方对秋夕的利用是因俗制礼的典型。早在西汉时期，中国儒家应劭就明确提出“为政之要，辨风正俗最其上也”。而自古就深受儒家文化浸淫的韩国，和中国一样，极为重视通过国家调控民风礼俗，力图使民俗为之所用。在自然崇拜时代，秋夕祭月仪式是由国家主导的；从三国时代起祭祀的对象逐渐由自然界鬼神转变成祖先，这种祭祀行为也是首先在王室中兴起的；历代国王登上王位之后都有祭天祭祖以昭告天下将会继承始祖的治国之道以达到巩固自身统治的目的。统治阶级通过这些方式对民间文化表示认同，对秋夕仪式进行参与，以此反复强调“孝”的思想和“礼”的教化，力图在民众心中营造“礼治社会”的景象。然而，究其实质，“显而易见，对民间文化的认同和参与只是一袭华丽的外袍，获取民众对国家的支持和忠诚才是统治阶级的真实目的所在。国家正是利用了有良好群众基础的

---

① 参见［英］埃里克·霍布斯鲍姆《传统的发明》，顾杭等译，译林出版社2004年版，第11页。

传统文化和社会活动，将本阶级的意识渗透其中"[①]。由于"仪式提供并支配着形成大众行为的社会和心理过程"[②]，所以，国家秋夕祭祀仪式的过程也是"国家传递阶级意识的过程"，"通过在文化意识方面的反复加强，使得人们对既定秩序产生自然认同"[③]。传统社会里，国家正是通过对民风民俗的调控，因俗制礼，深入民间，从而将自己的意志社会化，使自己的权力合法化。

传统文化通常以仪式的形式来呈现。而仪式绝不专属于传统的、前现代的社会，现代政治生活和权力的运作同样离不开仪式。在现代社会，"正式权力对传统的本土性资源的利用，是在使用属于人类共通的、持久的象征方式，无论这种利用是自觉的还是不很自觉的"[④]。20 世纪 80 年代中期开始，韩国官方"起用"了"因俗制礼"的手段。这一时期"因俗制礼"的主要表现，是国家对民间仪式的征用。

国家征用民间仪式，是指"把民间仪式纳入国家事件，成为它的组成部分。在这种情况下，国家提供舞台，或者说，国家就是现场。民间仪式应邀走出民间，参与国家的或附属于国家的

① 蒲娇：《官民国家、个人及民间社会的内在秩序——试论天津皇会中各阶层之间的互动关系》，《山东社会科学》2013 年第 1 期。

② 郭于华：《民间社会与仪式国家：一种权力实践的解释——陕北骥村的仪式与社会文化变迁》，载郭于华主编《仪式与社会变迁》，社会科学文献出版社 2000 年版，第 364 页。

③ 蒲娇：《官民国家、个人及民间社会的内在秩序——试论天津皇会中各阶层之间的互动关系》，《山东社会科学》2013 年第 1 期。

④ 郭于华：《民间社会与仪式国家：一种权力实践的解释——陕北骥村的仪式与社会文化变迁》，载郭于华主编《仪式与社会变迁》，社会科学文献出版社 2000 年版，第 381 页。

活动”[①]。20 世纪 80 年代中期，经历了漫长的对秋夕等民俗仪式的压制之后，随着韩国经济的起飞，国家再度对民间传统和民俗仪式表示了关注，并就文化遗产保护问题与民间达成了共识，随之将轰轰烈烈的文化遗产保护运动铺展开来。文化遗产保护运动采取了类似仪式化的运作，可以说是国家对民间仪式的大规模征用。高丙中认为：“民间仪式被国家或国家部门及其代表所征用，主要取决于它们潜在的政治意义、经济价值。”[②] 对于韩国而言，文化遗产保护运动的经济价值在于其符合国家“文化立国”的发展策略和文化产业开发的要求；而政治意义则在于，对文化遗产的保护，既是对原有的象征体系的再建构过程，也是新的象征—权力体系为自身开辟空间的过程。郭于华曾对中国的新村运动做出评论，认为要使某种思想或观念深入民众意识形态，运作是最为有效的。“自上而下发动的新村运动往往并不顾及一方水土的特殊性和运动的时效性，其夺人耳目的形式和轰轰烈烈的声势才是更重要的。换言之，作为一种政治仪式的表演性才是其目的，仪式过程及其象征意义超过了实用性的考虑。”[③] 相似于中国的新村运动，相对于经济价值，韩国文化遗产保护运动的政治意义更为重要。通过运动，将秋夕等民俗文化由民间的传统文化变成国家的象征符号，成为民族国家身份的标识，成为民族认同和国家认同的来源，从而将民俗仪式中存在的属于传统社会的“宗教的神圣”消弭，建构起现代民族国家的“政治的神圣”。自 2000 年以来，韩朝离散家属会面时间一般选定于秋

① 高丙中：《民间的仪式与国家的在场》，《北京大学学报》2001 年第 1 期。

② 高丙中：《民间的仪式与国家的在场》，《北京大学学报》2001 年第 1 期。

③ 郭于华：《民间社会与仪式国家：一种权力实践的解释——陕北骥村的仪式与社会文化变迁》，载郭于华主编《仪式与社会变迁》，社会科学文献出版社 2000 年版，第 369 页。

夕，其意义值得玩味。针对“当下，一个‘传统复兴’的时代，无数个曾经被打碎了、边缘化的文化传统正试图借助于‘复兴的力量’重新登上历史的舞台”的局面，王静博士曾经追问：“在一个更加宏大而纷繁的历史情境中，什么正在坍塌，什么正在重建，什么正被忘却，什么正被彰显?”① 这确实是个发人深思的问题。

除了因俗制礼，官方利用秋夕等民俗的另一方式是“因政治俗”，如殖民阶段日本通过压制民俗来进行文化抹杀从而稳定自己的统治并彻底吞并朝鲜，再如20世纪80年代之前威权政府通过压缩民俗为现代化进程“清除障碍”以发展经济巩固政治。但是，这种方式由于没能合乎民情顺应历史符合文化发展规律，往往效果并不尽如人意。

面对官方“因俗制礼”或“因政治俗”的统治手段，民间也并不是完全被动的被利用和被统治。秋夕等民俗文化也被民间拿来用以表达政治诉求。尤其是在有着特殊历史的韩国，殖民时期和威权政府统治时期，以秋夕为代表的民俗文化更是民间借以对抗官方的政治工具。

总而言之，秋夕作为民间传统文化，是官民双方共同利用的政治工具。在国家层面，它与权力技术相关联，或者说它就是一种权力技术或权力实践的过程②，用来加强政治统治；在民间层面，被用来表达政治诉求。

通过官方与民间互动下的秋夕的兴衰沉浮，我们可以看到官

---

① 王静：《消弭与重构中的查玛——以辽宁省蒙古贞地区为例》，博士学位论文，中央民族大学，2010年，第115页。

② 参见郭于华《民间社会与仪式国家：一种权力实践的解释——陕北骥村的仪式与社会文化变迁》，载郭于华主编《仪式与社会变迁》，社会科学文献出版社2000年版，第376页。

方的主导地位。国家权力的仪式化运作弥漫于深远的历史空间和广阔的日常生活，整合着人们的生活逻辑和社会的文化景观。国家在民间，从古至今，从未改变。尽管存在的方式或隐蔽或公开，干预的手段或因势利导或强制废立，与民间的关系或和谐或对立，利用的方式或因俗制礼或因政治俗，但究其最终目的，都是要确立政治合法性，强化自身的统治。回顾韩国秋夕的发展，当官方通过因势利导的手段与民间达成融合时，也是秋夕文化繁荣兴盛成为官方最为得力的政治统治工具之时。这个经验是具有启示意义和参照价值的。

第三章

比较研究：东亚视野中的韩国秋夕

目前关于韩国秋夕的研究成果，其视野和导向大多立足于民族国家，多从实证的角度出发，建立在田野考察以及文献资料基础之上。这些研究成果对韩国本土节日民俗文化进行分析，提出了一些颇有见地的观点，为我们解读韩国秋夕的变迁和内涵并作进一步思考和分析奠定了基础。但是，仅仅从历史纵向的视角及韩国社会的内部因素探究秋夕的内涵是不够的，因为八月十五文化不仅是韩国独有的文化，还是东亚区域共有的文化。有时东亚各国和地区还因为其起源和所有权等问题在现实中产生诸多的争执。如台湾《自由时报》报道德国佛尔特城在2010年9月26日举办“韩国中秋节”，并邀请韩国总领事专程赴庆典致辞。而德国台湾妇女会和台湾驻慕尼黑新闻组则表示抗议。德国台湾妇女会感觉受骗宣布退出，台湾驻慕尼黑新闻组组长丁荣禄则强调“中秋节源自中国，而非韩国”，强烈要求在佛尔特市长致辞后，如韩国总领事致辞，他也要致辞加以说明。[①] 春节也面临相似情形。过春节的习俗是150多年前由华裔带到美国的，长时期被美国人称为“中国年”（Chinese New Year），并因其独特的风俗逐渐在美国普及。随着朝鲜战争与越南战争的爆发，很多越南人与

① 参见《德国办“韩国中秋节”　台湾表态如不改名将退出》，东南网2010年9月9日（http：//www. fjsen. com/b/2010－09/09/content_ 3683290. htm）。

韩国人移民美国，到2000年，过春节的亚裔超过1400万人。韩裔移民对“中国年”的称呼极为不满，不断抗议并挑起文化和政治议题，强烈要求把春节的中国年名称改掉，甚至建议改为“韩国年”，并在春节期间四处表演高丽传统大鼓、韩国扇子。美国有的学校提议把春节改称“华韩新年”（Hua Han New Year），但韩裔移民对排序不满，要求改为“韩华新年”（Han Hua New Year），而越南裔对这一建议则颇为不满。折中的结果是美国各州陆续把原来春节的英文译名中国年改为“亚裔农历新年”（Asian Lunar New Year）。到2010年中国农历虎年春节，美国总统奥巴马在白宫以视频发表全球贺词，祝贺农历新年的到来，首度把春节的英文译名中国年改称“亚裔农历新年”，这也是美国白宫第一次为中国春节改名。[①] 至于中韩端午节之争，更是闹得沸沸扬扬。这些争议也表明，只有将韩国秋夕放在东亚地域范围进行横向的比较，探究其与东亚其他国家八月十五节日之间的关联，方能对其形成一个立体、综合、动态、全面的分析研究模式。

近年来，随着东亚的迅猛发展，有关“东亚”的论述日渐增多，但“东亚”概念的混乱性也达到了一个极为严重的地步。孙歌先生在谈及有些东亚论述的研究时曾言：“可是，追究起来，这对象却有些含糊：它是指中国、日本和韩国，还是指中、日、韩加上朝鲜，抑或再加上越南，或者再加上东南亚？我们到底把中、日、韩这个最常见的框架称为东北亚，还是语焉不详地称其为‘东亚’？”[②] “有人把东亚称为东南亚、东北亚、亚洲、

---

① 参见《韩侨抗议春节名称　奥巴马改中国年为亚裔新年》，环球网2010年2月15日（http：//world. huanqiu. com/roll/2010－02/718514. html）。

② 孙歌：《东亚视角的认识论意义》，《开放时代》2009年第5期。

北亚。……对欧美人来说，相对于西方我们是东方、东亚，或者说是亚洲也可以，对于澳洲的人来说，我们却变成了北亚。”[①]实际上，造成这种混乱有多种原因，“东亚”不是一个自明的概念，它并非仅仅是一个地理空间的概念，同时也具有文化性和历史性，时代的不同、标准的不同，导致“东亚”的范围和内涵会有很大的不同。本章所探讨的东亚指的是广义上的东亚，包括东南亚与东北亚。这一区域存在着长期的政治、经济、社会、文化等综合性交流，八月十五不仅是韩国的重要传统节日，也是日本、中国、新加坡、泰国、缅甸、越南、老挝、印度、尼泊尔、印度尼西亚等国的重要节日。从地缘角度看，东亚在古代就形成了与西方条约体系迥异的朝贡体系，而朝鲜半岛从古至今都是亚洲大陆和日本列岛之间的天然通道，也是亚洲大陆势力与海洋势力的交汇点，与东亚其他国家的交往由来已久。因此，韩国自古都是东亚文明圈中极为重要的国家。东亚地区之间的文化交往、人口迁徙以及相仿的农耕文明和礼制体系，都使得东亚区域各国在民俗和文明的结构方面有诸多相似的地方，钟敬文先生早在20世纪30年代初期就在《东国岁时记》一文中指出中韩两国节日民俗有着密切的联系。[②] 美国的社会学家曾评价当今世界：“我们已进入一个真正意义上的多元文化及相互依存的世界，对于这个世界，我们只能从多元视角来理解和改变；这种多元视角融汇了文化认同，环球网络和多层面的政治。”[③] 这也可以借用于描述八月十五文化。所谓“东亚视野”主要指一种将东亚各

---

① 杨贵言：《当代东亚问题研究简论》，人民出版社2004年版，第7页。

② 参见《钟敬文文集·民俗学卷》，安徽教育出版社2002年版，第543—550页。

③ Manuel Castells, *The Rise of Network Society*, Oxford: Blackwell, 1996, p. 28.

国视为一体的研究视角和方法，所论述的层面主要侧重于文化性与历史性，另外也将东亚在不同历史时间维度的多变性与空间维度上的多层次性结合起来进行考虑。为了研究的方便，主要择取中国、日本、越南这三个东亚文明圈中比较重要的国家作为个案，通过将韩国的秋夕与这三个国家八月十五节日的横向比较，将韩国秋夕放在整体的东亚八月十五文化的视野中进行审视，以更加深刻地认识韩国秋夕发展的脉络及其本土特性。

第一节　关于起源的比较

八月十五这个节日历史久远，直到今天，仍广泛流传于东亚区域。在长期的历史发展进程中，东亚各国之间文化交流频繁，导致包括八月十五在内的风俗也是你中有我，我中有你。对于其来源，由于年代久远，所留下来的史料有限，争议颇大。远在南宋嘉定年间，中国学者刘学箕就大发感慨："中秋玩月，古今所同者也。虽古今所同，然故实所始，骚人雅士不多见于载籍，后世未尝无遗恨焉。"[①] 下面结合第一章所涉及的韩国秋夕起源，做一下横向比较。

一　中国

在中国诸多传统节日中，中秋节出现得比较晚。总的来说，中国传统的岁时节日体系约在先秦时期开始萌芽，在秦汉魏晋南北朝时期得到进一步发展，到了隋唐两宋时期基本定型。而根据流传下来的各种史料记载，可以认为，中秋节作为全民性节日是

---

① 陈元靓：《岁时广记》卷31《中秋上》，载《续修四库全书》第885册，上海古籍出版社1995年版，第388页。

在唐朝以后形成的。围绕中国中秋节的起源问题，学术界大致有以下几种说法：

（一）祭祀说

此说认为中秋最初源于古代的秋分祭月礼俗。这种对月亮的自然崇拜起源很早，早在殷商时代就有关于祭月的甲骨文卜辞记载，和后来的中秋节玩月赏月一脉相承。到周朝时则开始固定在秋分祭月。《国语·周语上》："古者先王既有天下，又崇立于上帝、神明而敬事之，于是乎有朝日夕月，以教民事君。"① 《礼记·月令》载："天子春朝日，秋夕月，朝日以朝，夕月以夕。"②《周礼·春官·籥师》说："中春，昼击土鼓，吹豳诗，以逆暑；中秋夜迎寒，亦如之。"③ 持这一说法的如容肇祖、杨琳、萧放等先生。④

（二）唐玄宗八月初五生日说

持此说的学者认为中秋节和唐玄宗八月初五生日有关，自开元十七年起，玄宗将自己的生日八月初五定为千秋节。而《太平广记》卷22"罗公远"条则记载玄宗八月十五夜游月宫的故事："开元中，中秋望夜，时玄宗于宫中玩月。公远奏曰：'陛下莫要至月中看否?'乃取拄杖向空掷之，化为大桥，其色如银。请玄宗同登，约行数十里，精光夺目，寒色侵人，遂至大城阙。公远曰：'此月官也。'见仙女数百，皆素练霓衣，舞于广庭。"由此，中秋节因千秋节和玄宗流传开来。持这种观点的代

① （春秋）左丘明：《国语》卷1《周语上》，齐鲁书社2005年版，第18页。

② 转引自钟敬文《民俗学概论》，上海文艺出版社1998年版，第135页。

③ 转引自陈戍国点校《周礼·仪礼·礼记》，岳麓出版社2006年版，第54页。

④ 参见容肇祖《中秋的起源和唐代的传说》，《民俗》1928年第32期，广州国立中山大学出版部；萧放《岁时——传统中国民众的时间生活》，中华书局2002年版，第182页；杨琳《中国传统节日文化》，宗教文化出版社2000年版，第322页。

表性学者为孙机。[①]

（三）新罗说

在第一章中已经提及，即认为八月十五节日最早出现于新罗，后在唐朝传入中国，受朝鲜半岛这一节日影响，中国的中秋节随之产生。持此观点者主要有刘德增与熊飞。[②]

（四）玩月风俗融合道教思想促生中秋说

这一观点认为，在唐玄宗倡导下，道教在唐朝大行其道，和唐朝中秋玩月风俗及有关月宫的神话结合，导致中秋赏月之风俗在社会上广泛传播，促成了中秋节在宋朝时期诞生。朱红为这一观点的代表。[③]

（五）秋报说

这一说认为中秋节源于古代秋报的谢神仪式。农历八月十五，正是农作物收获季节，中秋即“秋收节”之意，各家都感恩祭祀土地神和谷物神，庆祝丰收。

（六）综合成因说

这一看法认为中国中秋节在唐朝产生并非一种原因所促成，而是多种因素共同促成的，不只是本国内部原因，也包括新罗八月十五节日的影响。张勃持这一观点。[④]

对于中国中秋节出现的时间，学术界大致存在三种说法：一是认为在先秦时期中秋节就形成了，其理由是秋分祭月、嫦娥奔

---

① 参见孙机《中秋节·千秋镜·月宫镜》，载孙机、杨泓《寻常的精致》，辽宁教育出版社 1998 年版，第 29—34 页。

② 参见刘德增《中秋节源自新罗考》，《文史哲》2003 年第 6 期；熊飞《中秋节起源的文化思考》，《文史知识》1996 年第 11 期。

③ 参见朱红《唐代中秋新考》，《九州学林》2005 年冬季号。

④ 参见张勃《唐代节日研究》，博士学位论文，山东大学，2007 年，第 127 页。

月远在先秦之前就已经存在，不过持此种看法者不多，毕竟单单有一些习俗存在，还不足以构成节日。第二种看法认为在宋代中秋节才真正形成，持这种说法的学者们以为，唐代中秋之夜玩月仅仅是文人的习惯，没有普及全民，不能被称为节日。第三种说法是唐朝形成说，到了唐朝形成赏月热潮，中秋节随之应运而生。

二 日本

日本的八月十五与东亚其他国家有些区别，又称“月见节”，包括农历八月十五和九月十三。“月见”指的是在农历八月十五和九月十三的赏月活动。十五日称为“十五夜”，十三日称为“十三夜”。八月十五的供品以芋头为代表，这一日又称“芋名月”；九月十三的供品多为板栗或者豆类，因此这一天被称为“栗名月”或者“豆名月”。传统上，日本认为只在其中一天赏月不吉利，必须两天都赏月。

关于日本八月十五节日的来源，大致包括两种说法。一是源于中国。日本在中国唐朝时期，掀起了学习唐朝文化的高潮，其中一些中国节日风俗也传到日本国内。大约在日本的平安时代（794—1192）早期，日本从中国引入八月十五赏月的习俗。日本《古事类苑》记载：“八月十五夜赏月一俗，系仿支那人风习。自宽平延喜之时始，以此为乐，设宴赋诗，渐渐风行，至后世而不衰。且民间尚以芋、米团等供月，并相互遣赠。”[①] 不过也有说在更早的时候，在奈良时代日本就从中国引进中秋节，“根据日文资料，滋贺《日本的神话、古代史与文化》说，中秋

① 马兴国：《中日岁时节令异同辨》，载严绍璗等《比较文化：中国与日本——中西进教授退官纪念文集》，吉林大学出版社 1996 年版，第 233 页。

节从中国传入日本的时间是在奈良时代，相当于唐朝后期，更准确些说是在9世纪末到10世纪初。传入日本后不叫中秋节，而叫‘十五夜’或‘中秋の名月’（意思就是‘中秋的明月’）。就是说，虽然中国的古代文献没有留下唐代已有中秋节的说法，但是日本文献里已经有中国唐朝的中秋节传入日本的记载了”[①]。二是源于祭月习俗。日本也有古老的祭月神习俗。日本最古老的正史《日本书纪》记载了日本日神天照大神与月神月读命的诞生，“洗左眼，因以生神，号曰天照大神。复洗右眼，因以生神。号曰月读鸣尊”[②]。月神掌管计算月亮盈亏，拥有可以返老还童的圣水。另外日本《竹取物语》中也记载着与中国嫦娥飞赴月宫极其相似的赫姬携不死之灵药奔月的神话传说。另外，日本底层文化的八月十五习俗其实同稻作文化与旱田青芋培植的仪礼相关，具有收获节的色彩。在日本宫城县名取郡，八月十五晚上举行“稻草祭”。在草包里放进赤豆饭，插豆枝，并到有狐狸的山上去上供。在日本九州的阿苏，割下相当于月份数目的稻穗，将之挂在稻作神身上，意为“挂穗”。而在和歌山县西牟娄郡，家家户户都在院内树起系着稻穗和青芋的高高的竿子。高竿代表着神体。在冲绳本岛及其南北渚岛上，在阴历八月有一系列节日活动，就在这时举行祖灵祭祀和收获节。“十五夜”恰好就在这些节日的中间。[③] 这都说明八月十五与农作物收获有一定联系，有“秋报”色彩。

---

① 刘魁立：《中国节典：四大传统节日》，安徽教育出版社2008年版，第138页。

② ［日］舍人亲王等：《日本书纪》上册，日本岩波书店1967年版，第98—99页。

③ 参见［日］尾藤正英等《日中文化比较论》，王家骅译，浙江人民出版社1992年版，第126页。

三　越南

八月十五也是越南的传统节日，虽然其在越南呈现出与中国不一样的特色，但其起源深受中国影响。具体而言，一是祭月与秋报。农历八月十五左右，正是水稻收获之时，人们感谢月神和土地神，庆祝丰收。这是中国古已有之的传统，越南受这一习俗影响颇深。二是神话传说。越南的月宫型传说同样受中国影响，其中最著名的是阿桂的故事，明显是受了中国古代嫦娥和吴刚传说的影响。传说越南从前有一个名叫阿桂的人因上山打柴用斧头砍死了几只虎崽，母虎用一种神树的树叶让小虎起死回生。虎走后阿桂将神树带回家，并且用这棵树的树叶救治了很多村民。后来因为阿桂的老婆把尿撒在了神树上，玷污了神树，神树便腾空而起，直飞上天。阿桂情急之下抱住神树，但是最终还是被神树带到月宫。后来人们把这种救人的神树称为榕树。越南神话认为，每年的农历八月十五，如果晴天，在月亮最圆之时能够清晰地看到月亮里阿桂坐在榕树下面。

通过对东亚各国八月十五节日追根溯源，可以看出，其在东亚国家既存在某种共性，又具有相异的一面。

总的来说，最大的相同之处即是东亚国家普遍有原始信仰特色的月亮崇拜，“月亮象征着丰收、生殖和婚姻美满。月亮神话经历了初始原型、次原型和复合型三种神话形态，分别对应丰收神、生（丰）殖神和复合的婚姻神”①。广泛存在的祭月习俗也是和东亚共有的主要以稻作文化为主的农耕文明这一特征密切相关。

① 黄健美：《月圆佳节瓜果“偷盗”民俗的意涵及社会功能》，《社会科学》2008年第11期。

当然，由于个体条件的不同，也表现出一定的相异性。虽然日本和越南的八月十五节日明显是移植于中国，但这不仅是文化传播的结果，还是文化涵化的结果。也就是说，来自中国的中秋节文化因素，被日本和越南基于自身的文化内容有选择地吸收和内化了。因此，这四个国家的八月十五节日，大致可以分为两个类型，分别以韩国和中国为代表。韩国秋夕最初源于绩麻竞赛，主要来自农业生活的集体劳作，可以说“秋报”的色彩很明显，和西方感恩节有些相似。中国由于地域宽广，有的地区也存在和韩国类似的情况，不过，总体上来看，中国的中秋节起源于帝王祭月，随着时间的推移，宗教色彩的庄严祭典世俗化为极具娱乐色彩的民俗活动，尤其是到了唐宋时期，由于文人词客的推波助澜，日渐普及民间，演变成为以赏月为重点的中华民族重要民俗节日。越南八月十五之节虽源于中国，但和韩国情况相仿，主要感谢神灵赐予的丰收。日本的情况有些特殊，呈现出明显的阶层分裂性，贵族上层模仿和欣赏的是从大唐引进的“赏月”习俗，而传播至民间时，则明显具有“秋报”色彩。

第二节　关于节俗的比较

一　日本

相对而言，日本对八月十五的重视程度远不如中国与韩国，但其节俗也颇为丰富，如日本学者乡田洋文大致列举了“十五夜”的一些活动：“1、以青芋和其他芋类以及从山林采集来的野生物作供品，2、共新谷和烤米，并举行‘挂穗’活动，3、在当晚用占卜拍地，4、拔河，5、相扑，6、来拜访的人戴蓑笠，7、把这一天当作‘河童’（传说中的想象动物）来往于山海之间的一天，8、儿童与青年们的活动有明显的集团性，9、对供品有社会性的禁忌，10、偷盗供品，11、举行祭火活动，12、具有占卜年成的性质，并认为‘十五夜’是‘综合仪礼’，特别强调‘十五夜’的活动是青芋收获仪礼。”[①] 不过，虽然其节俗受中国影响颇大，但本土特色也极为明显。

（一）赏月

受唐风影响，日本平安时代八月十五赏月的风气极其浓厚，最初在贵族上层阶级流行，后日渐普及民间。醍醐天皇之后九月十三夜也开始有了赏月的风气，日本收获季节一般介于农历八月十五至九月十三之间，十三夜的各种习俗活动也是十五夜的重复。如中国一样，当时的日本人也赏月吟诗，为后人留下了大量的诗篇。日本最早涉及八月十五赏月的诗篇是公元862年岛田忠臣所作的三首诗歌。一是《八月十五夜宴月》：“夜明如昼宴嘉宾，老兔寒蟾助主人。欲及露晞天向曙，未曾投辖滞银轮。”二是《八月十五夜惜月》：“月好偏怜是夜深，三更到晓可分阴。争教天柱当西崎，碍滞明光不肯沈。”三是《八月十五夜宴》：“怜月情多暗数管，逐光移座最西亭。若今他夕如今夜，不惜明朝一荚零。”[②] 比较著名的吟月诗还有林罗山（1583—1657）的《咏中秋月》：“千里月晴三五秋，埜花幽草露光浮。诗仙借得吴刚斧，修造空中珠玉楼。”以及僧雪村友梅（1290—1346）的《中秋留别觉庵元文》：“孤云踪迹元无定，兴尽京华我欲行。山好岂辞秦路远，身闲尤喜客装轻。一天霁色秋如洗，二老风襟日

① ［日］尾藤正英等：《日中文化比较论》，王家骅译，浙江人民出版社1992年版，第126—127页。

② 严绍璗等：《比较文化：中国与日本——中西进教授退官纪念文集》，吉林大学出版社1996年版，第230页。

见清。不审明年今夜月，分光还照别离情。”[1] 中秋节赏月的习俗到如今还在日本流传。日本德岛县的德岛市在农历八月十五每年都要举行大型表演“明月与阿波舞”。日本京都的不少有名的寺院，每年八月十五也要在庭院里举办赏月会。

（二）祭月

日本主要是用芋头、豆类、茄子等农作物及江米团子作为供品祭月。有关祭月的习俗一般认为是从室町时代开始的，《年中恒例记》记述了日本室町幕府时期的礼仪规范，在日本所有史料当中初次记载了八月十五举行的祭月仪式，主要的供品是青毛豆、柿、栗、瓜、茄子等农产品。1603 年的《御汤殿上日记》和《后水尾院当时年中行事》都提及八月十五夜祭月供品中有茄子。[2] 而八月十五前后正是芋头收获的季节，因此民间的祭月的供桌上一般也都摆上芋头做供品。另外，在日本鸟取县，在十五夜，一般会在糯米丸子里放进小里芋，如没有里芋的话，就把糯米团子团捏成里芋的形状。日本学者坪井洋文对有关日本“十五夜”的祭祀活动的分布调查也表明，日本具有用里芋来祭祀的习俗的区域遍布从东海地方到西日本各地，他为此得出结论：里芋祭是日本八月十五夜最具特色的祭祀活动。[3] 此外，江户时代嘉永六年（1853）日本编撰的《守贞漫稿》，介绍了八月十五夜江户与京都、大阪用江米团做供品的习俗：“三都今夜都

① 李寅生：《从汉诗看中国节日习俗对日本的影响》，《长江学术》2009 年第 4 期。

② 参见严绍璗等《比较文化：中国与日本——中西进教授退官纪念文集》，吉林大学出版社 1996 年版，第 233 页。

③ 参见［日］坪井洋文《芋和日本人》，未来社 1980 年版，转引自江新兴、李环、邹薇《从中秋节看中日两国传统习俗的异同》，《北京第二外国语学院学报》2005 年第 4 期。

向月供奉江米团，京坂与江户大同小异。江户如图，案中央满盛三份江米团，花瓶中必插芒草供之。京坂诸花与芒草同供。”“京坂也在案上供满盛的三份江米团，与江户相似。但团子形状如图，似小芋头，头部尖也。而且豆粉中加砂糖，以为裹皮，并与酱酒煮过的小芋头，各分盛三份，每份十二个，闰月之年普通盛十三个。”① 还有，在日本八月十五如《守贞漫稿》所述，祭月时往往插一些秋草。日本的男孩子往往采集七种被认为吉祥如意的花草装饰门庭，意味着未来幸福。八月十五时装饰门庭的七种秋草分别是萩、藤萝、抚子、尾花、葛花、女郎花以及朝貌之花。②

（三）摸秋

日本农村一些地方，如新泻县和静冈县，有在八月十五“摸秋”的习俗。在十五夜人们可以随便采摘他人田里的作物或果实，当地的孩子们可以随心所欲地偷盗里芋和糯米团子。有一种说法是，如果有谁能够偷吃到七家在赏月之时所用的糯米丸子，就会长寿。而在比企郡的周围，祭品栗子和糯米丸子如果被偷的话，则会是一个好兆头，表示来年庄稼会大获丰收。这种八月十五夜的偷窃习俗十分广泛，很多人可能都有这种经验。

（四）拔河

自16世纪初也就是日本的战国时代起，在新年、盂兰盆节或者八月十五，日本各地大都进行拔河比赛进行庆祝。多是两个村庄之间进行比赛，和韩国的拔河比赛比较相仿。拔河不单是为了娱乐，而是既有竞争又有协作的社会生活的象征，它有利于增

① 严绍璗等：《比较文化：中国与日本——中西进教授退官纪念文集》，吉林大学出版社1996年版，第234页。

② 参见陈其昌《岛国情汨》，时代文艺出版社1988年版，第261页。

强社会集团对其成员的凝聚力。日本体育人类学学者寒川恒夫曾指出，日本与东亚和东南亚各国一样，自古以来就以种植水稻等农作物为主的农业耕作来谋求生存和发展，因而其生活习俗有相似之处，拔河的器具、规则和方法也大同小异。有所不同的是，日本的拔河比赛通常是伴随着宗教仪式或节日庆典活动而进行的。①

（五）抬着神舆游行的中秋庙会

农历八月十五，是日本的中秋庙会。各地的庙会之俗虽不尽相同，但抬着神舆游行的习俗却是大同小异的。是日，日本的许多城镇，无论成人还是小孩，脸上都涂上胭脂粉，穿上号衣，抬着神舆游行于街巷，以示欢庆。

二 越南

越南的中秋节习俗和中国极其相仿，也吃月饼、赏月、祭月等，不过由于在越南传承已久，也早已深深打上越南本土的烙印。中秋节流传到越南后，慢慢演变为主要是孩子的节日，现在越南中秋节与儿童节合二为一，都是在农历八月十五。越南中秋节比较有特色的节俗如下。

（一）观花灯

中国的中秋节风俗传到越南之后逐渐被越南本土化了，不再以团圆赏月作为主要内容，而是渐渐变成了以儿童的活动为主。中秋节晚上，越南的儿童到街上买灯、提灯、看灯，热闹非凡。这一观花灯的风俗，倒与中国的元宵节颇为相似。由于越南中秋节儿童节是同一天，因此越南人制作的花灯，各式各样，趣味盎然。有动植物和天体类的形状，如月亮式、莲花

① 参见聂啸虎《日本的拔河运动》，《体育文化导刊》1991年第4期。

式、鲤鱼式、兔子式等。晚上孩子们举着各式各样的彩灯在月光下欢呼雀跃，有时玩耍至深夜。越南一幅传统的东湖年画《迎龙》（或《迎灯》）展现的就是越南中秋节晚上迎灯出行的场景，有时为了更好地烘托出童趣，则将画中的儿童换成老鼠等动物的造型。

不过最初的花灯外部是用竹子扎成圆桶形的，然后罩上各色彩带装饰，里面则呈现的是五角星形状，并包上红色和绿色的玻璃纸。之所以有制作花灯习俗，源于流传于越南民间的一个传说。相传在古时候鲤鱼精经常晚上出来伤人，导致越南老百姓人心惶惶，致使家家闭户，不敢外出。后来黑脸包公教给人们一个办法，制作一个腹部插着一根木棍的鲤鱼纸灯。晚上彩灯一片，鲤鱼精吓得不敢出来作恶。

（二）舞狮子

越南北方中秋节一般会舞狮子，这在整个东亚区域是比较特殊的，因为舞狮子一般在元宵节或春节期间，而越南却是在中秋节。一般越南中秋的舞狮活动要包括三人，即狮子，壮士和地父。狮子代表着天，壮士则代表人，地父代表地。三人协作配合，表示天、地、人和谐，预示风调雨顺，人寿年丰，这是稻作文明区域越南人民的美好愿望。

关于越南中秋舞狮有一个传说，说越南有个樵夫在中秋月圆夜看到，一头狮子在一条河流里对着月影上蹿下跳，想捉住月亮，结果一无所获，狮子非常生气，便将怒火发泄到旁边的一个村庄。樵夫手持一根树枝与之搏斗，最后将狮子赶走。村民感念其恩德，钦敬其威武，便邀他演示与狮子的搏斗，之后演变为中秋舞狮。

（三）吃月饼

越南和中国一样，也有吃月饼的习俗。传统的月饼有两种，一种完全和中国月饼一样的样式，另一种是极具越南特色的月饼，馅是各种果脯制作而成的，皮则是用糯米面制作而成，带有亚热带稻作文化区的特色。除了上述月饼之外，还有儿童喜爱的制作成各种动植物形状的月饼，和他们手中的彩灯形状无异。

（四）唱“军鼓调”

越南军鼓调是传统的民歌曲调，其形式为对歌。一说出现于阮朝时期。在阮惠率兵行军途中，其手下士兵们由于远离家乡，情绪低落。阮惠发现后组织对歌会，让士兵分别扮成男女双方，然后进行对歌，所唱歌曲皆是富有家乡气息的民歌，阮朝士兵士气大振，奋勇争先，冲锋杀敌。[①] 守疆将士们不能与家人团聚，便只能击鼓而歌遥寄相思。之后便形成在中秋节期间用军鼓伴奏对歌的习俗。另一说起源于陈朝（1225—1400）。当时面临元朝强大铁骑的士兵们为了鼓舞士气，让部分士兵分饰男女进行对歌，击鼓伴奏，后来形成风俗。后传入民间，民间所谓的军鼓实际上就是一只木桶或者铁桶，用绳子捆绑牢固在村头柱子上，用木棍做鼓槌敲击，发出声音。青年男女在村头分列开来，进行对歌，不少青年男女就是靠这一渠道建立感情，最终确定恋爱关系。

（五）赏月占丰

中秋也是越南人民赏月占丰的节日，这和远古时期原始宗教信仰有关。据说黄色的秋月意味着养蚕缫丝会有好收成，如果是绿色的秋月则是恶兆，预示天灾，橙色月亮预兆天下太平，繁荣昌盛。因此，越南有一些民族中秋节在家里举办祈丰宴会，跳舞

① 参见赵忠才、严卫焦、满忠和等《越南—中南半岛的门户老挝—印度支那屋脊柬埔寨—东南亚文明古国》，军事谊文出版社 1995 年版，第 18 页。

唱歌，德高望重的长者一起饮茶，饮酒，对着明月占卜秋稻及庄稼收成。“想吃五月稻，盼八月望月。十四明月得蚕，中秋浑月就得夏稻。”①

三　中国

根据史料记载，中国在唐代之前中秋并未被视作节日。中国最早的岁时节日记录史《荆楚岁时记》记载了当时风靡中国的岁时节日，但并无中秋节。魏晋时期，才初次有中秋夜赏月之举。《晋书·袁宏传》记载：“谢尚时镇牛渚，秋夜乘月，率尔与左右微服泛江。”② 唐朝国力强盛，四海升平，赏月之风大行其道。及至宋朝，中秋终于变为重要民俗节日，节日习俗日渐繁多，且普及民间。吴自牧《梦粱录》中记载：“八月十五日中秋节，此日三秋恰半，故谓之‘中秋’，因此夜月色倍明于常时，又称为‘月夕’。”③ 明清以后，社会生活中现实功利因素日渐，岁时节日中世俗情趣日益浓厚，中秋节俗的变化更加明显。文人情趣淡出，功利性凸显，如祭拜、祈求与世俗的情感、愿望等构成一般民众中秋节俗的常态，中秋佳节成为民众时间生活中的重要节点。经过大致归纳，中国中秋节节俗大致如下：

（一）祭月、拜月

除天子祭月外，民间也有祭月之习俗。宋代金盈之所著

---

① 吴喜逢：《中越四大节日活动内容之比较》，硕士学位论文，华中师范大学，2011年，第34页。

② （唐）房乔：《晋书》卷72《列传第六十二·袁宏》，延边人民出版社1996年版，第334页。

③ （宋）吴自牧：《梦粱录》卷4，中秋条，商务印书馆1939年版，第25页。

《醉翁谈录》曾记京师中秋夕："倾城人家女子，不以贫富，自能行至十二二，皆以成人之服服饰之，歌楼或于中庭焚香拜月，各有所期。"[①] 明代刘若愚所著《酌中志略·宫中中秋》："八月十五日供月饼、瓜、藕，候月上，焚香，即大肆饮啖，多竟夕始散。"[②] 祭月时月饼与瓜果是必备的。

（二）赏月

赏月是中国中秋节很重要的一项内容，由此也出现了大量的美丽神话故事。赏月之风大盛是从唐朝开始的。王仁裕的《开元天宝遗事》卷下："中秋夕，上与贵妃临太液池望月。"[③] 诗人欧阳詹甚至在《玩月诗序》中列举了诸多理由，以证实中秋节是赏月最佳时机。他说："八月于秋，季始孟终，十五于夜，又有之中。稽于天道，则寒暑均；取于月数，则蟾魄圆。况埃壒不流，太空悠悠，婵娟徘徊，桂花上浮，升东林，入西楼。肌骨与之疏凉，神气与之清冷。"[④] 据刘德增考证，《全唐诗》记载了咏八月十五中秋的诗歌共 111 首，共源于 65 个诗人之手。[⑤] 这些中秋诗的主题也很集中，不外乎两个方面。一是感伤岁月之流逝以及思念之作；二则是玩月、望月、赏月活动，主要是诗人和朋友们的雅兴唱和之作。

（三）吃月饼

中秋食俗最突出的无过于月饼，圆形的月饼也象征着十五满月，代表着团圆。《帝京岁时纪胜》曾记载，十五日祭月，香灯

---

① （宋）金盈之：《新编醉翁谈录》卷 4 八月条，辽宁教育出版社 1998 年版，第 16 页。

② 转引自杨琳《中国传统节日文化》，宗教出版社 2000 年版，第 324 页。

③ （唐）王仁裕：《开元天宝遗事》，中华书局 1985 年版，第 30 页。

④ （清）彭定求编：《全唐诗》卷 349，中华书局 1960 年版，第 3899 页。

⑤ 参见刘德增《中秋节源自新罗考》，《文史哲》2003 年第 6 期。

品供之外，则团圆月饼也。[①] 有唐一代尚无有关月饼的任何记载。有人认为月饼起源于元代末年农民起义领袖张士诚。传说张士诚为了抗击元朝统治者，利用中秋节互赠麦饼的习俗在饼中夹带约定起义的字条传递消息，定于中秋节晚上各地义军同时起义。从此这一习俗流传开来，民间便有了中秋节吃月饼、送月饼之风。但据史料记载，到了明代才有确凿文献明确提到月饼。田汝成在《西湖游览志余》中记载："八月十五日谓之中秋，民间以月饼相遗，取团圆之义。"[②] 沈榜则在《宛署杂记・民风》"八月馈月饼"条下说："士庶家俱以是月造饼相遗，大小不等，呼为月饼。市肆至以果为馅，巧名异状，有一饼值数百钱者。"[③] 因此，可以断言，从明代开始，作为中秋节的节日食品月饼得到了人们的普遍认同。到了清代，月饼越来越得以普及，做工越来越考究。《燕京岁时记》记载："中秋月饼，以前门致美斋者为京都第一，他处不足食也。至供月饼，到处皆有。大者尺余，上绘月宫蟾兔之形。"[④]

当然，相对于其他几个国家，中国由于疆域辽阔，各地中秋风俗有所差异，除了上述习俗，大致还有敬老、摸秋、玩兔儿爷及互赠礼品等风俗。

通过上述对比可以看出，作为东亚共享的八月十五之节，拥

---

① （清）潘荣陛、富察敦崇：《帝京岁时纪胜・燕京岁时记》，北京古籍出版社1981年版，第29页。

② （明）田汝成：《西湖游览志余》卷20《熙朝乐事》，浙江人民出版社1980年版，第320页。

③ （明）沈榜：《宛署杂记》卷17《民风一・土俗》，北京古籍出版社1982年版，第192页。

④ （清）潘荣陛、富察敦崇：《帝京岁时纪胜・燕京岁时记》，北京古籍出版社1981年版，第79页。

有共同的节日时间，具有相似的文化因子，自其形成起就作为传统节日来庆贺，一直延续至今。但另一方面，各国八月十五之节的发生及演变、节俗及旨趣又不一而同，各有特点。

第三节　东亚中秋文化异中有同的原因

一　相同或相似的历法

东亚之所以拥有共同的中秋文化，一个重要原因是拥有相同或相似的历法。“所谓历法，就是把年、月、日、时等计时单位按照一定的法则进行组合，便于记录和计算的时间序列。”① 节日体系和节日制度都隶属于历法系统，历法是岁时节日的基础，节日都是历法岁时周期上的时间节点。了解了历法，在一定程度上也就洞悉了节日的源头与来龙去脉，以及节日中的祭祀、仪式、庆典、信仰，等等。有学者说：“节庆依存于天文历法，大多数节庆的起源，离开了天文历法研究，简直无法讲清楚。”②所以，要了解东亚各国八月十五节日的来源、演变及内涵，必须了解其重要的基石东亚历法的状况及交流。中国所采用的夏历并不完全是阴历，而是阴阳合历，纪日纪月主要依靠月亮的运行规律，纪时纪年及确定季节和节气则依据太阳的运转，这种历法非常合乎以农耕文明为主的东亚汉文化圈的需要，既能够表现月亮的阴晴盈亏，又可以反映出太阳的四时变化，在东亚区域流行甚广。

---

①　杨景震：《中国传统岁时节日风俗》，西北大学出版社 2006 年版，第 70 页。

②　陈江风：《天人合一观念与华夏文化传统》，生活·读书·新知三联书店 1996 年版，第 183 页。

（一）韩国

韩国是古代中国朝贡体系中最重要的一环，作为藩属国，自然要奉正朔。中国的历法很早就传入朝鲜半岛。《高丽史·历志》曾载："夫治历明时，历代帝王莫不重之。周衰，历官失纪，散在诸国，于是我国自有历。"① 卫氏朝鲜时期，精通天文历法的王仲避居朝鲜，朝鲜通过这些躲避战乱的中国移民了解到中国的历法知识。到了三国时期，陆续引进采用中国的历法。百济"岁时伏腊同于中国，其书籍有《五经》、子、史，又表、疏并依中华之法"②，而且"用宋《元嘉历》，以建寅月为岁首"③。隋唐时期是东亚文化交流的盛期，此时中国的经济科技文化已发展到一个相当高的水平。中国当时的历法及大量历法知识书籍传入朝鲜半岛。"唐终世二百九十余年，而历八改，初曰《戊寅元历》，曰《麟德甲子元历》，曰《开元大衍历》，曰《宝应五纪历》，曰《建中正元历》，曰《元和观象历》，曰《长庆宣明历》，曰《景福崇元历》而止矣。"④ 其中，宣明历对日本、朝鲜影响尤大。高句丽则在 619 年"遣使如唐，请颁历"⑤，即麟德历。新罗自 674 年起采用唐新历，即麟德历，宪德王时采用唐

---

① ［朝］郑麟趾：《高丽史》卷 50《历志一》，转引自石云里《中国古代科学技术史纲·天文卷》，辽宁教育出版社 1996 年版，第 251 页。

② （后晋）刘昫等：《旧唐书》卷 199 上《百济传》，中华书局 1975 年版，第 5329 页。

③ （唐）令狐德棻：《周书》卷 49《百济传》，中华书局 1999 年版，第 601 页。

④ （宋）欧阳修、宋祁等：《新唐书》卷 25《历志一》，转引自邓文宽《敦煌历日与当代东亚民用"通书"的文化关联》，载袁行霈主编《国学研究》（第 8 卷），北京大学出版社 2001 年版，第 349—350 页。

⑤ ［韩］卢思慎、徐居正：《三国史节要》卷 8，高勾丽荣留王七年条，载王崇实选编《朝鲜文献中的中国东北史料》，吉林文史出版社 1991 年版，第 44 页。

《宣明历》，一直延续到高丽时代。“高丽不别治历，承用唐宣明历，自长庆壬寅下距太祖开国殆逾百年。”[①] 直到高丽中宣王时才开始采用元朝郭守敬创制的《授时历》，宣明历在朝鲜半岛用了400余年。明洪武二年（1369），明朝政府将《大统历》颁发至高丽。1644年，清朝根据《崇祯历书》编定而成《时宪历》，并于顺治六年（1649）起每年将之颁行至朝鲜。1894年，朝鲜李朝高宗三十一年，李朝政府决定采用西洋公历，同时参用《时宪历》。1895年农历十一月十七，即公历1896年1月1日，李朝政府正式采用西历。

在引进中国历法的同时，朝鲜也不断学习和研究，在中国历法的基础上进行改造和研究，创作了自己的历法。如1026年朝鲜学者金成泽编成《十精历》，李仁显编制而成《七曜历》，以及韩为行编制的《见行历》，梁元尧编制的《遁甲历》，金正编制的《太一历》等，但是都未得以应用。1218年，金德明创作了《新撰历》、《高丽师星曜书》、《高丽日历》等历法著作。1281年，忽必烈将郭守敬的《授时历》赐给高丽，忠烈王二十四年（1298），王子中宣派手下崔诚之学习《授时历》，并以此编制自己的历书。后来崔诚之的学生姜保在1343年创作出版《授时历捷法立成》。在使用时，朝鲜对《授时历》作了一定修改，而且根据朝鲜的地理位置进行了一些计算上的改动。这使得朝鲜的历法得以改进。1299年，元朝丞相曾历数高丽僭越之事，其中的一条罪状即为“自造历”[②]。朝鲜学者在宣明、授时、大

① ［朝］郑麟趾：《高丽史》卷50《历志一》，转引自杨召全《中朝关系史论文集》，世界知识出版社1988年版，第33页。

② （明）宋濂等：《元史》卷208《外夷·高丽传》，吉林人民出版社1995年版，第2926页。

统等中国历法基础上，又结合《回回历法》，在世宗十五年，由郑麟趾、郑招、郑钦之、金淡、李纯之等人撰成《七政算》这一重要历法著作。1652 年，朝鲜天文学者在从中国引进的西方天文历法基础上，独立地用新的方法编制而成新历书，完成历法改革。

（二）越南

《尚书·尧典》记载："申命羲叔，宅南交，平秩南讹，敬致，日永星火，以正仲夏。"[①] 这说明约 4000 年之前，中国和越南之间就有了天文历法的交流。南宋淳熙三年（1176），曾颁给安南国历日。元顺帝元统二年（1334），元顺帝派遣吏部尚书帖住，礼部郎中智熙善出使越南，将《授时历》颁给越南陈朝，《授时历》在越南沿用至 17 世纪中叶。明朝洪武元年（1368），又将《大统历》赠予越南。越南阮朝嘉隆八年（1809），使臣阮有慎从北京购买了一部《大清历象考成》返回越南。《大南实录》记载："四月，阮有慎自清还，以大清《历象考成》书进言：'我国万全历与大清辰宪书，从前皆用明大统历法，三百余年未有改正，愈久愈差。清康熙间，始参西洋历法汇成是编，其书步测精详，比之大统愈密……又极其妙。请付钦天监，令天文生考求其法，则天度齐而节侯正矣。'帝称善。"[②] 参考此书，阮有慎把《万全历》改为《协纪历》，里面包含了中国历法的二十四节气和"干支纪日"。这是一部用以考定其本国的节日、大典和有关天气变化之历法。自此，越南的历法得以确定。

（三）日本

日本在上古时期还没有文字，使用的只是非常简单朴素的参

① 屈万里：《尚书今注今译》，商务印书馆 1969 年版，第 4 页。

② 中国社会科学院历史研究所编：《古代中越关系史资料选编》，中国社会科学出版社 1982 年版，第 622 页。

照日月和物候的自然历，《晋书·倭人传》记载日本"俗不知正岁四节，但计秋收之时，以为年纪"①。这种状况直至中国历法传入日本后才得以解决。日本学者柳田国男曾经提出，在中国古代的历法东渐传进日本之前，日本曾经拥有过自己独特的历法，也就是每六个月作为一年的历法。这种历法虽然由于日本大规模引进中国文化，受传入的中国历法强烈冲击而消失，但却以一种潜在的形式留存于岁时节日之中。但中国学者刘晓峰经考证认为，这是柳田国男的误读，中国古代历法一直都是年分阴阳，日本的情况正是中国古代岁时体系的投影，不足为奇。②

中国的历法最初进入日本是通过朝鲜半岛的百济，当时中国有些精通历法者移居朝鲜半岛。有关历法传入日本的最早记录可见《日本书纪》，据《日本书纪》记载，钦明帝十四年（553），日本派遣使者到百济要求百济派易博士、历博士和医博士到日本。554年，医博士施德王道良、历博士固德王保林等人抵达日本。之后在推古帝一年（602）百济僧人观勒携带历法书到日本，《日本书纪》对此事进行了记载："百济僧观勒来之，仍贡历本及天文地理书，并遁甲方术之书。是时，选书生三四人，以学习于观勒矣。"③ 此时百济使用的正是中国南朝的《元嘉历》，观勒在日本推行的应是这部历法。持统天皇四年（690），《元嘉历》与《麟德历》在日本共用。"四年十一月甲申，奉敕始行元

① 转引自刘晓峰《东亚的时间：岁时文化的比较研究》，中华书局2007年版，第332页。

② 参见刘晓峰《东亚的时间：岁时文化的比较研究》，中华书局2007年版，第43—59页。

③ 王勇、［日］中西进编：《中日文化交流史大系·人物卷》，浙江人民出版社1996年版，第194页。

嘉历与仪凤历。”① 仪凤历即麟德历。到 698 年，日本开始单独使用麟德历，一直沿用至 764 年才停用。之后开始使用僧一行在 727 年制定的《大衍历》。780 年，羽栗臣翼从唐朝带回郭献之在 762 年创制的《五纪历》。从 858 年起日本将《五纪历》和《大衍历》共同使用。清和天皇贞观元年（859），唐朝天文学家徐昂所编制的《宣明历》经由朝鲜渤海大使马孝慎，从当时已经和新罗并立的渤海国传入日本。自 861 年一直沿用到 1684 年，使用时间长达 823 年之久。1684 年日本开始使用日本学者涩川春海根据郭守敬的《授时历》创制的《贞亨历书》。《贞亨历书》结束了日本直接使用中国历法的时代，自此，日本开始在引进外来历法的基础上编制自己的历法。在江户时代，随着兰学及耶稣会传教士所带来的西学知识的涌入，日本开始接触和吸收西方历法知识。在宽政十年（1798）推行宽正历，在弘化元年（1844）开始实行天保历，天保历也是日本最后一部阴阳合历。到了明治时代，随着日本西化战略的实施，在历法方面也向西方迅速靠拢，最终在 1872 年，废止旧历天保历，实行公历，即西方的格里高利历。

从上述分析来看，在东亚国家进入近代社会之前，所使用的历法都是来自中国的阴阳合历，或是直接引进，或是加以改造。总的来说，中国历法是东亚农耕社会共用的历法，在该历法系统中，八月十五节日作为其一个重要时点而共同存在。

二　相似的文化基础及频繁的文化交流

除了历法这一因素外，同处东亚文化圈，拥有相似的文化基

① 李廷举、［日］吉田忠编：《中日文化交流史大系·科技卷》，浙江人民出版社 1996 年版，第 26 页。

础及相互之间频繁的文化交流是东亚共同的八月十五文化形成与发展的另外一个重要原因。中国在地理环境上与越南、韩国山水相邻，和日本一衣带水，而且同属农耕文明。因此，同处拥有相同风俗地理环境的东亚，再加上具有相似的农耕文明，势必会产生趋同的季节意识、祭祀风俗。如所提及过的东亚所共有的相似的祭月、祭天仪式等，皆起因于农耕活动所含有的较为普遍的自然崇拜和神灵信仰——而这也是基于潜藏于东亚底层所具有的文化心理普遍性而产生的。春夏秋冬四季变化以及由于生产力低下不能解释的诸种自然现象使人们产生敬畏心理，为祈盼生产、生活能够一切如意，感谢上天神灵的赐予，东亚各民族都需要在农耕活动的各个重要的日子举行祭祀活动——这其实就构成了节日的基础。但基础只是基础，八月十五在东亚国家如此多的节日事象上之所以都相似，应该归因于相似的东亚农耕文明基础之上的频繁的文化交流。任东权先生曾说："民俗往往是依风土、历史、社会环境而独自形成的。但也不能忽视其传播形成的过程。古代有过民族的迁移，并随历史的兴衰有过民族之间的交涉与交流，而每当这时民俗文化就得到了传播。"① 而文化传播学理论也认为："传播是文化发展的主要因素，认为文化采借多于发明，认为不同文化间的相同性是许多文化圈（区域）相交的结果，由此文化彼此相司的方面愈多，发生过历史关联的机会就愈多。"② 东亚八月十五文化的形成也印证了这一说法。

东亚各国之间的文化交流源远流长，总的来说，在东亚诸国

---

① ［韩］任东权：《韩国民俗学与亚洲民俗》，载宋孟寅、郑一民、袁学骏编《中国耿村国际学术讨论会论文集》，中国民间文艺出版社1991年版，第281页。

② 黄淑娉、龚佩华：《文化人类学理论方法研究》，广东高等教育出版社1998年版，第60页。

中，中国是最早进入农耕文明的国家，而且创造了辉煌的农业文明，长时期在东亚处于领先地位。这就使得中华文明在与周边区域文化交流过程中处于强势地位。在18世纪的西方人中，法国启蒙思想家孟德斯鸠对此有着较为清楚的认识，在他看来，中国人“把宗教、法律、风俗、礼仪都混在一起。所有这些东西都是道德。所有这些东西都是品德：这四者的箴规，就是所谓礼教。中国统治者就是的为严格遵从这种礼教而获得了成功”①。到了唐朝时期，东亚大陆历经数个世纪分裂动荡之后，一个强盛的大唐帝国在东亚崛起，经济繁荣，律令制度完备，文化先进、武力强盛，中央集权制度强大。在当时，无论是物质文化、制度文化还是精神文化，中国都远远胜于其他东亚国家，灿烂的唐朝文化如同磁石一样吸引着周边国家，其影响之大，引得周边国家从各方面都纷纷效仿和大规模引进中国文化，掀起一股热潮。同时，唐代前期海纳百川，对外开放力度很大，欢迎外来者经商、学习。大量遣唐使都受到热情款待。这样，东亚就形成了以唐朝文化为中心，包括日本、朝鲜、中国、越南等在内的东亚文明圈。东亚文明圈内的朝鲜、日本等国在全面吸收唐文化的基础上，也逐渐完善了自己的文化体系。

以日本为例，早在大化革新前，日本就引进过不少中国古代的农耕工具和生产技术等，大化革新前，圣德太子就对中国及朝鲜半岛文化极为艳羡，日本古籍《驭戎慨言》记载：“及至圣德太子听政时，所遣多为求佛法之使节。而自昔韩国之人，来者甚多，得亲侍太子。太子既闻其经常赞扬大唐可为钦羡之国，并阅读汉文精湛典籍，便思设法与之通好，万事悉欲仿效之心，与日

① ［法］孟德斯鸠：《论法的精神》（上），张雁深译，商务印书馆1978年版，第313页。

俱增。”① 可以说从4世纪至9世纪500年左右的时间里，是日本大规模吸收中国先进文化的时期。无论物质领域或者精神领域，日本引进大量中国文化，进入全方位的唐化时代。日本嵯峨天皇在弘仁九年（817）曾经下诏：“天下仪式，男女衣服，皆依唐制；五位以上位记，改从汉样；诸殿门阁，皆著新榜；又肄百官乐舞。”② 政治方面，经过大化革新，日本仿唐朝建立中央集权制国家，进入封建社会。法律方面，日本也是受唐朝影响极大。如718年（玄宗开元六年）元正天皇养老期间制定了《养老律令》，该律令包括两部分：一是《养老律》，12篇《养老律》和《唐律疏议》基本相同；二是共10卷的《养老令》参考了《唐令》、《永徽令》、《唐六典》、《贞观令》制定而成，其法律中的格与式也是参考唐朝法律而成。日本学者木宫泰彦在其所著《中日文化交流史》中曾写道：“日本中古之制度，人皆以为多系日本自制，然一检唐史，则知多模仿唐制。”③ 当然到了幕府时代，日本所受中华法系的影响主要表现在《大明律》上：“……日本自奈良朝至平安朝，吾国（指日本）王朝时代之法律，无论形式上与精神上，皆根据《唐律》。自德川时代至明治之初及明治十三年顷为止，所谓日本之法律者，直接间接皆受明律之影响。”④ 其他如唐朝的儒学、佛学思想、风俗节日也都涌入日本。

---

① ［日］木宫泰彦：《日中文化交流史》，商务印书馆1980年版，第53页。

② ［日］德川光圀：《大日本史》卷123《菅原清公传》，转引自《从音乐和戏曲史上看中国和日本的文化交流》，《阴法鲁文选》，北京大学出版社2010年版，第125页。

③ ［日］木宫泰彦：《日中文化交流史》，商务印书馆1980年版，第53页。

④ 杨鸿烈：《中国法律在东亚诸国之影响》，中国政法大学出版社1999年版，第4页。

朝鲜和日本的情况相似，不过朝鲜因为紧邻中国，学习中国更早更全面，日本所吸收的不少中华文化都是转道朝鲜引进的。在统一新罗之前，朝鲜半岛诸国就开始全面接受中华文化的熏陶。新罗统一朝鲜半岛之后，也是大力向唐朝学习。在唐朝所接待的外来遣唐使中，新罗高居第一。台湾学者严耕望指出："中华文化之四播，以朝鲜半岛所感受者为最深。唐世，四邻诸国与中国邦交最睦者莫过于新罗，而接受华化之彻底，倾慕华风之热忱，尤以新罗为最……最足表现新罗倾慕华风锐意华化者，莫过于青年学子犯骇浪泛沧海留学中华之蔚为风尚矣。"①

至于越南，其所受中华文化之影响也不亚于朝鲜。"于秦汉之际臣服于中国，其生活及一切建制悉仿自中国，故可为中国文化传播于亚洲南部之代表。"②"在环绕中国的邻邦中，与中国接触最早，关系最深，彼此历史文化实同一体的，首推越南，特别是在千年之前。"③ 越南的儒家思想、典章制度、科举考试、法律、风俗、科技等大都仿效中国，包括其使用的文字，从 2 世纪开始直至 13 世纪，越南一直使用汉字著述，到 13 世纪才在汉字基础上创制了本国文字。

可见，在古代东亚世界，以中华文化为中心，形成了涵盖朝鲜、日本、中国、越南等国具有相似文化的东亚文明圈。长时期以来，东亚文明圈内文化交流频繁，在相似的文化基础之上，节日风俗相对于其他文化来说可谓了解一种新文化的捷径，因此，

---

① 严耕望：《新罗留唐学生与僧徒》，载张曼涛编《日韩佛教研究》，台湾大乘文化出版社 1978 年版，第 233 页。

② 黎正甫：《郡县时代之安南》，商务印书馆 1945 年版，第 169 页。

③ 郭廷以：《中越一体的历史关系》，载郭廷以《中越文化论集》（一），台湾"中华文化出版事业委员会"1956 年版，第 1 页。

在东亚，风俗节日传播较快，如八月十五日本与韩国的拔河，还有流行东亚的赏月习俗等。竹村卓二曾在《从华南山地农民的文化复合看日本的旱田祭礼和农神信仰》文中指出，日本“摸秋”习俗源于中国，以芋的收获祭礼为中心的八月十五夜的各项庆祝仪式，不仅为华南的瑶族、苗族等山地民族所特有，同时还流传于汉族人聚居的江苏、安徽、广东各省。而日本在八月十五夜举行的偷盗农作物、女人和小孩假扮乞丐、男女群舞狂欢、占卜收成、互相馈赠农产品等带有祭礼性质的文化要素也正是从中国华南一带流传而来。

三　文化的吸收与涵化

文化传播与交流的过程并非单向流动，而是在有选择性的吸收后，并将之糅合进本土文化，实现新的再造，即所谓的文化涵化。东亚国家在文化交流过程中有“趋同性”趋势的同时，东亚各个国家在学习吸收之时，也以自身文化为基石，将所学所吸收的文化杂糅其中，将其本土化。因此随着横向空间的变迁，以及环境、文化、民族、历史等情况的差异，即使主题相近或相似，八月十五文化在不同的国家，其节日民俗事象也会有极大的不同。同样，即便在同一个国家之内，不同的地域也表现出各异的地方特色。实际上，岁时节日在传承上是不断发生变异的，没有不变异的民俗，变异使民俗能够在时空转变中得以传承，并不断添加新内涵，而其原有的一些内容则发生改变。

其实东亚文明圈内的文化交流并非单向的、从高到低的流动，而是一个动态的、复杂的过程。我们可以还原一下历史的复杂性，来看一下这一过程。即使在中华文明在近代之前处于明显强势地位之时，作为东亚中心地位的中国，其对于朝鲜等朝贡体系内成员国的态度为：“虽隶中国藩服，其本处一切政教禁令向由该国自行专主，中国从不与闻。”[①] 在日本强迫朝鲜签订江华岛条约后，中国在反驳日本时进一步阐明对属国的态度：“修其供赋，奉我正朔，朝鲜之于中国应尽之分也。收其钱粮，齐其政令，朝鲜之所自为也，此属邦之实也。纾其难，解其纷，期其安全，中国之于朝鲜自任之事也，此待同邦之实也。不肯强以所难，不忍漠视其急，今日中国如是，伊占以来，所以待同国皆如是也。”[②] 可以看出，作为文化的主要输出国中国，在频繁的思想文化交流过程中，主要采取的是放任自流的态度，也就是说，并不强调藩属汉化，属国学习吸收中国文化则是出于自愿的原则。不过中原文化的强大魅力仍然让它们在不同程度上吸收了中华文化，并在一定时期内以其为模式建立起自己的文化体系，由此逐渐形成了庞大的东亚文化圈。

但是，作为文化主要输入国的日本、朝鲜、越南等国，在积极地大规模引进中国文化的同时，也根据自己的需要与本国的实际情况，进一步将引进的中国文化加以改造，让其与本土文化有机结合，而非简单地模仿与照搬。东亚文明圈实际上多姿多彩，学术界往往将东亚文明结构简单地归纳为儒家文明圈或者其他模式，在一定程度上忽视了东亚文明内部的多元性与复杂性。以日本为例，惯常的思维都是把日本视为善于学习和吸收他者文化的榜样，但也隐含着这样一层意思，即日本在前近代时期只是在以中国为首的东亚文明圈中被动吸收汉文化的附属品，进入近代后则成为西方文化的忠实拥趸。其实没那么简单，我们可以看一下

① 《清光绪朝中日交涉史料选辑》（台湾文献史料丛刊第4辑）卷1，台北大通书局1984年版，第1页。

② 高伟浓：《走向近世的中国与“朝贡国”关系》，广东高等教育出版社1993年版，第88页。

日本在前近代时期的学习路线图：上古时期，依靠从中国引入的稻作先进技术及金属工具迅速摆脱蒙昧时代；4 世纪至 9 世纪，日本实施全面汉化战略，其中以奈良时代为最；之后平安时代中晚期，日本开始进入脱离汉文化圈、对“唐风文化”实施改造的“国风文化”时代，日本特色初绽头角，在全面消化唐文化的基础上开始形成具有日本特色的政治体制和社会组织制度。虽然之后一直和中国保持较为密切的交往，但是都是在保持自身成熟独特文化基础上对中国文化进行借鉴和吸收，如阳明学和程朱理学等。在评价中国文化对日本的影响时，京都大学著名学者内藤湖南曾说：“豆浆之中虽然已经有了豆腐的成分，但是还需要加上其他力量使其凝结，而中国文化就是像卤水那样的一种凝固剂。”[①] 即使在我们看来的全盘汉化时代，日本也是主动地进行了选择与改造。当时日本律令几乎全面照搬唐朝律法，之所以如此，日本也是出于当时时代的需要，日本宫琦道三郎博士对此曾做过分析：“《大宝养老律令》者，我日本之法典，与人民之休戚有密切之关系者也，而取法于中国，抑何故也？也岂只羡慕当时中国制度之完整从而摹仿之乎？曰实尚有其他原因，盖当时日本之种种制度，皆有改良之必要，尤以‘世职’及‘兵制’为甚。此外则唐代武力日盛，朝鲜之日本势力减退，形势亦甚迫切，加以中国文化又陆续输入，故日本人心大受刺激，留学中国者又主张移植唐制于日本……于是遂决意编纂法典。”[②] 而且，《大宝律令》也并非完全照搬《唐律疏议》，其中“律”部分相

① 王秀文：《中日端午节的形态及文化底蕴与交流》，载王秀文编《传统与现代——日本社会文化研究》，世界知识出版社 2002 年版，第 215 页。

② 杨鸿烈：《中国法律在东亚诸国之影响》，中国政法大学出版社 1999 年版，第 174 页。

似度大，但“令”部分差距较大，泷川政次郎解释说：“日本虽摹仿‘唐’制，但以岛国之故，不能如大陆‘礼仪三百，威仪三千’之唐制之复杂，故一切皆趋于简单化。”① 中国学者梁容若先生也评价道：“日本模仿盛唐制度，而不取道教；抄袭我国典章，而不用宦官；效法末明社会礼俗，而不学缠足；殊不失为明智。”②

再看朝鲜。虽然朝鲜在前近代时期长期宗奉事大外交，是东亚朝贡体系当中最为重要的一环，也是东亚文明圈中学习中国文化最得心者。不过朝鲜也并非盲目照搬。高丽成宗时代重臣崔承老建言朝鲜：“华夏之制，不可不遵，然四方习俗，各随土性，似难尽变。其礼乐诗书之教、君臣父子之道，宜法中华，以革卑陋；其余车马衣服制度，可因土风，使奢俭得中，不必苟同。”③ 以中秋文化为例，虽然朝鲜秋夕是固有节日，但在与中国文化交流过程中，玩月等习俗也受到唐宋的影响，节日内涵也日益丰富；而新罗八月十五日之节既然在中国古代典籍中出现多次，也无疑对中国中秋文化起到一定的影响。

从公元前 214 年中国在越南设置郡县直至 19 世纪中期，两千余年时间里，中越之间交流频繁，所以，越南的风俗礼仪等文化多起源于中国文化并受中国影响深远。但是，越南在吸收中国文化时也逐渐将中国及其他各方文化本土化。“越南文化的一切表现形式，即使是语言、文学、艺术、信仰、风俗习惯等都存在一种融合现象，其中，外来成分非常直观，显而易见。而土著成

① 杨鸿烈：《中国法律在东亚诸国之影响》，中国政法大学出版社 1999 年版，第 175 页。

② 梁容若：《中日文化交流史论》，商务印书馆 1985 年版，第 22 页。

③ ［朝］郑麟趾：《高丽史》卷 93《崔承老传》，《四库全书存目丛书》史部第 161 册，齐鲁书社 1996 年版，第 398 页。

分却含而不露，如果没有考古学和民族学的知识，往往是看不到的。”[①] 以中秋节为例，越南关于中秋月的传说源于中国，中国有嫦娥奔月与吴刚伐桂的故事，越南也有阿桂和榕树奔月的故事。越南阿桂的故事明显受到中国的影响，对二者进行比较，有一处比较明显的不同就是越南传说为榕树，中国传说为桂树。为何越南改为榕树了呢？这其实就是立足于本土文化的再造。中国奔月神话中的桂树在唐宋时期之前应为肉桂树，唐宋之后附会为桂花树。中国文化当中，由于肉桂树药用价值很高，被誉为“百药之长”。《淮南子》中“月中有桂树”之说来源于“嫦娥奔月”神话当中的不死之药，即从西王母神话中的不死树演化而来。因为魏晋时期求仙服药之风盛行，吴刚神话中桂树就演绎成了不死之树。[②] 而越南神话传说中榕树是能够让人起死回生的神树，因为越南位于亚热带稻作文化区，枝繁叶茂、遮天蔽日的榕树在古越人原始思维中早被视为村落保护神受到崇拜，因此，可以理解，中国神话中的不死树到了越南即被榕树所取代。可见，虽然表面看起来越南文化中外来文化很多，但其核心成分仍是本土文化要素。正是凭借越南本土文化要素所起的作用，才形成了独具特色的越南文化。

以上所述东亚国家和地区由于具体的发展历程和民族的差异，其本土性文化之间的差别有时极大。这种相互之间的差异性有时候有可能导致东亚各国各地区之间的文化冲突和相互指责与争吵。近几年来，在中、日、韩以及东南亚各国之间这种文化差异导致

① ［越］潘玉：《越南文化及其新视角》，河内文化通讯出版社 1994 年版，第 54—55 页，转引自谭志词《中越语言文化关系》，军事谊文出版社 2003 年版，第 191 页。

② 参见段一凡、王贤荣《从“圭”到“桂”：月中“桂”新考——“桂”文化的起源与演化》，《南京林业大学学报》2011 年第 6 期。

的指责时有发生。[①] 对于这种现象，解决之道就是以“和而不同”互相尊重和理解这种差异，而非以自己的标准试图去改变对方，否则只能导致文化专制主义和各国之间矛盾的激化。

实际上东亚这四个国家虽然从古代至今极为频繁地进行文化交流，但文化间差异相当大。就日本而言，文化之根在于它的“和魂”，不论是向西方学习，也就是“和魂洋才”，还是学习中国，也就是“和魂汉才”，都基本上没有脱离其最看中的兼容并蓄、讲究和谐的“和魂”。在“和魂”这一精神的引导下，日本在创造其本土文化时给人印象最深的就是“拿来主义”，总是能够在比较合适的时刻汲取外来文化的优点，并且化为自己的东西，如日本茶道本源于中国，但后来区别很大。在信仰方面，各教合一是它的显著特色，它把儒教、基督教、道教、佛教这些内容与思想甚至有时相冲突的各派文化杂糅到一起，而且让这些外来的思想和日本原有的思想结合，逐渐形成具有日本特色的本土文化。和魂指导下的日本文化非常的实用，相对于中国韩国，日本少了许多思想上的包袱，再加上日本是单一的民族国家，和魂的统一意识在日本深入人心。日本著名的文化人类学学者中根千枝非常犀利地指出，日本文化根本不存在所谓完全独立的框子、形体以及骨架，与中国、印度相比，日本倒像是一个软体动物，而中国和印度却类似于哺乳类动物，和狮子、马很相似，有骨骼而且也很清楚。可以说，日本非常接近于没有骨骼的类似于海参那样的生物，原则上根本不表现出一个明显的形体，而且还经常变化形体。[②] 和魂

① 参见王柯《东亚共同体与共同文化认知——中日韩三国学者对话》，人民出版社 2007 年版，第 311 页。

② 参见［日］井上靖、东山魁毅等《日本人与日本文化》，周世荣译，中国社会科学出版社 1991 年版，第 81 页。

指导下的日本文化的外在特征就是反应灵活、所受束缚少、非常注重实利。

而对于韩国文化而言，崇拜风流自然，具有鲜明的经验性以及实践性，还保持萨满教的某些特色。不论是艺术舞蹈还是所谓宗教哲学，韩国的文化都带有明显务实和排斥虚幻的色彩。韩国的歌舞艺术和中国贵族式的娱乐根本不同，大多来源于实际的劳动生活。不论是儒学、道教还是佛教，在传入朝鲜半岛之后，无不浸染上实践以及重经验的色彩。就像虽然程朱理学在朝鲜前期凭借其和合归一的思想在朝鲜半岛大行其道，但朝鲜的李滉等人的儒学思想与朱熹的理学相比，明显地具有对经验性思维的推重。韩国的道教与佛教，对教规、教理都不怎么深究，但却重视宗教的实践，就像带有浓厚原始宗教信仰色彩的五斗米教在朝鲜半岛长年盛行不衰。①

东亚八月十五文化形成了同中有异的态势。那是古往今来中日韩三国进行文化之间的交流，共同享有相似历法，都属于东亚农耕文明和儒家文化圈的缘故。但是，三国的自然地理环境、宗教和文化体制等却迥然不同。中国主要是大陆国家，韩国则是半岛国家，而日本却是岛屿国家，可以说，不同的地理环境在一定程度上形成了各自的历史和文化。

第四节　东亚视野下对秋夕的纵向考察

通过以上横向的比较和分析，我们大致了解了韩国与东亚

① 参见［韩］金得滉《韩国宗教史》，柳雪峰译，社会科学文献出版社 1992 年版，第 37—38 页。

其他国家八月十五节日起源和习俗的差异，以及造成差异的原因。接下来在此基础上我们以东亚整体视野为参照，对韩国秋夕进行纵向考察，凸显它的独特性。孙歌先生曾言："建构东亚论述的视角，是一个历史性很强的论题。换言之，这是一个流动的、无法固定化的视角，因而，具有很强的变化形态。透过东亚视角，我们可以观察的不是某些固定的意象，而是这些意象在历史沿革过程中的流动状态。恰恰在这样的流动状态中，我们可以发现我们自身主体形成的某些关键环节，讨论其可能变革的方式。"① 借助于东亚整体视角对秋夕进行审视，有助于我们超越民族国家视野的羁绊，丰富我们对秋夕节日的认识。

一　古代东亚世界中的秋夕

对于古代韩国秋夕的起源及大致状况，本章及其他章节已经做了分析和论述。总的来说，史料不多且记载比较模糊，究其原因，一方面是由于古代的典籍史书多记载军国大事，对类似秋夕的民俗类体裁不甚重视，即使记载也是语焉不详；另一方面，韩国有文字记载的历史相对于中国比较短，大部分的相关民俗记载要求诸中国史书。如上文所述，即使中国自己的中秋节起源也是一笔糊涂账，争议颇多。所以，将视野扩展到整个东亚视野来考察古代韩国秋夕，或许会有所发现。

古代东亚世界和近现代东亚有着很大的区别。近代东亚是自19世纪中期以来，在内外等多种因素的共同作用下，面对西方列强的日渐侵略以及东亚各国国内不断激化的诸种矛盾，东亚国

① 孙歌：《东亚视角的认识论意义》，载吴志攀、李玉《东亚的价值》，北京大学出版社2010年版，第9页。

家先后步入学习西方的近代化历程，近代西方的民族国家观念逐渐开始风行东亚，而古代的东亚文明圈开始瓦解。在此之前，东亚在相当漫长的时间内是一个“以华夏文明为内核，以朝鲜为中层，以日本为外圈，并影响到东南亚等地的文化共同体”①。这一文化共同体，真正维持区域间联系的，是文明认知而非近代民族国家认知。古代东亚文化是由区域内各国共同参与缔造的，是以中华文化为首的东亚文化把区域内各国家、民族与地区逐渐联系起来的。古代东亚在同质文明的影响下形成一个整体，这种意识在这一区域长期存在。如韩国、日本和越南等国家在古代都曾以“中华”自居并因此而骄傲自豪。

结合历史来看，八月十五等流行于东亚世界的节日，并不只具有国别性，同时还具有区域性，属于东亚世界共同创造的节日文化，今天被称作不同民族国家的中、日、韩、越等东亚国家，共同拥有并发展、丰富了八月十五这一节日。东北师范大学东亚史专家韩东育先生曾言：“当我们试图回到前近代的东亚世界时会发现，不但种族关系难以说得清楚，甚至对各个区域政权间的此疆彼界也实在不易划出一条清晰的界线。在这种情况下，除非我们有意地忘却历史上东亚事务的变幻不居和流动不测特征，否则，就容易拿今天的民族国家甚至民族主义观念去审视并规划历史上的相关事务，争执也就在所难免。”② 关于八月十五节日起源之争其实在某种程度上也是由于混淆古今、以今推古造成的。如前所述，对于八月十五节日起源，目前中韩之间存在着争执。有些韩国学者认为，中国的中秋节在宋代孟元老的《东京梦华录》中才见到有关的确切记载，韩国有关秋夕的记载则明显早

---

① 陆玉林、张立文：《东亚的转生》，华东师范大学出版社 2001 年版，第 2 页。

② 韩东育：《东亚研究的问题点与新思考》，《社会科学战线》2011 年第 3 期。

于中国。如韩国学者李奎泰就认为："朝鲜半岛的名节皆受中国岁时文化的影响，只有秋夕是反过来影响了中国。"[①] 大部分中国学者则认为韩国的秋夕源于中国。也有少数学者如刘德增等认为中国中秋节起源受到了新罗的影响。媒体网络也推波助澜，如2005年3月30日的北京科技报的报道《中国的中秋节是舶来品？中韩两国再起争端》。刘德增还被众多网友斥为"韩国贿赂的文化强盗"[②]。从诸多论文的内容来看，或多或少都掺杂着民族主义情绪。其实如果跳出民族主义的圈子，从东亚的视角来看，结合当时具体历史时空，这一问题并不算是一个问题。因为东亚地缘及文化相似，东亚节日带有很大的相似性不足为奇。东亚的民俗节日都带有浓厚的农耕文化的色彩：春天的节日一般都是祈求新的一年风调雨顺，到收获季节有个好收成；夏天气候炎热，瘟疫疾病容易流行，多是祈求怯病消灾；秋天则是庆贺丰收，感恩上天的赐予；冬天则是经过一年的辛劳后休息的时候。同时，由于各国条件的差异而又有所不同。当然，根据现有史料记载来看，越南、日本等国八月十五节日的起源受中国影响较大。韩国秋夕从一开始就具有本土性和原创性，从中国古书多处记载韩国八月十五之节以及圆仁和尚的记录来看，考虑到大唐王朝海纳百川，中国中秋节受到韩国秋夕的影响完全是可能的，正如中国的汉字也吸收日本所造汉字一样。而从元明时期韩国本土的史料记载来看，韩国秋夕逐渐受中国文化影响也是不争的事实。二者如同东亚八月十五节日文化中的双子星，遥相呼应，殊途同归。周一良先生的《从中秋节看中日文化交流》一文也对

① 邵毅平：《黄海余晖：中华文化在朝鲜半岛及韩国》，云南人民出版社2003年版，第181页。

② 刘德增：《关于中秋节的几个谜案》，《齐鲁晚报》2011年9月8日。

中日韩三地的八月十五节日文化交往进行了较为详尽的叙述。实际上，关于这一争执，问题的症结主要是到底谁影响了谁，谁才是八月十五节日鼻祖。背后依然是非学术的因素在作祟。

二　近代东亚民族国家体系中的秋夕

进入近代尤其是19世纪中后期后，随着东亚朝贡体系的坍塌，日韩两国也被迫打开了紧闭的国门，接受更多的是来自大洋彼岸的欧风美雨。自此，东亚国家脱离了前近代时期，古老的东亚文明圈崩溃，东亚开始进入模仿西方近代化时代，将曾经引以为豪的传统文化弃之如敝屣，走上了现代化的不归路。此时的东亚世界已经由古老的东亚文化共同体时代进入到分道扬镳的近代民族国家体系阶段。在接触西洋文明方面，东亚国家个性文化的不同之处展露无遗，如接受西方新历方面。由于西方的侵入，许多亚洲国家和地区抛弃了原来的东亚国际时间——中国的历法，转而被迫接受阳历。东亚中国、韩国、越南历法改革过程痛苦而缓慢。而日本的历法虽然曾经同样是在中国历法影响下建立的，但是，在其引进西洋历法（阳历）时，果敢而迅速，将春节提前到公历新年，八月十五对日本而言，月亮的重要性也可以忽略。日本将旧历大都一一镶嵌到新历上，虽然有些不伦不类，不过这也是日本文化的特色，本尼迪克特在《菊花与刀》中对日本人这种性格也做过分析。

相对于东亚邻国，韩国这一时期则进行了艰难的蜕变。在东西文明、新旧文明碰撞的1876—1910年这个时间段里，经过了1884年的甲新政变后，改革开放成为不可避免的趋势。但是，因为1905年签订的《乙巳条约》，朝鲜变成了日本的保护国，最终于1910年沦为日本的殖民地，向近代转换的道路彻底被切断。从结果上说，这个过程的尽头是殖民地。但是在这场艰难而又混乱的旋涡中，有志之士都曾思索“怎样克服民族危机，应该实行怎样的改革”的问题，并作出自己的努力。如修改历法。在月亮不圆的晚上过秋夕，或者正月十五月儿不圆，对于韩国而言，是不可想象的。对于节日而言，历法自然很重要，不过更重要的是节日的文化内涵。满月已经是中国与韩国节日文化中不可或缺的象征符号，已经浸淫至他们的骨髓之中。因此，韩国与中国并未完全学习日本的做法，在现实生活中仍然是阴历与阳历共用。1912 年 1 月 1 日，孙中山在南京就任临时大总统后，正式通电各省：“中华民国改用阳历，以黄帝纪元四千六百零九年十一月十三日为中华民国元年元旦。”随后孙中山又发布了《中华民国元年新历书》，新历书新旧二历并存。后来经过 1949 年新中国成立后的历次革故鼎新运动，旧的节日体系也受到很大影响。而对于韩国，由于没有受到像中国辛亥革命与 1949 年革命那样的冲击，相对来说，儒家文明为首的传统文化保存得较为完好，即使是在日本殖民时期。因此，就八月十五文化而言，韩国秋夕保存得最好。

第五节　东亚视野下的秋夕功能

本章突破民族国家的界限，在东亚的时空范围内从整体上考察了八月十五文化的来龙去脉以及韩国秋夕在东亚文化坐标中的位置。接下来将韩国秋夕文化置于东亚的视野中透视其功能。

一　共同性：塑造区域认同

在后冷战时代，地区主义浪潮是一股席卷全球的潮流。欧盟、非盟、拉美与加勒比共同体等发展迅速。对于东亚地区，虽然马来西亚前总理马哈蒂尔早在 20 世纪 90 年代初就提出“东亚共同体”的倡议，也得到了东亚不少国家如日本、韩国、中国的响应和阐发。如韩国前总统金大中与日本前首相鸠山由纪夫都表达过各自国家的东亚共同体思想。习近平于2009年12月在北京接受日韩媒体联合采访，回应时任日本首相鸠山由纪夫所提出的“东亚共同体”构想时也表达了对“东亚共同体”构想的支持，认为这一构想符合亚洲一体化进程的大趋势，也是包括中日两国在内本地区各国共同追求的目标。构建东亚共同体是一个系统工程，既要立足现实，又要着眼长远。当前最重要的是各国应加强对话沟通，形成共识。[①] 应该看到，“失去了冷战期间意识形态判断标准的亚洲国家自冷战以来只能以民族主义作为依托，使亚洲地区的民族主义难免更多地趋于内向和消极”[②]。第二次世界大战前东亚多数国家都有沦为西方国家的殖民地或半殖民地的惨痛经历，这种特殊的历史背景使得东亚国家对主权、安全等问题非常敏感，因而形成了一种具有较强烈的排他意识的内向型的民族主义。以韩国为例，可以看出，其民族主义与中国和日本相比尤为强烈。追溯东亚历史，韩国自近代开始，其步入近代民族国家之列的历程就是在“去中国化”与“去日本化”的道路上逐渐确定自己的“韩国性”和现代位置。居于大国之间的地缘政治结构与独特的历史遭遇导致韩国人逐渐形成了一种自尊心极强，同时高度敏感乃至有些脆弱的民族心理特征，并且形成了远比其他国家更为强烈的民族主义与国家主义意识。东亚国家相互之间的猜忌和不信任不仅表现在领土、边界纷争等问题上各不相让，同时也导致了东亚区域合作观念的淡薄与地区认同的缺

① 王莉：《习近平接受日韩驻京媒体联合采访》，《人民日报》2009年12月13日。

② 刘樊德：《民族主义与亚洲地区合作》，《当代亚太》2003年第2期。

乏。东亚各国强烈的民族主义与“后冷战”思维下的意识形态等冲突，更使东亚区域认同的建立之路步履维艰。

但是增强各国的认同感以加强东亚区域合作以及促进东亚文化共同体的建设是十分必要的。“通过区域一体化有可能防止相互间过度竞争，从而共同维护地区秩序。”[①] 相比政治、军事以及经济而言，在构建东亚共同体过程中，东亚地区在文化合作方面的资源和条件最为丰厚。文化是区域合作的黏合剂，决定区域一体化进程是否能走得更远，而非仅仅停留在一般的经济等方面的合作。从历史上看，在长达几千年的时间里，东亚各国互为敌国、参与战争只占了很短的一段时期，主流仍是友好交流。如王介南先生所论，在古代东亚，文化较为先进的中国与三个文化近邻互相促进，共同构建了一个具有同质文化业的“东亚汉文化圈”，这是世界史上最早的“一体化”区域联合。东亚汉文化圈孕育于4—5世纪，正式形成于8世纪。中国文化向朝鲜、日本和越南的传播有三个层面并衍生出维系东亚汉文化圈的四根纽带。三个层面是：物质文化，主要是中国向三国的民族迁徙所伴随的汉字以及稻作文化的传播；精神文化，主要是佛教和儒学的传播；制度文化，主要是官制和法制的传播。四根纽带是：汉字的使用奠定共同心理基石；儒学促进精神文化整合；汉传佛教维系共同信仰；天朝礼治体系维系区域政治秩序。[②] 虽然近代东亚国家各自走上了不同的现代化道路，不过总的说来，不论从历史还是地缘来看，东亚仍然是一个相同的文化区域，而且具有共

① 金熙德：《东亚合作进入了“深水区”》，《世界经济与政治》2008年第10期。

② 参见复旦大学亚洲研究中心编《二十一世纪亚洲发展之路：〈亚洲研究集刊〉》创刊号，复旦大学出版社2004年版，第330页。

同、共通的文化背景。另外，从理论上看，根据阿斯曼提出的文化记忆理论，一个诸如民族、宗族或是其他的社会团体的社会群体，在形成与发展的过程中会养成集体的回忆与记忆能力。所谓文化记忆即指一个群体的集体记忆力，而其文化记忆理论主要回答的是诸如“我们是谁”和“我们从何处来、要到哪里去”等有关文化认同性问题。文化记忆的内容既包括远古传说中的神话时代，也包括有据可查的真实的历史，涵盖一个社会群体共同拥有的过去。在交流形式上，文化记忆所依赖的是有组织的、公共性的集体交流，其传承方式可分为“与仪式相关的”和“与文字相关的”两类。文化记忆的目的与功能在于建立文化主体性与文化认同。文化记忆形成的关键性环节，在于文化和仪式的经典化。① 对东亚八月十五节日而言，仪式经典化之后并在传播过程中逐步形成东亚区域认同。仪式在成为经典之后便具备了极强的权威性，从而演变成一种权力话语，在空间上向着更广阔的范围内进行传播和扩展，不断扩大着影响；又经维护者的弘扬与阐发，传播到大众中，寻求到更大范围内的认可。在文化传播中也就因此由核心区主导和构建了一系列的文化共相。新古典建构主义者卡赞斯坦也认为，如果以民族国家为单位进行考察，观念结构对行为体身份和利益有着构建作用。在历史发展进程中，一个国家内部的诸种观念和政治力量相互竞争，形成制度化规范，而这些规范网络就构成了国家的文化结构，它能塑造国家身份和利益，决定国家的政策和行为。② 进而，根据建构主义的理解，

① 参见王霄冰《文化记忆视角下的文字与仪式》，载王霄冰、迪木拉提·奥迈尔主编《文字、仪式与文化记忆》，民族出版社 2007 年版，第 21—35 页。

② 参见秦亚青《文化与国际社会：建构主义国际关系理论研究》，世界知识出版社 2006 年版，第 118 页。

"国际集体认同的建构是一个不断演变的动态过程，结构变动的核心在于文化观念的变动"[①]。"文化互动发生在差异和共性的空间范围内。由于所有的文化想象都是'人类生理自我和社会经验衍生的'，所以它们共享着某些基本价值观念和文化传统，而共性就呈现在这些观念和传统之中。"[②] 基于上述分析，构建东亚文化共同体具有一定的可行性。韩国前驻日大使罗钟一博士曾言："欧洲共同体肇始于煤钢共同体，对东亚地区来说，以文化共同体作为开端是最好的。"[③] 其实欧盟之父让·莫内在回顾欧共体最初建立时曾言："如果欧盟一体化可以重新开始的话，让我们从文化开始吧！"[④] "文化是一种通过共同奋斗而获得的积累，一个共同拥有的性格与价值体系，同时也是沟通和交流的手段。东亚有丰富而深厚的优秀文化传统，这里集聚着最发达的人类智慧，最精湛的表达思想情感的艺术形式。这些国家具备了缩短距离，形成文化共同体的绝佳因素，那就是在悠久岁月里积累下来的共同文化遗产。尤其是东北亚地区国家，虽然在不同时期有所差别，但与世界上其他地区相比，有着更加紧密的文化共同体关系。"[⑤] 通过对东亚八月十五文化的考察可以看出，东亚传统文明的标志在某种程度上直接体现在节日的习俗当中。以东亚各民族普遍认同的节日文化入手，促建东亚文化共同体不失为一

---

① 潘一禾：《文化与国际关系》，浙江大学出版社 2005 年版，第 39 页。

② ［美］拉彼德主编：《文化与认同：国际关系回归理论》，金烨译，浙江人民出版社 2003 年版，第 14 页。

③ 于青：《文化视角看东亚——罗钟一博士访谈录》，人民网 2004 年 10 月 08 日（http：//www. people. com. cn/GB/guoji/1031/2902070. html）。

④ ［韩］罗钟一、朴键一：《东北亚共同体的文化视角》，延边大学出版社 2004 年版，第 269 页。

⑤ 于青：《文化视角看东亚——罗钟一博士访谈录》，人民网 2004 年 10 月 08 日（http：//www. people. com. cn/GB/guoji/1031/2902070. html）。

可行途径，并且对建立和谐的区域发展环境、增强各国认同会产生良好的影响。以八月十五为例，东亚各国八月十五节日基本都源于东亚农耕文明或寄托某种共同的思想，其基本内涵与习俗具有一致性。其供品为祭神媒介，同时也是人们庆祝收获的象征符号。各国祭月、祈月、赏月等习俗活动也具有某种一致性，都寄托了人们对美好生活的追求。可看出八月十五等传统节日是东亚各民族丰富多样的习俗的集中代表，是东亚各民族文明精粹的展示，蕴藏着丰富的内涵，凝聚着东亚文明的思想精华，也体现了东亚各民族的哲学思想、宗教观念、美学观念和道德伦理思想。有的学者也提出了具体的措施，如："作为拯救文化遗产以及东亚文化复兴工程的有机组成部分，诸如中日韩越等生活文化最为接近的国家，可以联手共同开发传统的节日庆典，如将三月三确定为东亚的女儿节，七月七确定为东亚的情人节，八月十五确定为东亚的团圆节，重阳节确定为东亚的老人节。东亚各国政府应该将这些节日确定为法定假日，并组织人力、物力进行相关文化产品的研究和开发，以形成新兴的旅游产业和节日产业。"① 可以通过发掘东亚传统节日的现实意义，利用其文化价值发挥其在增强东亚区域认同意识、构建东亚文化共同体中的作用。如中国、韩国、日本、越南等国可以采取联合申报的方式将八月十五列为世界非物质文化遗产。联合国《保护非物质文化遗产公约》的目的就是让世界人民联合保护人类的共同财富，对于东亚共有的传统节日，联合申报，可以强强合作，使其尽早进入世界遗产之列，使东亚各国实现"多赢"，也能够为东亚共同体的未来建设奠定一定的基础。可见，作为东亚共同传统，八月十五节日是发掘东亚文化共同性、塑造东亚区域认同、构筑东亚文化共同体

① 李文：《东亚合作的文化成因》，世界知识出版社 2005 年版，第 39 页。

的文化资源。

二　差异性：促进文化交流

在东亚视野下，可以看到东亚各国八月十五文化内涵基本一致，但具体内容已经千差万别。在重视挖掘东亚八月十五文化共同性的时候，也要关注其差异性。美国著名的东亚问题学者斯卡拉皮诺（Robert A. Scalapino）曾感慨，东亚地区如同一块绚丽多彩而又令人迷惑的马赛克，“世界上很少有别的地区能比这一地区更鲜明地说明在千差万别之中求得一致所会遇到的各种问题。各个种族的代表性的特点、文化类型、经济制度和政治制度的纷繁杂陈，其种类之多、范围之广，几乎囊括人类所见识过的全部类型”①。东亚各国文化根源具有亲缘性和趋同性毋庸置疑，但是在发展过程中不同的文化背景、不同的生产方式和生活方式以及有选择的“采借”方式都造成了相异的文化内容。以韩国秋夕为例，相对于东亚其他国家，其萨满色彩尤显浓厚，也是有韩国文化自身原因的。按一些韩国学者的分析，“韩国在文化上有北方系统的根，属于乌拉尔阿尔泰语系与血统。又在地理上因为与中国大陆接壤，受到中国很多影响。又因为半岛的关系有海洋的特性，所以使韩国文化变得较多样化。因此，要把韩国文化用一句话来定义的话，可以说它是包含中国的北方大陆文化与南方的海洋文化的混合体”。另一位韩国学者赵芝熏也认为，韩国文化“在西伯利亚文化圈中渡过摇篮期，在汉文化圈中学习，在印度文化圈中成熟”。同时把韩国文化从时代上区分，从扶余到高句丽文化是西伯利亚文化加汉文化型，从南部的三

① ［美］斯卡拉皮诺：《亚洲及其前途》，辛耀文译，新华出版社 1983 年版，第 18 页。

韩到新罗文化是西伯利亚文化加印度文化型，百济文化是汉文化加印度文化型，而高丽文化是佛教文化型，近世朝鲜的文化是儒教文化型。① 虽然东亚区域在历史上曾形成了以中华文明为中心的文明空间，但自17世纪中期尤其自近代以来，在外部文明的冲击与交流中东亚已然形成了一个多层次的东亚文化空间，并随着时代的发展不断地发生变化。虽然冷战结束后东亚各国交流日多，但文化上的隔膜仍比较严重，如前几年中韩之间“端午节申遗”风波彰显了这一现象。对于八月十五、端午节等传统重要节日，尤其是其在周边国家的传播，我们研究得远远不够。

文化一经产生注定是要跨越国境传播的，文化是需要共享、共存、共荣、共有的。促进文化创新最基本和有效的途径就是文化交流，通过借鉴外部文化来进一步弘扬本民族文化。八月十五文化在东亚的发展轨迹也表明各国就是在相互缠绕的历史发展进程中互相学习、借鉴、融合、创新，日、韩、越等国都在一定程度上承袭了中华文化的精髓进而形成了相同的文化内涵，同时又与原生文化及本土环境相结合，保留了各自文化的个性。在现代化的过程中，各国又借鉴了西方文化的成果，促使本土文化进一步变革，在扬弃西方文化的同时，又发挥了本土文化的潜力，形成了不断壮大且多姿多彩的节日文化。中韩端午节申遗风波起初群情汹汹，造成了中韩民间关系的恶化，最终结果倒促进了双方的了解。对中国而言，通过这一风波，加深了对韩国端午祭文化的了解，反思了自身在保护传统文化方面的失误，继而通过一系列举措促进了对传统文化的保护和发扬。如斯雄认为：“既然是

---

① 郑锡元：《从民俗看韩国传统文化的特色》，《贵州民族学院学报》2005年第4期。

遗产，终归是历史形成的，历史上属于谁，应该是很清楚和明确的；至于现在谁传承得好，以及保存和保护得如何，恐怕是更为重要的——历史上的所有并不都能成为现实归属的有效证据的。对于像端午、中秋等中华民族传统节日，我们现在首先要争取的，恐怕不是‘申遗’，而是真正的传承传统，做到‘薪火相传’，把节日实实在在地过起来。”① 对于韩国，则加强了与中国各层面的交流。一位韩国朋友坦言：“只有清楚地了解自己，不断关心、认识外面的世界，才能使我们在世界舞台中赢得尊重，不被人蔑视。当我们把对本国的热爱延伸到对其他国家及其文化的尊重时，就会重新激起我们的民族自尊心和自信心，形成一种良性循环。”② 这说明，超越本民族的文化差异与狭隘视角，平等地对待他国文化，在继承并且弘扬本国传统文化的基础之上，借鉴并吸收对方的优秀文化和世界文化精华，使之融汇于自己的文化并推陈出新，才能更好地发展自身文化，才能为东亚的文化复兴开辟道路。东亚各国都应该从东亚区域战略高度制定相应政策，促进东亚国家之间多领域、全方位、多主题、多形式的区域文化交流。所以，东亚视野下，八月十五节日对于东亚各国在了解自己的文化、认清彼此文化差异性的基础上保护与创新本国传统并促进区域文化交流与尊重方面有所助益。如此，东亚各国的“自觉”与“他觉”将会达到一个高度，文化共识将可能步入一个新的境界，正如费孝通所说，“各美其美，美人之美，美美与共，天下大同”。

---

① 斯雄：《比传统节日“申遗”更重要的是什么》，载何加正、唐维红主编《第e种声音：人民时评》，中国传媒大学出版社2007年版，第180—181页。

② 王生：《中韩建交15年：外交史上的奇迹和平共处的典范》，《东北亚论坛》2007年第4期。

本章小结　东亚空间：作为区域共享资源的秋夕

通过前文的考察，我们大致可以得出下列两点启示。首先，在探讨韩国秋夕节日文化时，不能脱离历史的脉络和现实的情境。在论述原本非常鲜活的秋夕时，不能满足于简单的平面式的节俗介绍，或者使用某个单一理论对其进行定位。如此，久而久之，有关韩国秋夕的问题探讨将越来越定型，不外乎众口一词的几条内涵和大家耳熟能详的节俗，韩国秋夕有关问题将慢慢地变得抽象与封闭，泯然于普通节日了。实际上，韩国秋夕伴随韩民族从远古走到今天，本身就是一部鲜活的、缩微的、内容丰厚的民族文化百科全书。要真正探寻其精髓，除了一般性描述和抽象的理论分析外，必须将之放于具体的历史和现实语境进行审视和理解。理论是灰色的，生活之树长青。笔者之所以引入东亚视角分析韩国这一传统节日，也是基于这种考虑。通过分析，可以看出，古代东亚世界与近现代民族国家林立的东亚世界有着诸多差异，如果不考虑这一点，单纯的某一种理论很难透视秋夕的全貌。通过审视古代东亚世界中的韩国秋夕、近代东亚民族国家体系中的韩国秋夕以及艰难构建中的东亚文化共同体中的韩国秋夕，可以让我们更为全面立体地去呈现韩国秋夕。而这，也是东亚各国在认识传统文化方面一个值得尝试的角度和在解决文化纠葛方面一条值得借鉴的思路。

其次，要警惕以现代民族国家思维探讨韩国秋夕可能带来的弊端。自 19 世纪以来，东亚世界步入民族国家运动阶段，东亚由一个相互关联的世界，转变成一个相互离散的世界。民族国家的政治体制取代了古代东亚以天子为中心的普世帝国的政体，因为建构民族国家的需要，各国的触角也伸入文化领域。原来东亚共同缔造的八月十五文化也被分割为中国的中秋节、韩国的秋夕、越南的中秋节等，这在现实中以及未来申遗中乃至于构建东亚文化共同体时都会带来相应的问题。韩东育注意到目前普遍存在于学术圈的一个现象："有这样一些现象不能不引起关注：当我们带着善意试图从历史的角度先于政治家们去完成'东亚文化共同体'时，日本政要参拜靖国神社的频率不是下降而是攀升，朝鲜半岛的历史地图和申遗范围不是贴近实际而是越扩越大。还有，就是中日韩越学者在讨论历史问题时所经常遇到的场面：伊始彬彬有礼，继而声色俱厉，最后剑拔弩张。"[①] 从目前来看，东亚国家仍然处于民族主义时代，强烈的民族意识以及对主权的看重，都必然会对东亚文化一体化进程产生相应的影响。东亚地区内国家结构差异大，加之一些历史以及现实利益的纠葛，强调民族国家的视角也非常正常，但是作为学者不能违背学术求真的目的。如果过分强调民族国家本位的特殊性，那么极易走向偏执的民族主义，也会造成学术的扭曲。以民族国家的观点回溯韩国秋夕的历史，或许可以探知隐藏于历史表面的某些事实，但也肯定会有一些盲点，从而遮蔽了其本真性，因为在古代人的世界观中，不存在民族国家的概念，只有东亚世界及东亚共同文明的意识。皮之不存，毛将焉附，这种做法很可能会导致所使用的理论越过本来的边界。同样，在未来节日申遗以及构建东亚文化共同体的过程中，我们也应该适度地跳出民族国家的迷思，以一种更加开阔的视野和心态来看待，避免出现类似韩国端午祭申遗所带来的不必要的纠纷。

总之，从东亚视角来看，八月十五是东亚各民族人民的共同

① 韩东育：《东亚研究的问题点与新思考》，《社会科学战线》2011年第3期。

节日，它展现了东亚各民族人民之间的传统的文化渊源，也是联结各东亚民族文化交流的纽带。

在古代东亚文化圈中，由于相似的地理环境以及对中华文化的仰慕与采借，使八月十五文化成为东亚世界普遍传承的民俗，对中国周边包括日本、韩国和越南等国在内的“汉字文化圈”的各国，产生了深远影响。近代由于西方入侵，传统东亚文化圈分崩离析，各国走上了独立发展的道路，各国传统节日文化虽饱受冲击，但仍然顽强地生存。到今天，各国的八月十五等传统节日文化又为加强东亚区域认同提供了契机和途径。在漫长的历史发展长河中，东亚不同的民族、不同的国家的八月十五文化相互之间进行不断的接触、碰撞、吸收、影响、渗透、交流，乃至融汇与整合。在文化交流的过程中，不只是简单的借用，而是还要结合本民族或本国的需求和当地本土文化特点进行改造，有选择地保留了适合本土环境、符合本民族审美情趣的外来元素，并因地制宜地充分利用了本土自然和人文条件及资源，努力适应本土的各种需求，将之完美地植入本土文化之中，从而保障了节日习俗在本国的生存与发展。因此，如果将韩国秋夕文化置于东亚视野之下，就可以看出其就是一种普遍性和特异性的结合。既有东亚共有的八月十五文化之间相关联的统一性的一面，也具有其独特性。

可见，民族、文化、政治毕竟分属于不同层次，并不完全是一一对应的关系，不能说一种文化只能归一个民族所有，一种文化只能由一个民族垄断。看待跨区域共有的文化，既要立足于本民族的立场，厘清本民族的独特创造，同时也应该站在一个更高、更宏观的角度，将其作为一种跨区域、全人类的文化，更好地加以保护、继承，继而对这一文化进行发展创新。在此基础上，进一步发掘东亚文化共同性，将其作为区域共享文化资源，以之为核心，促进东亚区域认同的建构，推动东亚共同体的构筑。

第四章

变迁研究：传统向现代嬗变中的韩国秋夕

文化变迁是人类学研究的重要课题，文化变迁理论是人类学研究中的重要理论。文化变迁是指由于民族社会内部的发展，或由于不同民族间的接触而引起的一个民族的文化系统从内容到结构、模式、风格的变化。① 文化的变迁是一切文化的永存现象，人类文明的恒久因素，文化的均衡稳定是相对的、暂时的，变化发展是绝对的、永恒的。正如格尔茨所说，大多数社会中，变迁是本质特征而不是反常现象。② 文化变迁与社会变迁密切相关，社会变迁是指社会制度的结构或功能发生的改变。但是，必须注意的是，这些变迁都伴随着文化的变迁。③ 也就是说，任何一个社会都在发展变化，体现其特征的文化特点也随之变化。由于文化变迁总是与社会变迁相伴随，所以有的人类学家索性用社会文化变迁一词。克莱德·伍兹在《文化变迁》一书中详细阐述了人类学对变迁问题的研究，认为文化变迁是个动态的概念，包括

---

① 参见林耀华《民族学通论》，中央民族大学出版社 1997 年版，第 396 页。

② Clifford Geertz, *The Interpretation of Cultures*, Basic Books, Inc., 1973, pp. 142 – 169.

③ 参见［美］克莱德·伍兹《文化变迁》，何瑞福译，河北人民出版社 1989 年版，第 6 页。

变迁的动因、过程、途径、时间与结果等诸多因素。文化变迁的途径包括创新、进化、发明或革新、发现、传播或借用和涵化等。文化变迁的途径虽然多种多样，但造成文化变迁的普遍原因不外乎有两个方面：一是由于环境变化而引起的社会内部需求，二是由于与其他群体接触而受到的外部影响。

与文化变迁相关的一个理论是文化记忆理论。根据德国学者阿斯曼提出的该理论，所谓文化记忆，就是一个民族或国家的集体记忆力。"在交流形式上，文化记忆所依靠的是有组织的、公共性的集体交流，其传承方式可分为与仪式相关的和与文字相关的两大类别。任何一种文化，只要它的文化记忆还在发挥作用，就可以得到持续发展。相反，文化记忆的消失也就意味着文化主体性的消亡。"①

作为传统文化的韩国秋夕，在现代化进程中，在全球化席卷世界的激流中，既承载着民族国家的文化记忆，也由于时空的双重影响而进行着文化变迁，这种变迁内部与现代化息息相关，外部与全球化紧密相连。本章将在传统向现代嬗变之语境下，以秋夕仪式变化为切入点，分析秋夕的文化变迁，探讨韩国的遗产保护，进而发掘传统文化的现代意义，呈现现代秋夕的社会功能。

第一节 现代化过程中韩国秋夕的仪式变迁

仪式与文化变迁息息相关，通过仪式观察去呈现社会与文化的变异，对于文化变迁研究具有重要意义。郭于华在《仪式与

① 郭茜：《文化记忆视角下的东坡故事与赤壁文化》，《湖北社会科学》2008年第5期。

社会变迁》中指出："将仪式作为探讨社会变迁的视角，特别是探究民间社会与国家权力交互作用过程的视角，并非由于仪式与象征是人类学研究的偏好，而是由于它们作为一个社会或族群生存状态与生存逻辑的凝聚点而存在，它本身处于变化之中，同时也是表现和参与社会文化变迁的重要变量。"①

韩国秋夕的文化变迁直接体现在秋夕仪式的变化上。以1876年签订《江华条约》为开端的近代化进程使原来农耕文明的岁时体系接触到西方的空气，西方的风俗、历法以及殖民主义开始莅临这一古老的国度。而后20世纪80年代韩国进行的以工业化为代表的现代化运动给韩国带来的社会变动，在某种意义上比以往的任何变动因素更多地改变了传统的生活方式。这种从传统向现代的急剧转变对韩国岁时节日体系造成影响是必然的。因之，秋夕的节俗仪式发生了方方面面的变迁。

一　仪式主体变迁

（一）基督教徒缺席祭祀

秋夕仪式主体的变迁主要体现在基督教徒身上。虽然在中日韩三国中，基督教传入韩国最晚，但发展迅猛，目前已经成为韩国第一大宗教。据韩国政府统计厅所发布的《2003年社会统计调查报告》，全国15岁以上的信教人口中新教教徒占总人数的36.8%（约880万人），天主教教徒占13.7%（约340万人），二者共占宗教人口总数的50.5%。如果再将全国15岁以下人口也计算在内，那么新教教徒约有1000万人，天主教教徒则约有

① 郭于华：《导论：仪式——社会生活及其变迁的文化人类学视角》，载郭于华主编《仪式与社会变迁》，社会科学文献出版社2000年版，第2页。

400万人。[1] 韩国传统伦理道德在与西方现代文化的代表基督教既冲突又融合、既排斥又接受的大背景下发生嬗变，与儒家思想产生强烈冲突。在儒家伦理道德思想长期支配、熏陶下，韩国民众形成了注重血缘身份，讲求忠孝名节，遵从祖先崇拜，提倡等级序列的文化传统；而基督教的“十诫”中虽也要求孝敬父母，但主要是立足于伦理道德之上，儒家的祭祀则承认并崇拜祖先死后的灵魂，这与基督教观念有冲突。教徒只信仰上帝，排斥敬神、祭祖，宣扬上帝面前人人平等，鼓吹无君、无亲、无尊、无义、无男女之分等，二者观念格格不入。1791年，天主教初入朝鲜时发生的“辛亥教难”，其起因就与祭祖有关，传教士一度把祭祖视为违反基督教教义的偶像崇拜。在教难中殉教的丁夏祥在其《上宰相书》中明言：“死者面前摆上酒和食物即天主教的禁忌。生，灵魂也未可喝酒、吃饭，何况是死者，喝与吃即供应肉体之物，而真理和德行才是灵魂的良食。”[2] 由于基督教拒绝祭祀祖先的传统习俗，因此，在秋夕仪式中，原本全民参与的茶礼和省墓等祭祀活动，基督教徒缺席了。

（二）家庭主妇逃避节日

秋夕仪式主体的变迁还体现在主妇身上。尽管现代人逃避节日的现象越来越多，但这种现象在主妇身上表现得最为明显。有些主妇，特别是长房儿媳，一提到过节就会头疼，焦虑不安，甚至还会产生忧郁症倾向。这种现象就是所谓的“节日综合征”，它已经不是什么陌生词语。在一项题为“使家庭和睦或不幸的

---

① 参见吕春燕、赵岩《韩国的信仰和民俗》，北京大学出版社2010年版，第275页。

② ［韩］姜芝娟：《现代东亚基督教的“礼仪之争”——以韩国祭祖问题为个案》，《世界宗教文化》2010年第3期。

词语或事物”的问卷调查中，节日被选为造成家庭不幸的词语，它甚至比配偶外遇、失业更严重。[①] 随着农耕社会的日渐边缘化，节日慢慢成为分散在各地的家人们团聚的家庭盛会。虽然平等的家庭观念与民主已经日益成为韩国社会的主流，但是家长式的节日文化并没有发生什么变化，这直接导致了在节日期间的所有家务劳动都要由主妇承担。而且节日期间，家庭团聚，人口众多，负担较大。新时期的大部分家庭主妇不太熟悉大家庭的制度，对于婆家为主、媳妇要多做牺牲的节日繁文缛节极其不满。过去家庭主妇耗费时日甚至用几个月的时间来为节日做准备工作，即使工作再辛苦，看到全家人齐聚一堂时也觉得极为安慰。但从现代的主妇的立场来看，这样的节日风俗极其不合理，妇女们并不认同。盖洛普公司在韩国进行的调查表明，44.3%的韩国人并不喜欢秋夕到来。其中，不喜欢过秋夕的女性（48.7%）的比例多于男性（39.9%），已婚者（48.8%）多于未婚者（26.8%）。尤其是在家务负担沉重的全职太太中，55%的人不喜欢秋夕。关于不喜欢过秋夕的理由，45.8%的人认为过节增加了家庭的经济负担。此外，“要承担额外的家务劳动”、“过于麻烦”和“交通不便”等也都是这些韩国人不喜欢过节的理由。[②] 因此，主妇们倾向于逃避节日的现象日益普遍，她们一般会建议家庭在节日期间一起做一些其他有意义的事情。比如，一起出外旅游，愉悦身心，或者去做一些公益性工作。

---

① 参见吕春燕、赵岩《韩国的信仰和民俗》，北京大学出版社2010年版，第300页。

② 《“囊中羞涩”：近半韩国人不爱过中秋》，国际在线2006年9月27日（www.crionline.cn）。

二　仪式形式变迁

（一）传统仪式缺失

由于时代的变化，传统秋夕的某些仪式逐渐淡出人们的生活，尤其是原来流行于乡间的诸多游艺活动如今已经难觅踪迹。联合国粮农组织课题组曾于2000年采访韩国罗州市南平邑的一位稻农宋秉善，据他说村里的女人在秋夕跳一种圆圈舞①，一般在韩国水稻产量最大的西南部地区才有这种舞蹈。女人围成一个圆圈，载歌载舞到深夜，圆圈象征着一轮满月，用歌声赞颂稻田里熟透丰收的稻子，农民渴望圆圈的形状象征着稻米圆润饱满。但宋秉善说村子里自20世纪50年代起就已经没有见过这种舞蹈以及他年轻时玩过的拔河等游戏了。② 现在，这些游艺活动，多半存在于民俗村、博物馆中，而不是百姓的日常生活中。对于民众来讲，原来是亲身参与这些游艺活动，现在是观看表演。

（二）新仪式出现

归省是新出现的秋夕仪式。北京大学的孔庆东先生在韩国梨花女子大学讲学期间，经历了韩国的秋夕，在他看来，“中秋节前夕，每个车站都一片混乱。飞机票火车票早就订购一空。由于韩国四分之一强的人口居住在首都，而其中大部分人要回外地老家去省亲祭祖，所以大小道路上车辆充塞。平时几小时的路程，此时往往要十几个小时”③。其实孔庆东所见到的就是秋夕的

---

①　此处所指即为“羌羌水起来”。

②　朱永新等：《亚洲稻农：七位农民的生活》，苏州大学出版社2003年版，第140页。

③　孔庆东：《匹马西风》，新世界出版社2006年版，第16页。

"归省"现象。在韩国一年有两次被称为"民族大移动"的时节，分别是春节和秋夕。"归省"是光复之后逐渐出现的，在农业文明时期，因为人口流动性不大，因此不存在这种人口大军万流涌动的场景。20 世纪 50 年代归省回乡的多是在外上学的学生。60 年代和 70 年代初还不算严重，因为当时韩国的私家车远不如现在普及。而今天，春节和秋夕期间，大城市都是万人空巷，人们纷纷返乡，导致高速公路成为巨大"停车场"，公共交通人满为患，堪比中国的"春运"。铁道公司为此加开临时的列车，航空公司增加了临时航班，建设交通部还专门设定了"特别交通措施期"，此期间全国的移动人口达到数千万。虽然有很多人抱怨这样辛苦过节值不值，但是对于繁忙的现代人来说，节日可能是相距遥远的全家人见面的唯一机会。无论多么忙，春节和秋夕一定要回去一次，这也是现在韩国青年人的习惯想法。因此回乡之路不能不让人心动，即使忍受长期堵车露宿之苦。春节和秋夕前上千万人的返乡归省活动，反映出韩国人的家族观念，传统的祖先崇拜思想和宗族观念已经深深渗透到节日仪式活动中。

父母"反归省"是近年来出现的新节日现象。目前乡下的父母亲戚到首尔或首都都市圈过节的"反归省"现象越来越突出，也部分地取代了原来是儿女们从城市赶往乡下和父母亲友相聚并祭祀扫墓的活动。这在上一代看来是不可理喻的。"反归省"现象的出现原因很多，比如农村人口减少及老龄化、家庭小型化、大都市生活条件优越、人口向首都都市圈集中等，再就是省墓等传统意识日益弱化。新的时代所出现的诸种因素，促成的结果就是子女到乡下过节反不如父母到首都过节更加方便和划算。"反归省"反映了现代韩国社会农耕文化日益边缘化，现代城市文化正成为主流文化。

另外，秋夕旅游成为新兴的热门活动。利用秋夕假期旅游的家庭逐渐增加，节假日也越来越成为人们缓解压力、为更好地工作生活再充电的好机会。秋夕期间，本国国内旅行相当热门，国内一般有名的宾馆、旅游景点和公寓大厦等诸种休闲设施在这时都很热闹；机场更是人潮涌动，其中很多是利用秋夕假日远赴海外旅行的家庭；而全家人身着韩服，盛装前往民俗村去观看和体验传统民俗游艺活动表演，更是很多家庭秋夕次日的首选。为此，很多人一般会提前去扫墓，年轻人则常常因为休闲旅游而错过祭祀活动。

（三）新元素增加

随着韩国网络技术越来越发达，网络元素日益介入秋夕仪式。由于韩国夫妻双职工家庭的日益增加，祭祀文化发生了变化。以往每当节日来临，主妇们都要极为辛苦地准备祭品。而现在因为因特网非常快捷方便，不少网上商家为减轻主妇的负担而销售祭祀用的一些半成品或成品。尤其是一些制作很麻烦、费时费力的凉拌菜、煎炸食品、蒸制类食品则很受欢迎，直接打个电话或是在网上点击一下，就可以完成。现在韩国有几百个网上商家在积极开展这项业务。即使在经济不景气时期，网上订购食品也仍然相当火爆。包括松饼这一最具代表性的秋夕必备的祭品兼食品，现在也很少有家庭自己制作，而是基本以订购为主了。并非只有亲手制作祭品才会体现诚心，最重要的是祭祀本身，这一观念现在已经深入人心，被男性和老人所接受。还有，过去在制作纸牌位的时候是把汉字直接手写在上面，现在通过文字处理程序，用打印机可以直接清晰地打印出来，省去了手写的麻烦。此外，返乡客也需要因特网的帮忙，通过韩国高速公路运输公司的主页观看动态画面了解高速公路各段的交通状况，以避开高峰路段；并借助网络订购车票、机票，踏上返乡之路。

随着时代的演进，秋夕仪式的商业元素也在逐渐增加。例如，送礼物是秋夕的传统习惯之一，而秋夕节日礼物在不断发生变化。在20世纪60年代，白糖和面粉等生活必需品是主要的节日礼物；到了70年代，长筒袜、香皂、化妆品等物品逐渐受到女性的喜爱；90年代以后，购物券逐渐成为新宠；现在除了大型超市的购物券，一些商家推出的秋夕专用的食品礼盒如香菇、罗州梨、沙参、松蘑、人参、红参、食用油、排骨肉、油蜜果等成为普遍性的节日礼物，尤其是瘦肉礼盒、葡萄酒和一些健康食品大受欢迎。另外，物流行业也瞅准了商机，推出秋夕运送服务，直接通过送货公司或者摩托车快递服务把礼物送到，这已经成为很普遍的节日现象。再如，很多与秋夕文化相关的东西都被开发成商品纳入商业运转体系。松饼等传统食品、传统酒酿、面具、服装、玩偶等在秋夕期间到处都有供应和销售，很多游戏游艺和民俗民乐在文化场所进行商业表演。

此外，秋夕打工成为一道风景。国家法定假日规定秋夕放假3天，时间仓促，往返比较困难；而返乡祭祀花销不少，也成为一定的经济负担。这些是一些人尤其是大学生和打工族选择不返乡归省的主要原因，他们趁秋夕节日放假忙于去打工赚钱。节日期间百货商店、打折店有送货服务，各路商家也热衷于开展各种节日促销活动，临时工需求量大，所得报酬也能够达到平时的几倍。

三　仪式空间变迁

所谓仪式空间即民俗文化空间。它意指“某一民间传统文化活动汇聚集中的场所，或某种民间文化表达方式有规律性地进行的地方"①。就韩国秋夕而言，其仪式空间在两个方面发生了变迁。

（一）从生活空间到文化场所

在传统社会，秋夕仪式中，祭祀活动主要以家庭为主，而大量的游艺游戏活动则都以村落为中心来进行。但是，伴随着城市化进程，农村人口愈来愈少，大量的集体活动无法展开，包括拔河、"羌羌水越来"等游艺活动在内的村落集体仪式在生活空间缺失。但是，这些活动并未消失，而是由民众的日常生活内容演变为文化体验项目，由日常生活空间转换到民俗村、博物馆等文化场所。秋夕节日期间，很多公园和文化场所为了鼓励大家秉承传统，对身着韩服的访客免费开放，上演各种民俗活动。如龙仁民俗村进行传统游艺表演，景福宫内的国立民俗博物馆举办民乐演出，珍岛国乐馆则由"羌羌水越来"的文化传承人组织和教授参观者亲身参与和体验该游戏。

（二）从现实世界到虚拟空间

现实生活世界进行的秋夕仪式，随着因特网的普遍使用，开始在虚拟空间出现。有些网络商家开展替代扫墓的业务，他们会将扫墓的过程用数码相机拍摄下来通过邮件告知顾客。还有人利用网络空间纪念祖先，在网上播放祖先生前的动态影像，给祖先献花，或留下悼文。

第二节　韩国秋夕文化变迁的原因

格尔茨曾通过一个爪哇的葬礼讨论社会文化变迁问题，认为文化模式与社会组织形式二者之间存在着本质的不连续性，正是这种不连续性带来了不协调和分裂、混乱与不和谐，但也正是这

① 马惠玲：《试论民俗空间的基本特征》，《中州学刊》2011年第5期。

种不连续性是社会变迁的驱动力。① 如果说这种不连续性是文化变迁产生的根本动力，那么内外环境的变化则是其直接原因："对于文化变迁的原因，一是内部的，由社会内部的变化而引起；二是外部的，由自然环境的变化及社会文化环境的变化如迁徙、与其他民族的接触、政治制度的改变等而引起。当环境发生变化，社会的成员以新的方式对此作出反应时，便开始发生变迁，而在这种方式被这一民族的有足够数量的人们所接受，并成为它的特点以后，就可以认为文化已发生了变迁。"② 考察从传统向现代嬗变过程中韩国秋夕的发展足迹，其文化变迁是有目共睹的，就其总体而言是趋于衰落的态势。那么，引起这种变迁的原因是什么呢？

一　内部原因

随着社会环境的改变，尤其是社会形态的改变，传统文化内部新旧因素在矛盾运动中不断分化整合，通过变异、淘汰、替换、更新，由旧的平衡转化为新的平衡，从而导致文化传统的改变。这是内部促发的文化变迁。对于韩国秋夕来讲，导致其文化变迁的内部因素可以从经济基础、政治支持和情感寄托等几个方面来考察。

（一）农业基础的瓦解

首先，农业社会向工业社会的转型是秋夕文化变迁的根本原因。

---

① Clifford Geertz，*The Interpretation of Cultures*，Basic Books，Inc，1973，pp. 142 - 169.

② 黄淑娉、龚佩华：《文化人类学理论方法研究》，广东高等教育出版社2004年版，第216—218页。

农业社会向工业社会转型的过程，即产业化发展的过程。产业化发展是韩国秋夕文化发生变迁的根本动力。和中国一样，韩国是以农立国的国家，各类节期的选择都与农业息息相关。传统节日中的文化特质与以农耕为中心的自然节拍高度切合，对应于农业生产中春种、夏锄、秋收、冬藏的特点，节日习俗中则有春祈、夏伏、秋报、冬腊的特色。从这些节俗中人们不难发现韩国传统节日与农业有着丝丝缕缕的联系，处处体现着农业文化特色。秋夕文化孕育于古代农耕文明，围绕秋夕所形成的诸多节日事象及其丰富的文化内涵无不打上农业色彩的烙印。然而，现代都市文明的发展带来了农耕文化的衰落，尤其是起于20世纪60年代的韩国大规模的近代产业化变革，如同狂风骤雨瞬时将古老的韩国农耕文明摧毁得支离破碎。皮之不存，毛将焉附，附属于其上的各色节日文化都处于消亡的危机，正如有的学者所述："农村迁徙、工业化和农耕机械化都与种种节庆活动有着紧密的联系。传统上每个月都有一到两个节日，此外还有季节性的庆典活动。除了春节、上元节和秋夕之外，很多节日现在都已失去了其现实意义。这些节日起源的时候，农业在韩国社会占据着中心的地位。现在，因为农业社会向工业社会的转变，生活周期和经济模式也相应地发生了变化，于是以农业为基础的传统节日和节庆活动都逐渐消失了。"① 可以说，传统节日的被边缘化是与农耕文明的被边缘化共同发生的。对于秋夕而言，也同样面临着要么不变，冒着灭亡的危险，要么顺应时代进行变迁，以求生存的境况。

① 朱永新等：《亚洲稻农：七位农民的生活》，苏州大学出版社2003年版，第136页。

韩国现代化进程中，朴正熙时代是一个极其重要的时期。实际上，朴正熙以铁腕手段建造而成的具有一定军事独裁色彩的威权统治时期是韩国经济高速发展的时期。在其担任总统期间，朴正熙倡导推行“经济第一主义”，通过各种方式极力扶持大型企业的发展，而且通过军人政府特有的集权优势，将诸种经济障碍以雷霆手段予以摧毁。韩国人形象地戏称，当时的整个韩国就像一个超大公司，总经理就是总统，企业管理机构就是政府，而下属的各个企业只不过是生产车间或者销售机构。韩国经济就是在如此强制性的高度威权主义之下高速运转的。在朴正熙执政期间，国民生产总值年均增长率是 7.1%，到 1976 年居然达到 15.1%，韩国人均国民收入也从 1962 年的 87 美元增加到 1980 年的 1510 美元。韩国在工业化进程中总共进行了四次大的产业结构调整，即：1953—1961 年，以恢复经济和发展消费品进口替代工业为中心的第一次产业结构调整；1962—1971 年以实施轻纺工业出口导向战略为中心的第二次产业结构调整；70 年代以推行重化工业战略为中心的第三次产业结构调整；80 年代以来以实现技术立国和经济稳定增长战略为中心的第四次产业结构调整。经过这四次产业结构的调整，韩国顺利完成了从农业国向工业国的转变、由轻工业向重工业的转变、由劳动密集型产业向知识技术密集型产业的转变。①

1971 年韩国开始实行旨在使农村完成农业与农村现代化的“新农村运动”，这一农村产业的改革运动给传统节日习俗带来重大的影响。产业化的完成使传统自给自足的自然经济彻底解体，农业经济和农民生活的消费基本上打破了自给自足的封闭

① 东华：《韩国的产业集聚与城市化进程》，《当代韩国》2003 年第 1 期。

状态，而传统文化的特色则有所弱化。产业化发展使许多农民进入工厂，他们的生活方式和价值观念也相应地发生了变革。新农村运动后的乡村也和之前的生活方式有了天壤之别的变化，其生活方式和城市已无太大区别。“自20世纪70年代中期，即韩国社会开始全面的工业化进程以来，大多数的传统民俗似乎就已经销声匿迹了。最初，节日具有三种历书的功能，即自然历、生产历和仪式历。在传统社会里，节日的设定是基于以年为时间单位的自然循环周期，这种循环是和农耕生产相对应的。但是现在农业和工业一样，不再以年为单位进行循环。在城市诸如办公室或工厂这样的工作场所，最有效的循环周期是周；而现在的农村社会中，甚至连一些农耕循环也不再以年为单位来组织了。……生活周期的变化自然带来了生活条件的改变，因此基于传统农业的节日就衰落了，而各种节庆活动也因为这种生活周期或称日历周期的变化而消失得无影无踪了。”① 美国社会学家英克尔斯经过研究阐明了工业化对传统文化变革和现代文化形成的意义。“那些转移到工厂去的人们比那些仍留在乡村的耕田的人更加现代……工厂本身是一个有效的现代性学校……工厂所提供的组织经验一贯地促使人们发生改变，使他们在态度、价值观和行为方面有资格成为更加现代的人。”②

其次，快逗的城市化进程在一定程度上瓦解了秋夕文化原有的生存土壤。

① 朱永新等：《亚洲稻农：七位农民的生活》，苏州大学出版社2003年版，第140页。

② ［美］英克尔斯：《社会学是什么》，陈观胜等译，中国社会科学出版社1998年版，第117页。

城市化与产业化紧密相关，是产业化的必然结果。众所周知，秋夕源于农业文明时期的秋报习俗，农民和农村是其栖居地。韩国自朴正熙时代起，快得令人炫目的城市化进程对农村和农民生活冲击极大。数千年来，韩国都视农业为立国之本，农耕是头等大事。城市化进程以另外一种迥然不同的生活节奏改变了一切，包括和农业有关的一些节俗文化。

从韩国的城市化整体进程来看，基本上有三个转折点：第一个是 20 世纪 30 年代，正值日据时期，日本修改殖民地政策，改变了单纯剥削农业的方式，转而扶持一部分工业的发展，在这种形势下，较早的一批产业工人就是在这一时期进城改变了原有的农民身份的。第二个是韩国光复之后，大量第二次世界大战时期流亡海外的人士以及一部分难民回国。第三个关键点也是最为重要的转折，就是朴正熙时代，随着韩国大规模经济开发以及工业化进程的快速推进，大量农村人口流向城市。在 20 世纪 40 年代中期，韩国城市人口比例只占总人口的 11.6%，从 1945 年日本投降开始，大批第二次世界大战期间流亡到中国、日本的韩国人回到韩国。随后，朝鲜战争所产生的大批难民从朝鲜半岛中部迁往南部，这些人在城市周围从事生产劳动并定居下来。由于战争后流迁进入城市及其周围的大量人口，使韩国工业化起步前期的人口城市化水平也有一定的提高，1960 年，韩国人口城市化水平达到 28.3%。在 20 世纪 60 年代，韩国开始全面进行工业化和城市化。这样，大量的迁移者为了增加收入、找到更好的工作，从乡村迁移到城市。具体说来，20 世纪 60 年代初期，韩国人口密度大，出生率高，抚养人口多，60% 以上的劳动力人口从事农业。从 60 年代初开始，随着经济发展，城市人口开始迅速增长。在此期间，城市人口的增长速度比总人口的增长快 2—3 倍。城市人口增长最为迅速的时期是 1966—1970 年间。

在这一时期，农村人口却呈1.0%的负增长，而城市人口增长率为6.1%。显然，这是由于大批农村人口涌进城市的结果。①韩国1985年的人口城镇化水平从1960年的28.3%发展到74%，25年间提高了近40个百分点，而1997年则再次提高到83%，10年间提高了近10%。韩国的城市化进程快于大多数中等收入国家的水平。②

韩国城市化进程如此之快，一方面的原因是韩国城市化和工业化互为犄角，相互支持。工业化急需大量劳动力，吸引了广大农村劳动力进入城市。韩国工业的迅速增长始于20世纪60年代初，在1965—1984年间，韩国的工业增长率是农业增长率的6.3倍。③另一方面，新农村运动之前，韩国政府所采取的以农养工、剥削农业以及不限制户口的做法，也导致农村人口大规模向城市流动，以寻求较高的工资待遇。在工业大发展的同时，农村的发展受到了不小的冲击，有的地方的农村出现了凋敝衰落的现象。当时不少人认为，农村已变成无药可救、“不能生活”和“迟早要离开的地方”，从而导致了农村人口的大量外迁，也引发了一些动荡。韩国可耕地面积仅占国土面积21%。直到20世纪50年代，传统农业经济在韩国仍然占据主体地位，1963年，第一、二、三产业就业人口比例分别为36.4%、8.7%和27.9%，第一产业占GDP比重仍远超过第二产业。随着工业化的全面展开，农业便成为工业化资金积累的重要源泉。在50年代初期韩国制定的谷物管理制度的核心内容是与进口美国农

① 参见尹豪、蔡熙元《南朝鲜经济增长过程中城市化及人口迁移》，《人口学刊》1988年第5期。

② 参见李东华《韩国的产业集聚与城市化进程》，《当代韩国》2003年第1期。

③ 参见李辉《韩国工业化过程中人口城市化进程的研究》，《东北亚论坛》2005年第3期。

产品的政策措施相配合，以行政力量推行农产品低价政策。这些政策的实施在韩国经济追赶初期的工业化进程中发挥了重要作用。60年代中期，韩国国际收支状况明显恶化，因而在1969年韩国政府制定了“二重谷物价格制”，以期通过提高米价刺激国内农产品生产。但实际价格上升幅度很小，同时农户购买农业生产资料的价格却成倍上涨。由于农产品和工业品之间交易条件的不断恶化，农户负债率不断增加，1965年农户负债率约10%，到1989年已经高达41.3%。尽管在工业化过程中韩国农业也有所发展，但相对工业奇迹般的发展，韩国的农业在优胜劣汰的市场经济条件下，是相对滞后的产业。加之一系列倾向于工业和城市的农业和农村发展政策的具体实施，一方面，农业经营和农村生活不断面临工业化的冲击，另一方面，价格低廉的农产品供给，不断改善的城市生活条件，必然促使农村人口大规模向城市迁移。这些都一定程度上瓦解了秋夕文化原有的生存土壤。

可见，秋夕与农耕社会紧密相连，与传统农时节奏吻合，与民众生产生活密切相关，是民众生活时段切分转换的标志，具有时间坐标的意义，因而居于极为重要的地位。但在产业化和城市化的背景下，整个社会的生活方式普遍发生转变。传统农时节奏已不再发挥重要作用，与农耕劳作模式相关的文化记忆渐行渐远，秋夕与民众的生产生活实践已经不再具有深刻的内在关联。另外，传统节俗活动所需要的物质材料，在居住模式日趋城市化的现代社会中已不易获取。因此，秋夕的一些节俗仪式逐渐淡出人们的生活世界。

（二）政治支持的缺失

在传统社会中，宗教和仪式行为往往扮演着支撑社会和政治结构合法性的角色，社会和政治结构的合法性也常常通过宗教和仪式象征符号来表达。[①] 从某种意义上来说，仪式是一种浓缩了的历史和知识，它往往起“文化地图”的作用，它在传播过程中引导人们的行为并使之合乎社会组织和结构的要求。[②] 政治结构和仪式二者之间常常在一种微妙而错综复杂的关系中彼此依存。然而，毋庸置疑的是，政治结构上的支持或认可是宗教和仪式获得社会合法化角色的重要前提，一旦这个前提不复存在，宗教和仪式就会在社会政治层面意义的缺失中走向衰退或消亡。[③]

对于韩国而言，从近代开港起，直至朴正熙时代，包括秋夕在内的民俗文化及其仪式都是被压制的。从开放口岸直至1945年光复这一段时期主要是日本所代表的殖民文化与面临危局的韩国古老文化直接交锋，民俗仪式因被视为彰显民族性的活动而受到强势的日本殖民统治者的严重迫害。此时新旧历法之争成为争执的焦点。由于阴历比阳历更适合农耕社会，也是传统岁时风俗的标准，为了抹杀韩国传统文化，日本殖民统治者强行撤回阴历，而把阳历通过学校、教会和官厅逐渐普及，并迫使韩国人过日本的节日，如天长节、明治节、纪元节等。结果不少韩国传统的节日在新月历上逐渐失去自己的适应力，在农耕社会上原本备受重视的秋夕、元宵等“十五日”节日的概念也越来越弱化了。可见，日本殖民统治者通过强迫使用阳历而对岁时节日民俗进行的压制，给秋夕仪式带来很大的影响。

光复以后，根据近代化的变动样态，可以以产业化为界分为

---

① 参见［英］维克多　特纳《戏剧、场景及隐喻：人类社会的象征性行为》，刘珩、石毅译，民族出版社2007年版，第298页。

② 参见王铭铭《文化格局与人的表述》，天津人民出版社1997年版，第86页。

③ 参见王静《消弭与重构中的查玛——以辽宁省蒙古贞地区为例》，博士学位论文，中央民族大学，2010年，第70—71页。

产业化以前和产业化以后两段时期，一段是从 1945 年到 1960 年（产业化以前），以模仿西方为主，基督教得到了长足发展。在政府支持下，这一时期基督教会主持爱国启蒙运动，号召移风易俗，遵行西方文化，复活节、圣诞节等基督教节日受到重视，对旧历节日也造成了一定的冲击。此外，基督教的一神观也冲击了韩国固有的祖先崇拜思想。

另一段是从 1960 年到 20 世纪 80 年代。这一时期，强势的军事独裁政府推进了产业化进程，实行的是赶超型的外源型现代化模式。这种模式，往往将传统与现代二者对立，视传统文化为导致韩国落后、饱受欺凌的原因。由于有了新的农业技术，以及通过大众媒体的广泛宣传评价，以前人们确切相信是农耕需要的很多岁时仪礼都被看做是迷信，导致正月安宅、农占、洞祭等的大部分仪礼都走上淘汰或失传的道路。民俗文化以前因被日帝看成是彰显民族性的活动而受到迫害，在这期间又因被看成近代化或产业化的障碍而受到打击。在现代化转型和城市化期间，传统民俗都是处于作为陪衬的边缘地位，政府通过对传统文化采取长期抵制和批判的态度来标榜自己的先进性。

对于秋夕来说，这一系列政治事件的发生，是导致其变迁衰落的直接原因。正如特纳所说，当基础性社会关系遭到瓦解时，原本用来支撑它们的仪式象征体系也就随之丧失了说服力。①

（三）精神意义的断裂

格尔茨说，在宗教信仰与实践活动中，一个群体的精神气质就表现出了自在的合理性，它被证明代表了一种生活方式，而这

① 参见［英］维克多·特纳《戏剧、场景及隐喻：人类社会的象征性行为》，刘晰、石毅译，民族出版社 2007 年版，第 298 页。

种生活方式理想地适应了该世界观所描述的真实事态，由此这个世界观在感情上具有一定的说服力，它被描绘成一种反映真实事态的镜像，这种镜像情理精当，符合这样一种生活方式。① 回溯历史，我们发现，秋夕作为一种仪式而兴盛的社会背景，是一个以农耕社会为基础、以祖先崇拜为信仰、以共同体为生存策略、以生活资源贫乏为特征的时代，秋夕仪式几乎支撑了大部分传统社会民众的精神意义、情感寄托和生活信仰。在传统社会中，作为间隔于日常生活中的秋夕仪式，具有强大而神圣的象征性，它似一张精神之网，弥漫于民众生活的各个角落，带去希望、想象、意义、寄托及种种的心理慰藉和现实助益。保罗·康纳顿说："仪式之所以被认为有意义，是因为它们对于一系列其他非仪式性行动以及整个社群的生活，都是有意义的。仪式能够把价值和意义赋予那些操演者的全部生活。"② 对于处在那一历史时期的民众而言，秋夕是人们一年生产、生活中的盼头之一，它可以禳灾祈福，可以丰富传统社会单调枯乏的日常生活，可以维系村落之间、宗族之间、人与人之间的关系，具有调节、补偿等精神意义。

然而，经济生产方式的变化和政治上的压制冲击了传统秋夕仪式所带来的情感寄托和生活信仰，导致了秋夕精神意义的断裂。

首先，秋夕原有的物质补偿功能在物质丰富的现代社会已经不再具有吸引力。由于经济的持续增长和人们财富的增加，

① 参见［美］克利福德·格尔茨《文化的解释》，纳日碧力戈等译，上海人民出版社 1999 年版，第 103—104 页。

② ［美］保罗·康纳顿：《社会如何记忆》，纳日碧力戈译，上海人民出版社 2000 年版，第 50 页。

传统节日中吃的吸引力在逐步下降。从整个社会来看已经告别了食物短缺年代，社会经济结构已经从农业逐渐转移到工业和服务业上来了。伴随着经济的发展，社会生活物品和消费物品日益丰富。作为节日符号特征的食物在任何时间都可以在市场上买到，这使得人们对建立在传统节日之上的食物的期待和向往逐渐丧失。韩国罗州市南平邑老稻农宋秉善比较今昔秋夕与春节时说："过去食物不足的时候，一顿饭就被看成是一种热情好客的举动了；现在人人都不愁吃，拜访的人吃着招待他们的食物时也不那么感激了。和过去相比，现在过节我们并不觉得有多么高兴。"①

其次，秋夕的娱乐调节功能弱化。在古代，民众的娱乐活动带有明显的节日色彩，多与自然节奏和天地规律存在必然联系，形成一套除夕、元宵、端午、秋夕等的传统庆典，神人共娱的特点突出，时间性和集体性突出。随着越来越多现代娱乐、文艺形式的涌现以及大众传媒的日渐发达，人们的娱乐活动发生了巨大变化：娱乐从形式到内容都更加多样化；更加注重人的价值，突出主体性；突破了节日时间的限制，具有随时随地性；并且更加富有大众狂欢和凸显个性的特征。这些变化极大地满足了人们调节生活、娱乐身心的需求，人们的精神生活被各种新的时代元素不断填塞。而传统的秋夕习俗仪式诸如拔河、荡秋千等游艺活动所具有娱乐和调节的功能，则为科技发展和全球化所带来的这些更新的娱乐调节方式所冲击甚至取代，从而弱化乃至消失。对此，王静博士说："全球化可以说是一种商业战略和殖民手段，它通过许多新的娱乐形式，温情脉脉地由中心渗入

① 朱永新等：《亚洲稻农：七位农民的生活》，苏州大学出版社2003年版，第138页。

边陲，在带来新颖的消费品和消费方式的同时，解构、碎化着某个民族的历史和文化。"①

再次，由于社会不断分化和发展，对传统宗亲关系构成了巨大挑战，动摇了传统节日的文化基础。在传统农业社会中，人们被禁锢在家族和宗族关系中，作为一个"身份—关系"的角色而存在。在这种关系中，人们必须重视先赋的宗亲关系，重视家族血缘关系，在节庆日活动中尽量参与祭祀和"礼尚往来"的活动，与外界的交往活动相对较少。然而，在现代工业社会中，韩国明显的进入小家庭化，人们的身份关系被打破了，后天自致性的努力变得越来越重要，社会流动性增强，职业角色逐渐成为社会交往的主要角色。人们对节庆活动的参与不再仅仅限于家族血缘关系，而是希望突破这种关系，参与更为广泛的社会交往。这种家庭关系和身份角色的变化，导致建立在农业文明基础之上的传统节日文化难以适应现代社会的发展，其淡化难以避免。

最后，传统秋夕重视村落地缘关系。但是，如前文所述，在城市化和工业化的背景下，基于农业生产的村落地缘共同体意识已经失去了存在的基础。

二　外部原因

在外来文化的影响、冲击、碰撞下，通过对外来文化因素的吸纳、交汇，原有的文化传统结构发生某种程度的改变，进而达到新的协调统一，这是外部引发的文化变迁。对于韩国秋夕而言，引发其变迁的外部原因有二。

---

① 王静：《消弭与重构中的查玛——以辽宁省蒙古贞地区为例》，博士学位论文，中央民族大学，2010 年，第 1 页。

（一）基督教的影响

基督教在韩国的广泛传播对秋夕节日文化造成一定的冲击。伴随着西方文化的进入，基督教也开始在韩国传播开来。在东亚几个国家当中，韩国基督教的惊人发展让人为之侧目。在日据时代，基督徒在韩国就逐渐得到发展，1910 年，韩国天主教徒大约 7.35 万人，1945 年增加到 18.36 万人，新教徒也在这一时期增加了 10 万人次。第二次世界大战结束后，韩国基督教发展突飞猛进，基督徒人数激增，到 20 世纪 80 年代中期，韩国天主教徒人数增加到 110 万，成为仅次于法国、意大利和西班牙的世界上拥有天主教徒数量第四多的国家。而新教徒占到韩国总人口的 24%，人数约为 900 万。①

基督教传入韩国较晚，和中国等国的基督教兴起方式不一样，韩国基督教会是在西方宗教势力进入之前，由韩国本国的教会人士建立、发展起来的。所以，从最初始，他们就提出了自传、自治、自养的原则。在反抗日本殖民者的长期斗争中，传教士为韩国的现代化输送知识、培养人才，直接或间接地支援韩国抵抗运动，赢得了韩国人民的尊敬。各个教会和基督教青年会（YMCA）继续开展民主运动，从“三·一运动”这种爱国运动的发展上首先突出了社会改革运动的意义，韩国教会因此遭受日本殖民势力的残害。正是韩国基督教会挽救民族危亡，与韩国人民共呼吸，使得基督教在韩国人看来是根植于韩国本土社会的争取民主、平等的先进宗教，而非异己力量。这是第二次世界大战后基督教在韩国迅速发展的一个重要原因。基督宗教精神成为一种反传统、反威权主义的旗帜，当时许多声名赫赫的反对运动的领导人，包括金泳三、金大中都是基督教徒。经济发展也促进基

① 吴海刚：《韩国民主化：私域意识的转变》，《战略与管理》2000 年第 4 期。

督教在韩国的扩张。韩国在战后的经济腾飞与基督教的上升势头几乎是同步和成正比例的。其原因大概有：社会结构不稳定与不安意识加剧，为宗教发挥其作用提供了土壤和良机；不同阶层收入水平差距的拉大，导致了社会上被剥夺意识的日益增长，而需求水平的提高一旦与自身所处的境遇发生作用时，就会产生强烈的宗教动机和宗教冲动；现存价值观、权势及其共同体崩溃，而强调兄弟友爱气氛的宗教团体便可能成为恢复业已丧失的权威集团的重要途径。

基督教对儒家传统的爆破是巨大的，以至于金大中宣称，在亚洲，韩国是战胜中国几千年的统治和影响，保持了自己民族特性的唯一国家。韩国人自豪地保持了自己民族的完整。基督教精神成了新的整合力量。

然而，虽然基督教与韩国的儒教、佛教等宗教不同，对政治、社会问题表现出了积极的态度，但在与其他宗教建立文化的调和关系方面，则表现出很大的不足，基督教对其他宗教的态度可谓是最具排他性的了。在韩国，虽然基督教的规模和社会、政治影响力巨大，但是它至今仍未摆脱外来宗教的形象，距离韩国化还十分遥远。基督教的排他性主要表现在拒绝韩国人祭祀祖先的传统习俗上，这不仅是天主教最初传入韩国时受儒教严厉排斥的一个主要因素，也是后来直到今日基督教受韩国人指责、批判的一个重要方面。在日据时代的爱国启蒙运动时期，给韩国社会带来很大变动的是基督教的传播，它成为传播西方医学、教育、生活方式、思维方式等西方文明的窗口。一些新知识分子通过启蒙运动来图谋自主独立，其中最显明的是从 1925 年到 1935 年朝鲜基督教青年会（YMCA）、朝鲜女子基督教青年会（YWCA）和《朝鲜农民》、《朝鲜日报》、《东亚日报》等主导的农村启蒙运动。不幸的是这运动给包括岁时的风俗民俗文化带来影响。他们推进的是“旧习惯打破运动”，在这些基督教启蒙运动家看来，西方的近代文化是好的，也就是新习惯，传统民俗仪式是坏的，是要打破的旧习惯。依他们的观点看来，茶礼等节日仪式、扫墓祭祀等祖先崇拜仪式、除厄招福的各种仪式都是迷信，都是异端，都是封建时代未开化的不科学的旧习惯，都要打破，否则就不能脱离贫穷和压迫。很长时期内，他们都宣扬要废除封建社会的旧习惯，废除虚伪仪式，简办冠、婚、丧、祭，反对早婚及包办婚姻等。因此，基督教在韩国的广泛传播对秋夕节日文化造成了相当的冲击。不过当前，在开放与包容的大环境下，基督教也渐渐形成了开放、宽容的文化观。督教的一些团体已经开始准许教徒祭祀父母和先人，只是将“祭祀”用语改成了“礼拜”用语。

（二）全球化的冲击

全球化对韩国传统文化的冲击力是不可估量的。全球化是当今世界的一种基本趋向与潮流。它借助跨国产品、借助于新型电子媒体工具的普及，借助于广告、流行歌曲、网络小说、形形色色的影像渗透到韩国社会的经济、政治、文化、教育等各个领域。全球影像、产品的普遍化本身就有着一种无形化的意识形态功能，它潜移默化地重新塑造着人们的社会态度。近代以来，韩国文化越发开放。随着交通的发达和网络的便捷，具有韩国民族特色的传统文化走向世界，而其他国家和地区的文化，特别是具有世界话语权的强势西方文化更是不可避免地影响着韩国传统文化，传统的节日民俗形态，面临着新的更加深层意义的挑战。外来的节日，随着西方经济文化进入韩国，它洋气、新鲜、时尚，因此也就对不少城市青年产生着吸附作用，如圣诞节，在宗教信众的引领下，加上商家的炒作，越来越成为一个有社会影响的具韩国色彩的现代节庆活动形式。韩国既是倡导儒家文化的楷模，也是学习汲取西方文化的一个典型。韩国的现代化是后发型现代化，这种现代化的启动很大程度上要依靠西方文化的冲击和对西方文化的“移植”。韩国传统儒教文化追求和谐有序的伦理或价值观，但单纯这种文化不能自主地推进现代化，必须导入西方文化中的先进体制和先进技术，并与传统文化相结合，创造新的文明，从而推动经济发展。韩国对西方文化的吸收主要有以下几个方面：一是借鉴西方的社会文化制度。韩国在现代化的进程中，广为借鉴西方政体，实行客观而公正的管理，制定了一整套严密的法律、法规和禁令。二是引入西方的企业文化及其经营管理思想。韩国企业严格按照西方现代企业制度运作，国有企业和私人企业平等竞争，政府对国有企业进行调控。三是吸引西方先进的人力资源，也包括大量地引进西方先进技术，为我所用。如此纵深而广泛的全球化及西方化，对传统文化的冲击力度是显而易见的，那么，作为传统文化的典型代表的秋夕，自然首当其冲受到影响。

三　主体性文化选择

文化变迁一般都是从文化传统内部结构的不协调开始，又以新基础上的协调为完成，都要经历文化传统结构由协调到不协调，又由不协调到新的协调的否定过程，这是文化变迁的一般模式。在文化变迁中，新文化因素可以引起文化传统和价值意识的内部矛盾，使之出现不协调。但这仅仅是文化变迁的开始，要最终实现变迁，关键是形成一种包容新文化因素的新的协调结构。[①] 这是社会文化发展的一个动态的过程。对于这个过程，布

① 参见柏贵喜《土家族传统文化的当代变迁》，《中南民族学院学报》1992 年第 6 期。

迪厄试图用“文化再生产”这一概念概括，他在不否认社会、文化对人的巨大作用的同时，强调文化也是人的产物，是人在一定的社会条件下，创造性、适应性改变的结果，文化通过不断的被“再生产”维持自身平衡，使社会得以延续。

具体到韩国秋夕，其在当代的变迁不是个别特质的某些变异，而是结构性的变迁。这种变迁是内外因素共同作用的结果，同时，也是文化主体应对现代化和全球化冲击的自我调适，是主体性文化选择的结果。

韩国民众是传统文化的主体，是秋夕文化变迁的主体。随着工业文明的出现、中外文化的碰撞以及韩国内发性发展的增强，面对生产生活环境的变化，广泛根植于民众的社会生活和日常观念之中的与农耕社会相适应的传统社会规范发生嬗变，传统家庭伦理道德呈现式微之势，主体的文化知觉由旧而新进行转换，新的文化氛围刺激其进行文化创造、扬弃、采借和涵化。文化创造是韩国民众文化选择的基本形式，如归省与反归省的出现；与文化创造相联系的文化选择形式是文化扬弃，如主妇对传统仪式的逃避，显示了韩国社会冲破男尊女卑，趋于追求相对平等自由的倾向；文化采借则表现为新科技网络元素的介入、新生活方式旅游的兴起等；文化涵化如基督教与传统祭祀仪式的妥协、仪式空间从生活空间向民俗村等表演空间的转换等。变迁后的秋夕仪式吸纳了工业化的生产方式，数字化的科技手段，多元的文化理念，男女平等的伦理意识等与现代性更为契合的因素。

对于秋夕仪式，作为文化主体的韩国民众，不仅进行了选择性改变，还进行了选择性的守持与强化。尽管秋夕仪式融入了很多现代因素，发生了很多与时俱进的变化，但是，不变的是以家族血缘为核心的祭祀仪式，即便是基督教徒，也取得了与基督教的妥协，将仪式名称改为“礼拜”而进行祭祀。此外，还增加了体现家庭中心观的“归省”这一新的仪式形式。之所以如此，是因为这些仪式蕴含着对于文化主体而言具有价值的现代意义。在过去传统的韩国家庭中，因为家庭成员们通常都是聚集在一起生活，所以都具有强烈的家庭观念和家族观念，因此相对来说比较团结，遇到困难时能够互相帮助。但是随着社会的近代化发展，现在韩国家庭也越来越向小家庭方向发展，即一个家庭中只有父母和未成年子女一起生活，而不是像以前的传统家庭那样三四代生活在一起。随着小家庭现象的不断普及，现代人的家庭、亲戚、亲情观念日益薄弱，甚至有的年轻人不知道什么是叔伯，什么是表兄弟。小家庭生活虽然比起大家庭生活来要简单舒适，但因此引起的问题也非常多。特别是当危机来临时，很多情况是只凭小家庭寥寥几个成员的力量难以解决的。在这种情况下，如果有亲戚们的帮助就会变得容易多了。所以即使是在小家庭化的今天，很多韩国人也认为不能和家族中的其他家庭成员关系疏远。而祭祀则为现代韩国人提供了与家族成员们交流的机会。通过秋夕祭祀这样的家庭活动，许久未见的家庭成员们团聚一堂，既可以交流感情，又可以交换对家族事务的看法，从而促进加强家族亲人之间的关系。[①] 因此，可以说祭祀是减少现代社会小家庭文化弊端的一种重要手段，归省与反归省是维系亲缘关系在现代社会中保持传统格局的新措施。换言之，与变迁了的秋夕仪式殊途同归，不变甚至强化了的秋夕仪式也可以说是传统社会关系的现代运作。论及传统社会关系的现代运作，郭于华认为：“亲缘关系在传统农业社会中的格局是以血缘为基本纽带，以等级、辈分、长幼、男女为秩序准则，以婚姻为连接其他同类群体的方

① 参见谭绍玉《韩国社会重视祭祀文化的原因考察》，《文化艺术研究》2010年8月号上旬刊。

式所形成的人际关系结构，这一关系网络所具有的生产经营、生育繁衍、维系保护和教育濡化等重要的社会文化功能，在现代社会仍保留或部分地存在着。”① 而这种“存在”，既满足了“对于传统关系的‘本体性’需求，即对历史感、归属感、道德感的心理需求”，又兼具“更为直接、切近”的“具体的利益要求”和“实现这些利益的功能”②，恰是文化主体进行文化选择的原因，是秋夕仪式在变迁中“守持与强化”的根源。

可见，秋夕仪式变迁过程是与文化坚守的过程同步进行的，这是文化主体对自身文化进行自主选择的过程，是文化主体对文化系统内外部变化进行主动适应的过程。

第三节　韩国传统文化的复兴与保护

一　韩国传统文化复兴的原因

（一）文化反思的兴起

对于韩国传统文化复兴的呼吁，起于20世纪80年代，和经济的飞速发展引起的文化反思直接相关。韩国自日本殖民以来，传统文化备受打击；光复后，选择了一条加速现代化的道路，而这条发展道路是以将传统文化视为现代化的绊脚石、打击本民族的文化传统为代价的。直到20世纪80年代，经过朴正熙时代取得了“汉江奇迹”，韩国顺利完成了经济转型，传统文化的这种境况才有所改变。在现代化发展进程中，人们通过自己的经历发

① 郭于华：《传统亲缘关系与当代农村的经济、社会变革》，《读书》1996年第10期。

② 郭于华：《传统亲缘关系与当代农村的经济、社会变革》，《读书》1996年第10期。

现西方文化也并不是没有缺陷，原来被视为落后的传统文化也具有颇多积极的一面。由此，韩国在这段时期，出现了文化反思现象。其一是反思长达35年的日本殖民统治所留给韩国的殖民主义文化遗产。其二是第二次世界大战结束后，美军长驻韩国，西方文化来势汹汹，这时候韩国开始反思西方文化的局限所在。其三就是作为对现代化反思的一部分，人们开始讨论经济起飞的内部文化动力问题，对自身传统文化进行反思。反思的结果是"一场趋向于肯定传统文化的运动则以祖先崇拜为中心内容"[①]而展开。与此同时，"对不合理的劳动分工和不公平的经济利益的分配所表现出来的一切弊端都被归因于缺乏儒家修身和礼仪基础上的和谐。祖先崇拜被看作纯粹而优越的民族文化传统的典型，被用以反对外来的文化影响"[②]。而20世纪80年代中后期，国际社会对于使"亚洲四小龙"取得成功的亚洲价值观的探讨成为一个热点，这种国际氛围也促进了韩国对传统文化的重新审视。随着经济增长、初步富足而来的国民文化自信心和自豪感的复苏、扩大与提升，与这种文化反思一起，推进了韩国传统文化的复兴。

（二）社会结构的变化

迅速的城市化和工业化带来了社会结构的一系列变化，包括一个新的中产阶级的形成。接受教育和参加经济活动的机会不断增加，这使在传统财产体系中身处下层的人们能够向社会上层发展。那些受惠于传统的等级秩序的人认为"新阶级"的出现是

① ［韩］金光亿：《当代韩国祖先崇拜复活的社会政治意义》，《民族译丛》1994年第4期。

② ［韩］金光亿：《当代韩国祖先崇拜复活的社会政治意义》，《民族译丛》1994年第4期。

对他们在社会政治上的既得利益的挑战。为了排斥或抑制新生的阶级，传统的精英人物竭力调动他们的突出品德和优越性，以便通过提炼和扩展精英文化的内容，进而象征性地建立一个文化共同体，来达到垄断精英文化的目的。与此同时，新生的中产阶级的成员则努力掌握传统的精英文化，试图借助已经形成的文化共同体来巩固他们的地位。于是，重修祖坟，修建祖庙和纪念堂，成为孝道名义下的时髦活动。新老宗族都组织起来，从默默无闻的历史上“发掘”自己的祖先，并专门立项寻“根”，发掘并弘扬家族史以显示他们在品德和文化上的优势，赢得人们的承认。[①] 在这样的背景下，社会的新旧阶级共同指向传统文化，传统文化应运复兴。

（三）文化格局的变化

传统文化的复兴还和文化格局的变化有关。随着迅猛展开的城市化进程，城市人口大规模增加和都市型生活方式的全国性普及互为表里，深刻改变了韩国社会和文化的基本格局。由政府主导的官方文化，以大中城市和现代媒体为依托的大众文化，以农村和农民为依托的民俗文化，以及众多的“亚文化”等，形成了多元共存、相互影响的局面。但产业化的发展和过度的商业化使得以民俗文化为根基的传统文化受到严峻冲击，加之经济、政治和文化的全球化趋势及西方强势文化的大量涌入触发了大众某种程度的抵触，由此激发的文化危机感和在全社会迅速蔓延的“怀旧”的“文化乡愁”，逐渐引发了对传统生活方式的呼吁和对传统民俗价值的再评价。文化复兴运动应运而生，包含着社会公众对以传统文化应对文化焦虑感和介入现代化和全球化进程的

① 参见［韩］金光亿《当代韩国祖先崇拜复活的社会政治意义》，《民族译丛》1994 年第 4 期。

期许。

（四）国家与民众不谋而合

这一时期对传统文化的关注，虽然不是国家与民众的共谋，但却是国家与民众的共同需要，双方不谋而合。一方面，传统文化复兴与被排挤到边缘的弱势群体对政府主导理念的抵触情绪有关。韩国传统文化的主体包括两个方面的内容，一是儒家传统，二是民俗文化，其中民俗文化习惯上被称为代表民众的文化。在强势的威权政府的统治下，边缘的弱势群体极力推崇传统的民俗文化，力图从中找出能够与国家和上层阶级文化抗衡的因素。而另一方面，政府当局则借此特定的社会环境，大力宣扬复兴传统文化的口号，以文化产业化为路径，将传统民俗文化资源化，建构国民文化需求，推动文化体制改革，在以增强文化软实力为志向的同时，更强化了以文化民族主义为基本内核的民族国家意识。于是，国家文化政策之朝向"文化保护"的大转型也就顺理成章了。这种政治氛围和社会背景直接影响了国家相关政策的制定，致使国家指定的大部分无形文化遗产几乎都是民俗方面的内容。因此，这一时期在长期的现代化进程中遭受压制的民俗文化开始抬头。为了弘扬韩国的传统文化遗产，1981 年韩国政府精心组织，举办了为期一周的"民族之风——1981"大型民俗活动。广播、电视、报纸、杂志等媒体进行了大规模的宣传，许多优秀的民族民间民俗艺术能人脱颖而出。

时至今日，随着韩国在全球政治经济地位和国际影响的日益提高，民族文化更加被重视，因为人们发现，一个国家的强大不仅需要军事和经济方面的硬实力，而且也需要具备以传统文化为基础的软实力。在此背景下，文化复兴的呼声也越来越高。非物质文化遗产保护运动的大力开展，即与这种时代思潮密切相关。

（五）世界文化遗产保护运动的感召

这一时期，世界范围的文化遗产保护运动也对韩国文化复兴的开展起了积极的感召作用。1972 年，联合国教科文组织制定了《保护世界文化和自然遗产公约》，确立了国际社会保护人类文化遗产的义务，把文化遗产和自然遗产纳入保护的范围。1989 年又提出《保护民间创作建议案》，建议世界各国把民族传统和民俗文化也纳入保护的范围。1998 年颁布了《人类口头和非物质文化遗产代表作条例》，强调文化遗产是各国人民集体记忆的保管者，并指出只有它能够确保文化特性的永存。2001 年通过了《世界文化多样性普遍宣言》，将保护文化多样性提升到了“道德律令”的高度，强调说：一个分子、一个细胞、一个有机体、一种生态、一只昆虫或者一个动物群体，或者一个人类社会，从来不是由相同成分组成的不变的聚合体；它常常是一个由不同部分构成有序的组合，一个经过整合加以平衡的多样化的产物。没有多样性，各个部分便不能形成一个能够生长、发展、繁衍和创造的实体。并进一步指出，在不同的时间和空间，文化的表现方式也多种多样，这种多样性体现为组成人类社会的群体或团体标示的独特性和多元性。作为交换、创新与创新的源泉，人类需要文化多样性，这跟自然需要多样性一样。从这个意义上讲，文化多样性是人类共同的遗产。2003 年通过了《保护非物质文化遗产国际公约》。2005 年通过了《文化多样性公约》，作为对 1972 年《保护世界文化和自然遗产公约》的补充，标志着联合国教科文组织在世界范围内增强文化多样性方面的努力进入实质性运作阶段。

如此，在联合国教科文组织的引领下，人们越来越深切地认识到，人类需要文化的多样性。因此，保护本国、本民族的物质和非物资文化遗产，展示其独特性和多样性，成为世界各国文化界关注的一大热点。于是，一场声势浩大的民族民俗民间传统文化保护运动在世界范围内开展起来。从一定意义上说，韩国的传统文化复兴也可以看做是对这场运动的积极呼应。

二　韩国传统文化遗产的保护

作为一种有着长期历史积淀的社会文化事象，传统虽然具有稳定性，有一套自在的维系稳定的新陈代谢机制，但当巨大而持续性的外部冲击到来时，它往往面临着变异或消失的危机。尤其在今天这样一个全球化席卷的时代，“全球化过程本身所具有的规律性在很大程度上限制了不同传统文化的自我防卫机制的发挥，使民族传统文化丧失自我保护的机会陡然增多，极易沦为被动的弱势一方”[①]。而这就必然牵涉到传统文化的保护问题。

在面对文化冲击的时刻，传统文化十分需要文化主体有意识和有组织地予以珍视和保护，尤其是对于易于遭受冲击的传统文化。美国人类学家罗伯特·雷德菲尔德认为，一个社会中实际存在着两种不同文化层次的传统，即“大传统”与“小传统”。大传统是占少数的社会上层人士和知识分子所代表的精英文化；小传统则是位于社会底层的民间文化。[②] 其中，小传统是“本源”，它在很大程度上滋养和哺育了大传统，并且大传统在历史中消逝的许多东西往往会在小传统中淤积沉淀下来，因此小传统对于一个民族的文化传统具有着重要的价值及意义。然而相对大传统来

---

① 苏国勋、张旅平等：《全球化：文化冲突与共生》，社会科学文献出版社2006年版，第29页。

② Robert Redfield, *Peasent Society and Culture: An Anthropological Approach to Civilization*, Chicago: University of Chicago Press, 1956, p. 352.

说，小传统的发展特点往往是顺其自然，放任自流，民间保护意识往往相对薄弱。因而，在现代化和全球化的强势冲撞下，它显得更为脆弱和易妥协，往往更容易被同化和湮没，由此小传统也即民间文化对于保护的欲望诉求也就更为强烈。[①]

可喜的是，韩国政府对小传统的保护态度鲜明，各文化主体对这一时期的文化复兴响应积极，全社会掀起了声势浩大的文化遗产保护运动。韩国的文化遗产保护运动，是在政府的积极干预和主导下，由政府、学者、民众等文化主体共同参与的全方位的保护。

（一）政府主导

对于韩国政府而言，虽然 20 世纪 80 年代以前对传统文化一直施行的是压制政策，但是受日本影响，韩国的非物质文化遗产保护制度起步较早。而在 20 世纪 80 年代后这样一种传统文化复兴的国内和国际背景下，韩国政府加大了对非物质文化遗产的重视力度。一方面，提升了秋夕和春节在韩国节日体系中的地位：1985 年春节被列入法定节日，增加了秋夕假期的天数；1989 年，秋夕假日增加到三天。这改变了原来传统节日在国家法定节假日体系中处于边缘地位的境遇。另一方面，加大了对非物质文化遗产的保护措施。政府出资对一些现存完好的传统村落进行保护，对传统工艺艺人提供专项补贴。另外，为了弘扬和保护传统文化，韩国政府指定 1997 年为“文化遗产年”，2002 年为“韩国文化旅游年”，秋夕期间在世界范围开展秋夕文化展览与宣传活动。此外，地方政府也十分重视文化传统人才的培育，如在韩国忠清道扶余郡百济历史再现区创办了相当于大学本科的传统文化

① 参见王静《消弭与重构中的查玛——以辽宁省蒙古贞地区为例》，博士学位论文，中央民族大学，2010 年，第 6 页。

学校，设置了文化遗产系、文物管理系等。2005年，在首尔市，新建了大规模现代化的国立博物馆，集中展示韩国各个历史时代的文化遗产。总体而言，韩国对包括秋夕在内的传统文化遗产保护采取了多种措施，形成了完善的制度体系。

1. 制定完备的认定制度

国家把在历史上、学术上、艺术上，值得保护且地方色彩浓厚的人形剧和假面剧指定为重要无形文化遗产。由专门学者的研究报告书，民俗艺术演出大会展出作品，以及由市、道直到地方文化遗产委员会决议通过的项目予以建议。此外，有关专家的建议等，都是重要无形文化遗产的审议对象。在文化遗产委员会判断其有认定的价值之后，则由有关文化遗产委员或专家委员与其他有关学者实地考察，确认其技能与艺能的传承由来、内容、传承状态以及具有相关技能及艺能者的经历等，将其调查结果进行审议，最终由文化遗产委员会决定是否将其指定为重要无形文化遗产、认定为具有相关技能者。

重要无形文化遗产由技艺能和自然人的复合体构成，对技艺能进行指定，同时对自然人认定其具有的技艺能。在重要无形文化遗产被指定之后，为了使其技艺能按照其原貌得以保存以及传承，政府对其保持者支付一定的生活补助金，给接受教育的学生发放传授奖学金等，从国家的角度予以支援。同时受到其支援的保护者和传授者，应履行文化遗产保护法所规定的义务。

2. 实施严格的保存记录和传授教育

重要无形文化遗产，指的就是如果不及时进行保存，那么消失的可能性极大的为其保持者所具有的技能和艺能。政府认为，要把重要无形文化遗产作为活生生的文化遗产加以保存，同时要将其原貌传承给子孙后代。韩国非物质文化遗产的记录主要有三类：一是通过非物质文化遗产的指定调查制作的文字报告书和调查过程中获得的音像及相片资料，二是以指定非物质文化遗产的现状调查及记录工作为基础制作的调查报告书、记录书籍和纪录电影，三是在全国范围对民俗文化进行调查后整理的综合报告书。韩国在传统保护方法的基础上，推动了十分积极的保护措施，主要体现在以下两个方面：第一，团体项目优于个人项目。韩国政府为了扩充传授教育的空间，与市、道共同负担，从1973年开始每年一度以计划建设为原则，与个人项目相比，更注重团体项目，并在传承多种项目的地区，优先建立起重要无形文化遗产教育馆。另外，在1997年，汉城建成了重要无形文化遗产综合传授会馆，现作为进行传授教育、演出、展览、广告等活动的多功能的文化空间而使用。第二，个人项目的“活态”监测与传承。除传授教育以外，被认定为技艺能保持者的个人，如没有特别的理由，每年应该至少向市民公开其所持的技艺能一次。这是为了达到对其技艺能状态进行检查和向市民普及民族传统文化两大目的而要求其履行的公开义务。其理由一方面是阻止其技艺能的退步，同时对其保持者通过不断演练而达到的相关技艺能的提高程度进行检验。另一方面是避免由于保持者的偏见和执拗而引发的相关技能被曲解的可能性，为专家提出批判与改善提供机会。

3. 促进非物质文化遗产制度的海外传播

在全球化的大潮中，人们越来越深切地认识到，人类需要文化的多样性，文化遗产不但是一个民族的文化遗产，同时也是人类的共同财产。因此韩国政府为了使文化遗产保存传承的制度在世界各国扎根而不断地进行努力。在世界范围内，对无形文化遗产进行认定，并在制度上进行保存传承的国家，仅仅有韩国、日本等几个国家和中国台湾地区而已。韩国政府认为世界各国对于无形文化遗产缺乏认识，作为对策，在1993年举行的第142届联合国教科文组织的理事会上提出了联合国教科文组织关于“普及无形文化遗产制度”的提案，最终此提案被采纳，走在联合国教科文组织普及无形文化遗产的前列。在这方面，韩国认为，单一的文化艺术难以保持丰富多彩的文化市场，多样化的文化艺术交流，才能使文化产业形成旺盛和持久的活力。韩国一方面强调文化的交流与辐射，另一方面也十分注重引进外资和国外的先进技术，为本国的文化产业发展注入活力。韩国政府通过向全世界介绍支援无形文化遗产制度，对试图将无形文化遗产指定为世界文化遗产的联合国教科文组织进行援助。每年文化遗产管理局召开国际的无形文化遗产制度运营的现场会介绍该制度。联合国教科文组织为了使会员国迅速地实施该无形文化遗产制度，在 1998 年设立了“世界口传无形文化遗产奖”，并在 1999 年 4 月将这个奖的名称确定为“阿里郎奖”。联合国教科文组织每隔两年，对世界范围内的口传及无形遗产杰作，以及对此遗产的保存作出贡献的个人和团体，授予此奖。

4. 建立有效的行政管理体系

政府的有效管理，是民族传统文化得以保护与传承的制度保障。韩国对于民族文化遗产的科学保护与利用依赖于完善的管理体制。韩国文化遗产的最高责任人是大韩民国总统；文化遗产保护工作的主管机构是中央级行政机关——文化财厅，负责人为文化财厅厅长，职责为承担有关文化财的保存、管理、利用、调查、研究以及宣传的事务，具体任务为：第一，文化财保护法的制定、修改；第二，文化财的保护管理及利用计划；第三，排除指定的重要文化财；第四，文化财的保护管理以及公开修复等的指令；第五，变更文化财现状等的许可；第六，扶持与文化财相关的团体；第七，资助有关文化财管理的国家补助金；第八，国有文化财的综合管理；第九，扶持、资助有关保有文化财的团体。真正的决策机构是由韩国文化财厅负责组建的文化财委员会，文化财委员人数不得超过 60 人。①

5. 建立完整的法律体系

韩国在管理非物质文化遗产方面所取得的成就为世人所瞩目，其中很重要的一点就是经过长时间的探索和努力，建立了相对完整配套的法律体系。韩国早在 1962 年 1 月 10 日正式颁布的《文化财保护法》是有关非物质文化遗产保护的核心法律，总共 7 章 94 条，至今已经修改 20 余次。在这部法律中，韩国把本土文化遗产划分成为有形文化财、无形文化财、纪念物及民俗文化财四个部分。还有《文化财保护法试行令》，是由韩国总统签发的国家令。传统文化复兴以来，韩国为了促进本国文化产业发展，更是出台了一系列配套法律法规，比如《文化产业振兴基本法》（1999）以及《设立文化地区特别法》、《出版与印刷基本法》（2002）等。这些法律为本国文化产业的发展保驾护航，并最终有利于民族传统文化的保护。中国学者高寿福先生认为韩国在制定保护非物质文化的法律方面历经了六个阶段：第一个阶段是制定法律制度政策的准备期（1945—1961），这一阶段成立了“国乐研究院”，举办了“全国民俗艺术竞演大会”，为传承发展非物质文化奠基，另外成立了文化财管理局，为出台《文化财保护法》做准备工作。第二个阶段，项目指定制度建立期与开发启蒙教育活动期（1962—1969），这一时期颁布了《文化财保护法》与《文化财保护法试行令》，标志着非物质文化遗产保护正式进入法律制度化时期。第三个阶段是保有者认定制度建立和推进期（1970—1982）。《文化财保护法》1970 年经过修

① 参见苑利《韩国文化遗产保护运动的历史与基本特征》，《民间文化论坛》2006 年第 6 期。

订，文化遗产保护制度扩大到地方政府，保有者认定制度通过了立法。第四个阶段是教育传授制度建立推广期（1983—1989），从1983年起，国家主导的传授教育制度开始实行，将为保有者传承教育支付资金制度化。第五个阶段是传授教育管理的自律化时期（1990—1999），1993年出台了《重要无形文化财管理改善计划》，在保有者传授教育方面试图进行探索性改革，强化了保有者权利和利益，但是也带来一定负面效应。第六个阶段是推进开放与改革期（1999—2001），主要解决了保有者老龄化所带来的传授教育有所退步的问题。[①] 可以看出，韩国的非物质文化遗产保护之所以成绩卓著，与实行的相关配套法律长期制度化建设密切相关。

（二）学者专家和遗产传承人推动

韩国民族文化遗产保护运动在政府的主导下，借助各种力量、调动不同人群的积极性参与民族文化遗产的保护与利用工作，建构文化认同机制。也就是说，在对文化遗产进行传承与保护方面，除了自上而下政府推动型的传承机制以外，还形成了民间草根性自下而上的文化认同。两种机制双向发挥功能，故民众自身对地方文化的自觉更为自主地加深，诸如节日仪式等民族文化遗产的地方性和民族特色也以更多样化的形式鲜明地展现出来。

韩国参与民族文化遗产保护与利用的民间机制主要是社团，社团大致有两类。

一是由专家、学者组成的各级学会组织（如韩国民俗学会、比较民俗学会、历史民俗学会等）。由于其人才济济，起点较高，主要负责韩国有关无形文化遗产与民俗文化遗产的调查、研

① 参见高寿福《韩国非物质文化遗产保护工作经验之我鉴》，《延边党校学报》2008年第2期。

究；作为专家，这批人往往能够提供最专业的眼光和思想。韩国专家学者对传统文化保护的推动由来已久。早在20世纪20年代后半期日本殖民时期，学者孙晋泰和宋锡夏就开始开展民俗调查、资料搜集、撰写调查报告和论文。他们主张“朝鲜民俗”，倡导对朝鲜民俗原材料的采集、调查、记录和研究，重视对朝鲜民众“生活实际”的认识。[①] 20世界60年代，任东权先生对韩国文化遗产的保护作出了不懈努力和巨大贡献，他是使秋夕重要游艺“羌羌水越来”入选2009年世界文化遗产名录的最大功臣。1966年，还在庆熙大学读书的任东权就曾建议将韩国民俗舞蹈“羌羌水越来”列入重要非物质文化遗产候选项目。那时，任东权的提议遭到了负责文化遗产的韩国文化财厅的反对，因为在大多数人的眼中，这个看上去毫无艺术感可言的民俗舞蹈丝毫没有保护的价值。但是，任东权没有因为自己的提案遭到反对而就此罢休，而是选择了执著地坚持。学习韩文专业的他，通过自己的努力成了民俗专家，为江陵端午祭和“羌羌水越来”进入世界非物质文化遗产名录做出了重要贡献。[②]

二是由民间无形文化遗产传承人组成的传习组织（如假面协会、农乐协会等），主要负责无形文化的传承。韩国能够注意利用不同民族文化遗产的特色内涵来调动不同人群的参与、保护与利用，如借助专家、宗教、朝鲜王遗族等不同的社会群体，韩国宗庙的保护与利用就是一个典型的例证：每年5月的第一个星期日，韩国宗庙祭典在首都首尔供奉李氏王朝历代先王的祖庙前

① 参见尹虎彬《殖民地时代东亚萨满教研究的跨文化考察》，《中南民族大学学报》2006年第6期。

② 参见杰夕《任东权：守护韩国民俗50年》，《中国文化报》2011年5月27日第7版。

举行，活动由全州李氏宗亲会组织、朝鲜国王嫡裔子孙主祭，完全按照朝鲜时代的礼仪、程序、冠服、乐舞、仪仗进行祭祀。韩国的宗庙大祭既宣传了有形文化遗产（宗庙建筑），又保存和延续了无形文化遗产（祭祀活动）。韩国各级政府官员仅以民间人士的身份参与活动，一边是李氏血亲的虔诚叩拜，一边是普通民众的观礼，反映出韩国古今文化血脉相通的特点。

（三）民众参与

民间保护机制的主流是普通民众。民俗文化遗产，归根结底深深根植于民众的日常生活之中。要使社会公众自觉接受民俗文化的精髓，不能仅靠政府投资，或是恢复一些热闹华丽的仪式；也不能仅靠专家研究后，将成果记录于文件里、展柜中、舞台上，如此民俗文化遗产虽然可以得到保存，但是却难以传承，甚至可能会影响到民俗文化遗产的原生态性、民间性与真实性。虽然各级政府制定有利于民俗文化遗产保护的相关政策必不可少，专家学者对于民俗文化遗产的研究工作不可或缺，但是保护与传承民俗文化遗产的真正主力，应该是也必须是千千万万的普通民众。保存民俗文化遗产最好的方式就是让它们活在民间，活在每一个普通民众的生活里，从而推动传统自然地传承与衍变，生生不息。民众的自觉参与成为传统文化得以保护与传承的主体保障。韩国一年四季都有各种各样的完全由民众自发组织的民间节庆活动，在节庆期间很多韩国人自觉地穿上韩服成为一道传统文化的风景线，这些都构成了韩国人精神生活的重要内容，通过这些活动很好地保存、继承了民族传统文化遗产，使韩国民族传统文化遗产得到了保留与发展。这正是广大民众强烈的民族文化遗产保护与传承意识和全民主动参与意识产生的结果。

（四）商业旅游运作

随着非物质文化遗产保护活动的进一步拓展，韩国资本的触角也开始伸向这块前景诱人的领域。商人们恨不得把被指定为韩国文化财和无形文化财的东西都开发成商品。面具、戏装、玩偶、文化财和无形文化财的书刊到处都有销售。在韩国地铁站的广告栏中，在外国游客服务中心里，在韩国产香烟的包装盒上，甚至在韩国飞机的座背上，韩国的非物质文化遗产的各种宣传广告随处可见。在韩国，属表演类的非物质文化遗产经常在各大宾馆为外国游客表演，各类文化财和无形文化财保有者经常在电视上露面。事实上，韩国的许多非物质文化遗产已经纳入商业运转体系。韩国十分重视利用非物质文化遗产来促进旅游业的发展，同时通过现代观光旅游推动非物质文化遗产的保护和发展，这是韩国旅游文化产业开发的主要目标。多姿多彩的非物质文化遗产是吸引游客的重要旅游资源。韩国十分注意旅游地的选择。韩国人把民俗村的活动组织得有声有色，成了很受欢迎的旅游地，每年春、秋两季，韩国民俗村的主办者和旅游部门的官员想尽各种办法招徕非韩国的游客，邀请韩国国家级的表演团体为外国游客表演韩国传统文化。韩国还十分注重民俗节和祭祀活动来吸引游客，像被国家指定为“重要无形文化财第 13 号”的江陵端午祭和节日演出的假面戏年年在当地举办盛大的旅游活动，吸引了国内国际百万人次参与和观光，使这一非物质文化遗产转化为巨大的文化产业，发展了当地的经济；宫廷宗庙祭祀礼乐被韩国指定为第 55 号重要无形文化财，祭祀时所演奏的音乐是韩国指定的第 1 号重要无形文化财，每年 5 月的第一个星期日，韩国宗庙祭典都在首都首尔供奉李氏王朝历代先王的祖庙前举行；被韩国指定为国家级文化财的保有者们每天都要忙着去不同的演出地赶场，韩国农乐乐团的演出经常是一场接着一场。韩国非物质文化遗产的商业运作，吸引了无数的国内外观光客，促进了旅游业的发展，而旅游业的发展同时也反作用于非物质文化遗产本身，从而形成良性循环。

秋夕亦然。韩国在保护秋夕传统民俗文化的同时，非常注重通过挖掘秋夕的文化内涵、发展文化产业的形式合理利用秋夕，采用多种方式激活节日经济。如推出传统的秋夕饮食、传统游艺、传统服饰以及通过一些庆典宣传韩国秋夕，拉动观光旅游经济的发展。在韩国秋夕假日期间，首尔的一些大型游乐场上演韩国传统舞蹈表演、传统民俗游戏表演等节目，景福宫等各大古宫一般会举行跳跳板、荡秋千、“羌羌水越来”等秋夕传统民俗游戏活动，韩国民俗村、国立民俗博物馆和南山韩屋村等地方也会举行诸如制作松饼等趣味盎然的秋夕民俗体验活动。诸如此类，烘衬出一派全民参与的欢庆气氛，洋溢着浓厚的传统文化韵味，无形中树立了韩国传统与现代交相辉映的旅游地形象，从而也吸引了外国人络绎不绝前来观光。

开发成商品待售的秋夕传统物品

（2009 年秋夕次日，韩国龙仁民俗村，笔者拍摄）

秋夕传统游艺表演日程表

（2009 年秋夕次日，韩国龙仁民俗村，笔者拍摄）

第四节　传统向现代嬗变视野中韩国秋夕的功能

文化传统虽然十分稳定，但并非一成不变。正如黑格尔所说："传统并不仅仅是一个管家婆，只是把它所接受过来的忠实地保存着，然后毫不改变地保持着并传给后代。它也不像自然的过程那样，在它的形态和形式的无限变化与活动里，永远保持其原始的规律，没有进步。"① 相应的，文化传统的功能也并非一

① ［德］黑格尔：《哲学史讲演录》第 1 卷，商务印书馆 1981 年版，第 8 页。

成不变。文化传统的功能改变体现于仪式功能的改变。仪式作为文化传统的展演形式，是人类生活不可或缺的一部分，其在本质上展示和象征的是人与人的关系、人与自然的关系以及人与神的关系，并具有协调这三种关系的功能。然而，随着生产力的发展、文化的变迁，对人与人的关系、人与自然的关系、人与神的关系的理解都会发生改变，仪式的功能也必然随之发生相应的变化。在传统向现代嬗变的过程中，由于全球化的必然参与，仪式被赋予了新的功能，即调节传统与现代、民族与世界这两对关系的功能。

仪式功能的更新，是通过文化变迁而实现的。对于文化变迁，学者们从不同角度、使用不同的概念予以阐释。朱炳祥使用了“多重文化时空层叠整合”这一概念并对其内涵进行了详细论述：“当一个地区的文化由于长时期的自身发展变异以及新的经验的积累而出现新文化现象的时候，旧文化现象的许多主要部分不是以消亡为基本特征，而是经过选择、转换与重新解释以后，被一层一层地重叠和整合在新文化结构之中。”同时，“对于经由传播而来的文化（包括国家政治权力与意识形态的影响，以及异地文化的传播），也是通过选择、转换与重新解释以后，被一层一层地重叠和消融在新的文化结构之中”。“传统、现实、外来这三者形成层叠、交融、并列，方能产生当下状态的文化。”① “多重文化时空层叠整合”既是文化变迁之结果，又是文化变迁之过程。

还有学者使用“文化重构”这一概念。他们认为文化并不是孤立的存在，它是在应对外界环境的适应过程中产生的传承与

① 朱炳祥：《“文化叠合”与“文化还原”》，《广西民族学院学报》2000年第6期。

创新。因此，明跃玲认为，“民族文化在与外来文化的互动中所做出的有选择性的创新与组合应该是文化重构的过程”①。罗康龙则说：“将（他文化）中有用的内容有机的置入固有文化之中，导致了该种文化的结构重组和运作功能的革新，这种文化适应性更替就是我们说的文化重构。”② 文化始终处于不断调适的过程中，它并不是简单的大改组，而是一种有意识的动态的再生产过程。

美国著名人类学家本尼迪克特在《文化模式》中则使用了“文化整合”的概念。她认为文化行为有“达到整合的趋向”，一方面，“不具有相互内在联系、而且在历史上独立的种种特质，现在却结合在一起而且变得不可分割”③，任何一种文化都是整合的，具有思想、行为的一致模式。即一种文化传统“在历史上独立的种种特质”可以被整合到现实的文化结构中来，以达到对自身发展历史中的某个趋向进行强调的目的。另一方面，“由于每一种文化都有自己的一种不同于其他文化的特殊目的，为了实现这个目的，人们从周围地区可能的特质中选择出可利用的东西，放弃不可用的东西。人们还把其他特质加以重新铸造，使它们符合自己的需求”④。

以上对于文化变迁的这些重要的说法中，暗含有两个维度：第一个维度是时间维度，即一种文化将自身历史上的种种特质整合到当下状态中来，成为现状文化的一个不可分割的构成部分；

---

① 明跃玲：《文化重构与民族传统文化的保护——以湘西民族旅游文化为例》，《中央民族大学学报》2007 年第 1 期。

② 罗康龙：《族际关系论》，贵州民族出版社 1998 年版，第 354 页。

③ ［美］本尼迪克特：《文化模式》，何锡章、黄欢译，华夏出版社 1987 年版，第 35 页。

④ 同上书，第 37 页。

第二个维度是空间维度，即一种文化将异于自身的周围地区的特质整合到自身中来，亦成为现状文化的一个不可分割的构成部分。除去从理论上假设的开端时期的文化以外，历史上任何一个时期的文化总是在这两个维度上与它同时的异质文化（与它自身相异的其他地域的文化）以及与它不同时的同质文化（它自己的前身）整合的结果。[①] 通过这种整合与重构，文化发生变迁，以更大的张力适应经济全球化和社会现代化的潮流，使其自身既能保持自己的文化特色，又能融入世界文化、现代文化的行列中去。

根据马格纳雷拉的定义，现代化是发展中的社会为了获得发达的工业社会所具有的一些特点而经历的文化与社会变迁的，包容一切的全球性过程。也就是说，事实上现代化和全球化是密不可分的，而且从某种意义上说，正是全球化把世界拖进了现代化的洪流。但是为了便于阐述，我们还是依照上述学者的思路，根据二者的主要特征，将现代化和全球化分别归为时间和空间范畴，即假定现代化更多体现为时间性，代表历史变迁、纵向发展的骤然加剧；全球化更多体现为空间性，代表交往空间、横向联系的极大延伸。如此，具体到现代韩国秋夕及其仪式，其功能则交叉于内外适应、时空调节：对韩民族自身纵向历史发展而言，具有对内适应、在现代化中保持传统性的功能；对于全球这一横向空间视野中的民族国家韩国而言，具有对外适应、在全球化中保持民族性的功能。相对于传统秋夕，现代秋夕作为生存技术的工具性功能弱化，而作为传统文化代表和民族国家象征的价值性功能凸显。

---

① 参见朱炳祥《“文化叠合”与“文化还原”》，《广西民族学院学报》2000年第6期。

一　时间：在现代化中保持传统性

从时间的维度看，秋夕是历史的产物，其从传统中起步，行进至现代。而传统与现代，并不是截然对立的，更不是骤然转换的，二者具有连续性，如同是时间轴上的两个端点，而秋夕则在这个轴上的两点间进行着线性变化。秋夕的变迁体现着现代文化与传统文化之间的张力，调节着传统与现代的关系，保持着韩民族一脉相承的传统文化基因。

秋夕的文化变迁是现代适应中的变迁。对于被拖进了现代化洪流中的秋夕而言，现实的问题不是要不要现代化的问题，而是如何适应现代化的问题。如前文所述，在现代化过程中，秋夕的仪式主体、形式、空间等都或多或少发生了流变，在某些节俗仪式衰落的同时，也出现新的仪式形式和新的发展方向。秋夕的文化变迁，与民众对传统文化复兴的呼吁、政府对文化遗产的保护一起，都是传统文化对现代化适应和依附的表现。传统的民俗脱离了先前生成的语境，基于特定的目的而加以创新、改造或扭曲，进而又重新在不同的时间和空间中以近似的形式表现出来，对于此种普遍的现象，民俗学界称之为民俗主义（Folkinrism）。[①] 民俗主义是传统文化寻找现代适应的方式，其本质是文化建构。也就是说，传统文化在传统与现代的张力中不断进行着自身的再生产，既不固守旧态，又与时俱进，既要识别与守持其文化之根，又要不断发现与开拓新生长点，把文化传统中所谓的“旧形式”移植到“新形式”上。其实，任何一种传承至今的节日民俗都不是固定不变的，它既有历史的恒久内涵，同时又具有

① 参见杨利慧《“民俗主义”概念的涵义、应用及其对当代中国民俗学建设的意义》，《民间文化论坛》2007 年第 1 期。

现代的新动态，是从遥远的古代一路伴随着时代的脉搏不断前行的。一方面，部分特色古旧习俗在现代社会本身就具有展演与纪念的意义，另一方面，这些旧俗也会在新的条件下转生出新的意义。节日文化内涵的现代性和部分传统习俗的合理存续是相辅相成的。像秋夕这种重要传统节日，之所以历经千年沉浮而不堕，成为韩国及其他东亚国家各民族集体记忆的意义系统，主要是因为除了拥有丰富的文化内涵以及强大的内在稳定性之外，还同时拥有适应性变迁以融入时代现实的能力。就现代秋夕而言，其市场化动向、表演性动向、个人化动向、数字化动向等现代性转换，都是民俗主义的体现，是秋夕文化在适应中的变迁，在变迁中的适应。

秋夕的文化变迁不仅是被动的现代适应性变迁，更是主动的文化传承性变迁。秋夕的现代适应和文化传承是同步进行的，“变”和“不变”是秋夕文化变迁的一体两面。如果说秋夕的适应性变迁主要体现了“变”，主要体现为现代性的一面的话，那么，秋夕的传承性变迁则主要体现为“不变”，体现了传统性的一面。事实上，无论哪一种文化，都必须适应外在的物质环境和内部个人间以及团体间关系的变化，不断地进行调整。而这些都可能会导致社会的文化特质、文化结构与模式不断地从量变到质变。在向现代社会急剧转变的过程中，必须有一种维系社会生活整体相对稳定，使社会不至于因为剧烈变化而造成分裂的力量，秋夕等节日民俗所担当的就是传承文化内涵、保持民族传统性、缓冲现代化冲击、维系社会稳定的角色。可以说，秋夕文化变迁的实质是在保持传统性中去适应现代性，秋夕的功能是在现代化过程中保持传统性。

传统是一个民族文化的立命之本。传统文化凝聚着一个民族在其历史的自我生存发展中不断形成的智慧、理性、创造力和自我约束力，在适应本民族特殊的自然环境和社会环境方面具有独特的价值和功能，具有自己的独创性。[①] 传统沉积了一个民族文化成长过程中的精华，承载着一个民族与其他民族相区别的本质特征。对于一个民族而言，尤其是在现代化的语境之下，传统具有重要意义。

首先，传统是民族精神的基础。传统文化是人类群体在历史延续过程中逐渐积淀且代代传承的思维习惯和生活方式，“是一国一民族固有的传承性生活文化。它支撑着国家和民族的表层文化的凝结与发展”[②]。它蕴含着一个民族的记忆、历史和骄傲，构成一个民族的独特的文化风貌。赫尔德强调每个民族的文化都有其在历史和地理层面的独特性，并且依赖于民族的独特语言而存在与发展，这种民族文化的内核是民族精神，这种民族精神根植于民族全体对于自身语言、象征和风俗的集体认同。[③] 正是传统文化有效地促成了民众对民族和国家的认同感和归属感。作为传统文化的节日是民族历史和文明的产物和象征，包含民族的情感和记忆，传统节日能培养和激发民众对本国本民族的一种深厚的情感，而且，作为本属于民众自己的节日，有它特定的仪式和习俗，这些程式化的仪式和习俗业已成为文化的积淀内化于民众的心理，成为一个民族和国家的“集体无意识”。这种“集体无意识”是一个民族的文化特色的彰显和一个民族的文化名片，也是民族文化的根基，是一个民族精神情感的重要载体，是民族凝聚力的表征，有着丰

---

① 参见杨福泉《再论中国少数民族文化的危机》，载方铁、何星亮主编《民族文化与全球化》，民族出版社 2005 年版，第 47 页。

② 陈勤建：《文艺民俗学》，上海文化出版社 2009 年版，第 344 页。

③ Frederick M. Barnard, *Self-Determination and Political Legitimacy: Rousseau and Herder*, Oxford: Clarendon Press, 1988, p. 224.

富的民族主义内涵。

具体到韩国秋夕，其涵盖了饮食、祭祀、服饰、游戏、歌舞、礼仪等诸多韩国传统精髓，被现代韩国人称为“活的教育场”①：归省蕴含着孝道教育思想；茶礼、秋夕扫墓则是韩国人祖先崇拜、“追远报恩”的典型写照；大量游艺活动如拔河、跳板、“羌羌水越来”等强调协作的集体性项目反映的是韩民族传统的共同体意识和互助协作意识。秋夕就如同一场文化盛宴，集中反映了韩国的伦理道德、礼仪规则、美风良俗、服饰穿戴、民族游艺等。这些绵延不绝的秋夕礼俗，已经超越了孕育它的传统农耕社会而成为民族文化的象征、集体记忆的载体。现代化对传统社会的冲击是巨大的，但秋夕的顽强存在和延续，尤其是对节日所蕴含的文化精神传统的保持充分表明这一传统节日在现代社会中的必要性与重要性。虽然在很多人看来，传统的民俗文化与文明高度发达的韩国现代社会格格不入，但秋夕却被韩国人一代代传承并发展下来。作为伴随韩国历史发展至今的传统文化，秋夕民俗可以说是韩国精神的一种代表。正如“韩国建立民俗村的意义不仅在于旅游，更重要的在于警诫韩国人不要忘了自己的传统、自己的根本”② 一样，秋夕文化也具有这一重要意义。以秋夕为代表的韩国传统文化既是韩民族文化的“源”，也是韩民族文化的“流”，是韩民族起源与演变的根底和见证，浓缩和负载着民族之历史和精神。莫里斯·哈布瓦赫认为，仪式可能是宗教中最稳定的要素，因为在很大程度上，仪式是建立

---

① ［韩］林宣佑：《韩国秋夕的社会文化内涵、功能及其传承意义》，《重庆文理学院学报》2007 年第 5 期。

② 谭绍玉：《韩国社会重视祭祀文化的原因考察》，《文化艺术研究》2010 年 8 月号上旬刊。

在物质性操作基础上的，这些物质性的操作不断地再现，可以建立起仪式群体对群体社会生活历史的不断重演，通过重演过程重温和建立“社会记忆”①。秋夕正是以其周期性仪式展演，重温和构建了民众的“社会记忆”或“集体记忆”。社会记忆是历史的，是传统的，是民族性的内在要素和遗传因子。而作为历史记忆的传统文化，则保证了民族文化的连续性，夯实了民族精神的基础。

其次，传统是民众心理的支点。传统文化不仅能够为民族精神的延续打下基础，还能够使在现代化进程中被卷入现代社会的人们找到联结历史与传统的心理支点，为社会剧变中的民众提供文化调适的精神依托。这对于民众来说是非常重要的。

现代化通过时间的“虚化”使“过去一直给人们的生活赋予意义的传统和价值失去了延续性，许多人产生了一种错位和异化的感觉”②，从而催生出“文化乡愁”。今日的韩国已经是一个有着较大影响力的现代化强国，同时韩国社会经济的高度市场化也促使了社会人口的大范围流动，大部分韩国人为工作、为生计离开故土，在首尔或其他大城市工作（全国约1/4人口集中在首尔），现代社会的高强的节奏使很多韩国人终日奔走于大都市，虽然高科技通信设备和网络技术的发展为人们的情感交流与沟通提供了极大的便利，仍然不能消除人们心理上如无根浮萍般漂泊的感觉。

我们已经了解到，秋夕是体现农耕信仰的一种文化现象，是

① 莫里斯·哈布瓦赫：《论集体记忆》，毕然、郭金华译，上海人民出版社2002年版，第290页。

② 王玲：《西方学者如何看待文化全球化》，载方铁、何星亮主编《民族文化与全球化》，民族出版社2005年版，第489页。

民众感恩祈福的一种实践方式。可以说，民间信仰是孕育滋生秋夕的土壤，敬神娱神的文化空间培育了秋夕之根，生发于生产实践，蓬勃于儒家文明。秋夕在数千年的发展过程中，从形式到内容，充满浓郁的生活气息和质朴的传统色彩，反映最普通民众各种生活状态。在国家引领社会从农业社会转向工业社会追求现代化的过程中，民众被动地进入现代社会，他们是变化节奏最慢的人群，是传统的代表者和坚守者，也一直被看作是与现代相距甚远的群体。正因为如此，在被牵引进入不熟悉的、令人迷惑的现代社会中时，他们更留恋和更需要传统的东西作为心理的支点。[①] 因此，从起源上与农耕文化有着非常密切关系的秋夕作为民间岁时节日代表，具有悠久的历史传统，广泛的群众基础，内涵的继承性和仪式的固定性都比较强，千百年来经久不衰，一直活跃在广大农村和城镇，成为传统文化的重要组成部分，它作为集体表象和象征符号，是个人心理认同的归宿。每年秋夕周期性举行的熟悉的仪式活动，让他们重温过去，找到现代社会中的传统部分，感觉传统与现代的连接，寻找自己存在的价值和意义，建构自己的社会记忆。此外，秋夕等传统文化所确立、强化并为韩民族所内化的秩序和规则，使社会内部一种有序的生活成为可能，由此确保生活的合理性延存。因此，“就其维系了过去、现在与将来的连续性并连接了信任与惯例性的社会实践而言，传统提供了本体性安全的基本方式”[②]。而漂泊的人们则在秋夕等传统节日回到阔别的故乡，在故乡的宁静中、在古老的传统节日习

① 参见李巍《移民社会的文化记忆——辽宁民间社火研究》，博士学位论文，中央民族大学，2010 年，第 39 页。

② 安东尼·吉登斯：《现代性的后果》，田禾译，译林出版社 2000 年版，第 92 页。

俗中寻求心理上的那份安宁，找到心理家园的归宿，并在心灵小憩之后获得继续征战的力量。秋夕的节俗已经成为韩国人与亲人情感联系的一种载体和方式。对自然与祖先的信仰、家族和睦团圆的节日主题，适应了人性的需要，而与生产方式的变化无涉。每到秋夕，韩国出现的“民族大移动”的盛况也表明，在饱受西方现代化文明冲击的今天，韩国人对秋夕等传统节日所带来的神圣感与归属感更为看重了。而秋夕节日活动所产生的不同于日常时空的情感体验，是对韩国人紧张、快节奏日常生活状态的一种精神慰藉。

进一步讲，秋夕等传统文化、传统生活方式所反映的精神信仰和生活情趣，具有超越生存需要的人文价值。杨志明对传统文化之于意义论层面的现代化作了详细的阐述，他认为，人类的文明史总是伴随着一种悖论，即在技术的每一进步，社会分工、协作和交易范围的每一次扩大，人的满足感或幸福感理应随之不断增长的时候，人们却常发现自己与自然，与他人，与天真、完整的生活越来越疏远、隔膜乃至敌对。中国古代的老子，西方近代的卢梭等人文主义思想家，马克思乃至后现代主义的思想家，都对人类历史的这种缺憾有着清醒的意识，甚至还不同程度地表现出对人类童年时代的向往，并怀着在更高阶段上“还给”人类天真、完整的人性和丰富的生活情趣的理想。从这方面看，人类文化的演进就必然是累积式的、重返性的。为了不至于迷失理想的生活方向，人类在前进的道路上需要不时地左顾右盼、回头张望，以确定理想生活的参照。因此，杨志明得出结论，民族传统文化之所以被青睐，“从根本上说或许就在于它以丰富的形式和相对天真、质朴、完整的品格，给现代人的生活提供了某种参照和选择的可能。文化的产生、存在和发展，既出于生存的需要，更在于保证生活的充实和幸福，在于使人获得艺术化的生存——

‘更加诗意的栖居’（海德格尔语）”①。

可见，秋夕作为韩国传统文化的代表，已经将韩国的民族精神、民族感情如随风潜入夜的细雨洒落在韩国民众的心里，在现代化语境中，赋予了人们一种更为强烈的认同感和归属感，使韩民族在现代性中保持和延续着传统性，从而保证韩民族文化在现代化洪流中适应性变迁和传承性发展。

二　空间：在全球化中保持民族性

从空间维度看，秋夕是作为民族国家的韩国的民族传统文化而存在的，是韩民族的文化象征，它丰富着世界文化丛林，同时也接受着全球化的冲击。在全球化背景下，民族国家如何既能保持自己文化的特色，又能融入世界文化的行列中去，这是一个两难的问题。解决这一问题的关键是民族传统文化面对外部冲击的自我调适。反思秋夕的文化变迁，其不仅是对现代化，也是对全球化的应变和适应；在这些应变与适应中，不仅保持了时间维度的传统性，也保持着空间维度的民族性。或者说，秋夕对传统性的保持，其实也就是对民族性的保持。在全球化中保持民族性，恰是作为传统文化的秋夕的现代功能之一。

对于“全球化”，20 世纪 60 年代末美国著名战略家布热津斯基首次提出了其概念。80 年代后，“全球化”这一名词迅速流行，广为认同。关于“全球化”的起始时间问题，一般认为，自 15 世纪末哥伦布发现美洲新大陆起，人类便突破以往地理空间的局限，开始了较为频繁的交往互动，世界范围的跨文化传播

① 杨志明：《全球化、现代化与少数民族传统文化的生存前景》，《思想战线》2009 年第 6 期。

变得可能，这是“全球化”的肇始阶段。[①] 第二次世界大战以后，科技的巨大进步，“特别是交通和电子工业的发展已经将整个人类抛入到地球村之中：传统的距离被更为深刻地改变了，本土与世界的关系变得含混了”[②]。文化传播的速度与向度自此变得更加迅速和多维，世界各国的全球化互动达到了空前的状态。

在全球化背景下，各国各地区、各民族的文化相互渗透和汲取，强势文化的扩张和诱惑使众多相对落后的弱势文化在向其靠拢甚至转化。“作为一种独特的文明模式，全球化将自己与民族文化相对立，反对传统文化在地域上或符号上的差异，它从西方蔓延开来，将自己作为一个同质化的统一体强加给全世界。”[③]“全球化不仅仅只是西方制度向全世界的蔓延，在这种蔓延过程中其他的文化遭到了毁灭性的破坏；全球化是一个发展不平衡的过程，它既在碎化也在整合，它引入了世界相互依赖的新形式，在这些新形式中，他人又一次不存在了”。[④] 在它的驱使下，文化的边界日益模糊化，文化的差异被日益抹杀，整个世界趋向统一。面对全球化这样一种不可阻挡的趋势，面对在其面前弱势文化呈现的脆弱性和其所带来的文化同质性，于是，人们开始了警醒和反思。法国比较文学家洛里哀说：“西方之知识上、道德上

---

① 参见王静《消弭与重构中的查玛——以辽宁省蒙古贞地区为例》，博士学位论文，中央民族大学，2010 年，第 2 页。

② 汪晖：《全球化与差异政治》，载汪晖、陈燕谷主编《文化与公共性》，生活·读书·新知·三联书店 2005 年版，第 5 页。

③ ［美］斯蒂文·贝斯特、道格拉斯·凯尔纳：《后现代理论》，张志斌译，中央编译局 1999 年版，第 145 页。

④ ［英］安东尼·吉登斯：《现代性的后果》，田禾译，译林出版社 2000 年版，第 152 页。

及实业上的势力，业已遍及全世界。东部亚细亚除少数偏僻的区域外，业已无不开放。即使那极端守旧的地方也渐渐容纳欧洲的风气，此民族间的差别将渐被铲除，文化将继续它的进程，而地方的特色将归消灭。"[①] 法国年鉴学派领军人物布罗代尔呼吁道："兴奋也罢，伤心也罢，观察家和旅行家们众口一词地说，世界正变得千篇一律。在地球上到处都以相同的形象出现以前，让我们赶紧从事环球旅行!"[②] 爱德华·W. 萨义德说："随着今天全球化的世界以我已经谈及的某些令人沮丧的方式变得日益紧密，我们或许正在走向被歌德的理念所明确防止的标准化和同质化，想到这里，令人感到极大讽刺。"在这样一个全球化的时代里，民族文化即将消亡的危机感、文化边界日益模糊造成的精神上的"无家可归"、"无根"和"文化乡愁"以及人与人之间与日俱增的疏离感，使得无论从集体层面还是个人层面上，身份认同都已成为被特别关注的事情。[③]

与全球化浪潮带来的文化消亡威胁和身份认同危机接踵而至的是民族主义潮流的兴起。对于韩国而言，民族主义是殖民地的产物。身为殖民地的历史经验以及对外部势力的危机感，使得韩民族那种与血缘纽带、传统文化及价值相联系的前现代族体认同得到发扬，形成了韩国民族主义的特性，且这种与血缘联系的民族认同成了韩国人自我认同的主要来源。[④] 1945 年光复后，随着

① ［法］洛里哀：《比较文学史》，傅东华译，上海书店 1989 年版，第 352 页。

② ［法］布罗代尔：《资本主义论丛》，顾良、张慧君译，中央编译出版社 1997 年版，第 164 页。

③ 参见王静《消弭与重构中的查玛——以辽宁省蒙古贞地区为例》，博士学位论文，中央民族大学，2010 年，第 2—4 页。

④ 参见申基旭《韩国民族主义的谱系与政治》，创作与批评社 2009 年版，第 25—31 页。

全球化的席卷而来，殖民时代民族主义者的话语得到继承。他们调用新的民族主义词语，复活神话中的祖先，重新叙述民族的历史，通过“传统的创造”，阐释过去的历史和传统的文化，并将其纳入一种新的叙事形式以适应现代民族国家的需要。[①] 就像 19 世纪初走向统一富强之路的德意志民族用被发掘的民间传统和对于本土民间文化的诗意想象决定性的建构了民族国家的文化认同一样，此时，韩国民族传统文化也成为民族主义者的发力点，民间民俗仪式等各种可能的传统都被拿来作为民族文化的独特性的一种表达，用于区分“我们”与“他者”，并通过在这种区分的过程中每个人自觉形成的归属意识而构建民族认同。可见，传统日益成为民族国家自我建构和文化表达的手段，成为建构“想象的共同体”的文化符号，乃至成为被“想象”出来的共同体的身份标识。

另外，全球化浪潮下，世界文化日益趋同，尊重和维护文化多样性成为人们的共识。联合国教科文组织主张：“一体化常被看作是给 20 世纪末打下深刻印记的全球化过程不可避免的结果。但是，我们也正在看到一种把人们分开的分散化的趋势。所能肯定的东西是：我们不能允许失去世界众多文化中的任何一种文化；各种文化的生存取决于它们和平的和创新的共存；当我们谈及文化时，我们是在寻找个人生活的方式以及人们共同生活的方式。”中国学者朱炳祥认为，文化发生的动因之一是符号活动实践，而符号活动实践是“人的符号创造活动，它以其自身为目的，是人之所以为人的本质属性，以追求文化的独创性为最高目标，全世界各地、各民族之间存在着差异性，每个不同的个人之

① 参见尹虎彬《殖民地时代东亚萨满教研究的跨文化考察》，《中南民族大学学报》2006 年第 6 期。

间亦存在着差异性”。[①] 美国人类学家马歇尔·萨林斯指出：“在某种程度上，全球化的同质性与地方差异性是同步发展的。这种新的星球性组织被我们描述为‘一个由不同文化组成的文化（a Culture of cultures）’，这是一种由不同的地方性生活方式组成的世界文化体系。”[②] 而世界文化体系所呈现出来的差异性和多样性正是由各个不同的文化传统组构而成的。对于一种文化，对内来讲，特性是存在的重要前提，传统是民族的立命之本；对外而言，传统是一种自我防卫与抵抗的机制，尤其在针对殖民主义和外来的强迫改变而展开的文化运动中，文化主体往往利用本土的原有文化符号体系，构造出本土的民族一体性和象征力量，从而排斥外来的文化因素[③]，确保自身的主体性不被撼动。

如上所述，应对全球化的民族主义思潮和文化多样性共识的发力点共同指向了传统文化。传统文化是民族文化的源头，“它不只是生于斯、长于斯的人们世世代代演变和流传下来的生活方式和生活习惯的积淀，不只是在简单地更迭生活或传递着历史信息，更重要的是它寄予了这个民族共同的价值取向、认知方式和生活理念等。抑或说，它是一个民族得以屹立于世界之林的文化之根和民族之魂，就是这个根和魂连结着一个民族的群体”[④]。作为应激反应，在一个全球化浪潮迅猛来袭的时代，难以置身于事外的任何文明体和民族国家都在这一过程中比以往任何时候更

---

① 朱炳祥：《“全球化”与“本土化”相互关系的发生学阐释》，《武汉大学学报》2002 年第 5 期。

② ［美］马歇尔·萨林斯：《甜蜜的悲哀》，王铭铭、胡宗泽译，生活·读书·新知三联书店 2000 年版，第 123 页。

③ 参见王铭铭《文化变迁与现代性思考》，《民俗研究》1998 年第 1 期。

④ 李小玲：《民俗文化视域下的爱国主义教育》，《求实》2012 年第 12 期。

加自觉地伸张自己的民族文化，提升各自文明的文化地位，要求在这个有趋同倾向的世界上享有自己的文化权力和权利，希望给全球化打上自己文化的烙印。事物发展的特征是，越是现代化、全球化，各文明体或民族国家便越是强调自身文化。① 正如美国当代人类学家克莱德·M. 伍兹所指出的，接触及其所引起的变迁，尤其是当它们来自一个占主导地位的群体时，常常对接受一方文化的成员起着破坏和施压的影响，这些群体试图通过恢复他们生活方式的意义和内容，即所谓的“复兴运动”，从而对这种压力予以反抗。② 可见，全球化固然“导致了民族文化某种程度上的同一性，但同时也促进了对文化个性风格或本质特征反弹式的强烈护守和执著追求。也就是说，既要世界化又要民族化（或本土化），仍是全球化语境下的文化发展的时代主旋律”③。“一方面，在全球化、现代性价值观和取向的影响下，世界的共同点或共享性因素在不断增多。另一方面，一种多极或多元的趋势借助传统的回归和复兴也在强化。”④

希尔斯说，尽管“寻求传统的倾向可能弥漫于所有人类社会，但是如果没有传统支持者的支撑，传统就可能会变得萎靡不振，虚弱枯竭”⑤。哈贝马斯也说，“一个传统要想延续下去，就

① 参见苏国勋、张旅平等《全球化：文化冲突与共生》，社会科学文献出版社2006年版，第200页。

② 参见［美］克莱德·M. 伍兹《文化变迁》，何瑞福译，河北人民出版社1989年版，第61页。

③ 张新民：《社会科学的本土化与本土化的社会科学——全球化语境下的本土文化研究》，《贵州大学学报》2004年第5期。

④ 苏国勋、张旅平等：《全球化：文化冲突与共生》，社会科学文献出版社2006年版，第282页。

⑤ ［美］E. 希尔斯：《论传统》，傅铿、吕乐译，上海人民出版社1991年版，第420页。

离不开后代有意识的占有"①。这种"支撑"与"有意识地占有"也正是费孝通先生所说的"文化自觉"。在一定意义上说，民族传统文化复兴和文化遗产保护运动，正是全球化过程中民族文化自觉的一种表现。在全球化的面前，民族国家的人们开始认识、理解本土的文化，并且意识到本土文化的重要性。正是这种主观意识上的"文化自觉"，以及从客观世界席卷而来的全球化及其引发的一系列诸如身份认同危机与民族主义、文化危机感与维护文化多样性等的连锁反应，使韩国在20世纪80年代开始展开轰轰烈烈的传统文化复兴与保护运动。这种文化遗产保护运动中的文化自觉，在更大程度上表现为运用传统民俗文化资源，建构民族国家的文化身份认同。

而秋夕，作为韩国民族传统民俗文化，则以其悠久的发展历史，深厚的文化底蕴，独特的仪式形式，承载的民族情感和集体记忆，象征的民族精神和文化心理，在全球化的背景下，被赋予了"民族文化基因"的符号意义，成为国家寻找文化价值进行"传统的创造"的一个来源，成为"民族认同"的一个根基，成为"文化多样性"的一种样态，成为"文化自觉"的一个体现，进而成为民族国家的文化符号，成为韩民族文化身份的象征和标识。在全球化的浪潮中，对传统民族文化的保护，实质是对民族性的保护；全球化视野下的秋夕功能，由承载传统性扩展到固守民族性。而这个民族性之于民族国家具有重大意义，是其满足民族自尊心与自豪感的需要，满足想象建构、心理寄托和情感共鸣的需要，满足对于"我们"的身份认同和归属感的需要，满足塑造国家形象和提升国家软实力的需要。

① ［德］尤尔根·哈贝马斯：《后民族结构》，曹卫东译，上海人民出版社2002年版，第200页。

本章小结　文化符号：作为民族身份标识的秋夕

本章在传统向现代嬗变的视野下，分析韩国秋夕在现代化的社会变迁和全球化的文化交流之语境中，面对时空的文化冲击，如何在动态的文化建构和现代适应中发生着文化变迁。朱炳祥说："无论外界文化冲击的力度有多大，文化变迁皆不能回避传统文化；而无论传统文化的惰性力有多强，文化变迁皆不能回避外来文化。"① 因此，这种变迁可谓是传统文化、民族文化与现代文化、外来文化在当下状态中新的经验之叠合。

如果说文化变迁是秋夕的自我调适的话，那么文化复兴运动则是文化主体对文化的自觉保护。当前韩国举国上下、社会各界都很重视"传统文化复兴"这个主题。曾经在 20 世纪 80 年代之前执着地否定传统的韩国，终于发现自己始终在传统之中。其情形有如有的学者所说的中国之情形："我们一直片面强调文化作为政治的附庸，现在终于觉悟到要回归文化的自主性。于是文化自觉意义上的民俗复兴就呼之欲出了。"② 但与中国主流知识分子在创造现代思想体系的过程中所走的"破旧立新"道路不同，韩国是将采借而来的现代性和全球性融入传统，通过传统、借重传统来创造新文化，是一种文化建构的过程。正如日本学者田村和彦借用建构主义的观点所指出的："所谓的民俗学研究，

① 朱炳祥：《全球化与本土化相互关系的发生学阐释》，《武汉大学学报》2002 年第 5 期。

② 高丙中：《"端午民俗研讨会"上众学者论"民俗复兴"》，《民间文化论坛》2004 年第 3 期。

并非如同从地下发掘埋藏物一样‘发现’民俗，而是根据一定社会背景、目的，在特定时期的相互行为中‘把握’民俗。”① 这种建构经过了一个从“不自觉”到“自觉”的过程。“如果说民俗诞生时期的一系列传统建构是民众生活的不自觉行为的话，那么民俗成为学科对象以后，它的建构就表现为文化的自觉和民族的自觉了，广大民众视民俗为一个民族或地方的历史资源和文化资源，从中挖掘、发展传统和利用传统。”② 韩国专家学者和政府密切合作，通过各种措施而使韩国传统文化得到了很好的保护。

以民俗文化为代表的传统文化是民族文化之根。就像中国的中秋节不只是月饼节一样，韩国秋夕也不仅仅是松饼节。秋夕是体现农耕信仰的一种文化现象，是韩国敬天祭祖、追远报本的一种方式。生发于生产生活实践，深植于韩民族自然地理和历史文化之中的秋夕，从形式到内容，充满浓郁的生活气息和鲜明的民族色彩。其所蕴含着的民族价值、思维方式、想象力和文化意识，已经沉淀成一种文化基因和民族精神，是传统的民众文化符号，也是现代的民族国家文化符号。而从世界文化多样性的角度看，秋夕还是韩民族传统文化在世界文化丛林中的现代展演。从这些意义上说，秋夕集传统性和现代性于一身，兼民族性与世界性于一体。因此，可以说，加强对秋夕等文化遗产的保护，不仅是国家和民族发展的需要，也是国际社会文明对话和人类社会文化可持续发展的要求。

---

① ［日］田村和彦：《民俗学视野中的日本民俗文化保护政策——以〈文化遗产保护法〉中的民俗保护条例为中心》，载周星主编《国家与民俗》，中国社会科学出版社2011年版，第100页。

② 林继福、王丹：《解释民俗学》，华中师范大学出版社2006年版，第93页。

作为传统文化的秋夕的现代功能，在两组维度上得以体现。一组是内外维度：对内适应现代化，缓和传统与现代的碰撞，承接历史，传承传统；对外适应全球化，调节民族性与全球化的冲突，承载民族文化，保持文化身份。另一组是时空维度：时间上，在现代化进程中保持韩民族经由集体记忆传承而来的传统性；空间上，在全球化冲击下保持韩国用以区别于其他国家与民族的民族性。无论从哪一组维度看，其根本目的都是保持民族传统文化所蕴含的内在精神。这种保持是一种文化坚守，它成为一种鲜明的民族文化符号，成为整个民族国家的文化象征与身份标识，是建立韩民族自我认同的精神基础，是维护民族国家文化身份和文化主权的基本依据。这正是秋夕的现代意义与功能所在。

由此，我们看到，韩国秋夕作为传统文化生于神圣，归于世俗，其功能本质上是实用性的；而在历史的建构中，在现代化和全球化的语境中，在民族国家话语体系的建构逻辑中，在对传统的意义的不断诠释与重塑中，这种实用性的工具理性在不断消解，但其价值理性正在悄然确立——而这种价值理性，正是民族—国家的神圣性。于是，传统文化的功能，从神圣走向世俗，又从世俗走向了神圣。

结　语

岁时节日是一个国家文明的产物，是一个民族精神的象征，节日民俗是一种综合性的文化现象。秋夕是韩国最重要的节日，与春节、寒食、端午并称为"四大名节"。韩民族视秋夕为一个吉祥如意、幸福圆满之节日，传统谚语云："不要多、不要少，只愿长似秋夕日"，这充分表明了白衣民族对这一节日的喜爱之情。秋夕文化自诞生以来至今长盛不衰，层叠累积，在漫长的发展与变迁过程中，积淀成为一个意蕴丰富的传统民俗节日，在某种程度上可谓透视韩国文化的多棱镜。

作为东亚文化圈中重要一环的韩国，节日文化源远流长，但在历史长河的大浪淘沙下，原有的一些传统节日都衰微甚至消亡了。秋夕弥久而不衰，可见其传承性稳定而持久。放眼整个东亚区域，就在国家节日体系中具有地位及内涵而言，韩国秋夕当之无愧，祭祀、宗教、礼仪、宗族、娱乐等琳琅满目的节俗仪式让人炫目。国内外有关秋夕研究的成果多是对秋夕习俗的静态介绍，笔者试图通过多维视角采取考察民俗变迁的途径等来对秋夕进行全方位、动态考察以最大程度地展示秋夕的复杂性和真实性。韩国秋夕展示出来的多姿多彩的节日习俗活动，一方面是各种文化元素在现实生活中的象征性展演，体现着其民族文化发展变迁的流程；另一方面是民族传统文化在现实生活中的实际应用，发挥着维系社会传统秩序、调适现代化变迁等诸多功能。本书主要在几组有张力的结构关系视角之下对韩国秋夕所展演的文化和所呈现的功能进行透视。按照民俗学与民族学观点，民俗变迁大致有三种情况：一是社会阶层的传承变异。也就是说人类进入阶级社会后，因经济政治等地位的差别，组成了不同的社会阶层，在政治、生活以及其他领域都有不小的差异，民俗的阶层变异就是这种现象的反映。二是时间的纵向传承变异，又称为历史传承变异。民俗事象在社会变化过程中，有一部分必然会被筛选，有的淘汰出局，当然也会有新的民俗事象产生和补充。三是空间横向方面的传承变异，又叫地域变异。由此，笔者选择圣俗交错中的韩国传统秋夕、官民共塑下的韩国秋夕、东亚视野中的韩国秋夕、现代嬗变中的韩国秋夕几个维度来对韩国秋夕进行综合性探究。

圣俗交错中的韩国传统秋夕。这一章首先对韩国秋夕的大致轮廓做一全景式素描。结合古籍史料对已有研究成果进行梳理与分析，描画勾勒了传承至今的秋夕的起源与发展历程、节日事象、节日结构。节日活动呈现出神圣性与世俗性二元对立而又交错融合的特性。按文化人类学功能学派的观点，任何一种文化现象都具有满足人类实际生活的需要，意即皆有一定的功能。源远流长的秋夕仪式展演能够直接地或间接地满足韩民族大众的精神生活与物质生活需要，在韩民族的文化系统和社会生活中起着重要的作用，主要体现在调节与建构人与神、人与自然、人与人之间关系方面发挥了独有的功能。

官方与民间共塑下的韩国秋夕。鉴于韩国自古以来长时期内都是政府极为强势，这种特点在东亚国家中也颇有代表性，而且近年来韩国上至总统，下至普通百姓都积极参与的“非物质文化遗产”保护及其他的一些文化产业活动，也是以政府为主导的，笔者以为，运用国家在场理论，从官方与民间互动这一角度分析既有必要性又有现实意义。本书的结论是在节日文化框架内，韩国官民之间并不完全对立。在传统社会中，官方和民间观点与步调相对一致。二者在节日所代表的时间框架体系方面上是高度整合、和谐统一的。总的来说这一时期官方的假日与民间节日之间呈现出一种顺应的关系。日据时期，秋夕等节日的民俗事象被视为抵抗日本殖民者的工具，被赋予浓厚的政治色彩；在产业化时期的相当长时间内则被视为现代化的障碍，在这两个阶段二者关系紧张。在20世纪80年代中期后二者关系比较和谐。二者的关系变迁对中国也启示良多。陈连山先生曾经写有《文化多元化原则对传统节日研究的启发性意义》，让人感慨颇多。他说："具体到节日文化来看，每个民族的节日文化都有两个载体，一个是民众的节日生活，节日习俗；另一个是精英知识分子的文字记录。近年来，传统的乡村社会在极端困难的条件下，逐步恢复了自己的传统文化生活，传统节日在农村比城市要活跃得多。这是值得所有中国知识分子思考的问题。中国传统节日文化一直遭受激进知识分子的摧残，是民众而不是自称'精英'的知识分子保护、传承了传统节日。难道，我们不应该转变过去的偏见，把一部分关注努力放在民间节日习俗的调查和研究中吗？一些论著在研究民间节日的时候，经常批评民间节日的某些内容落后、不科学、不符合历史事实、迷信等。这都是不对的。我们应该让民众充分享受自己的文化生活。"① 这也值得所有从事民族学研究的人深思。而作为政府，其到底应该担当一个什么样的角色，这也是值得思考的。

东亚视野下的韩国秋夕。我们比较了韩国与中国、日本、越

① 陈连山：《文化多元化原则对传统节日研究的启发性意义》（http：//www.chinesefolklore.org.cn/web/index.php？NewsID＝4810）。

南四国的八月十五节日起源及习俗等要素，并把四者放在东亚整体视野内试图从一个较为宏观的层面进行时空纵横比较，以鉴往知未来，明确韩国秋夕在东亚共同八月十五节日文化时空坐标中的位置。实际上，东亚该文化的历史大致可以分为三个阶段：第一个阶段是古代东亚文明圈时期，东亚各国形成以中国为中心的东亚文明圈，各国之间文化交流频繁，在相互择取的过程中形成了各自特色的八月十五节日文化。第二阶段是近代化时期，东亚各国从崩溃的东亚朝贡体系走出，纷纷踏上学习西方的现代化道路，在这一时期内，作为后起的发展区域的亚洲，它们按照西方现代化标准对各自传统的价值观念，纷纷进行多层面否定。在亚洲文化模仿西方化历史发展的这个特殊阶段，岁时节日领域也出现了类似的情况。韩、中、日、越一度都把在日常生活中曾经举足轻重的传统节日作为保守落后的典型予以批判。包括韩国在内的东亚国家的传统节日日益萎缩。第三个时期是现代社会传统文化复兴时期，是文化重构的过程，对于各国八月十五文化如何重构，对比是非常必要的，可以让我们清晰地看到东亚各国八月十五节日文化构建的过程。目前，在对文化的解读上，大致有两学说：一种学说重在研究一种文化对另一种文化的影响，并试图通过历史文献的记载来说明一种文化对另一种文化的影响；另一种学说重在探讨各文化间的特色，以及这些特色形成的原因。人们将前者称为“起源说”，而将后者称为“变异说”。至今为止，在东亚传统文化研究上，至少民俗学研究更侧重起源理论的研究。[①] 通过考察东亚八月十五文化的构建过程，我们至少不再以民族国家的视角看待近代之前东亚文化圈内其发展史，因为那是

① 参见［韩］金仁喜《从中韩两国的灶王信仰看文化的传播与变异》，载苑利主编《亚细亚民俗研究》第7辑，学苑出版社2009年版，第252页。

非常不同的。了解了这种情况，有关古代传统节日在哪个国家起源就可以消弭争论了。而且也会为东亚各国联合起来共同申遗以及未来的东亚文化共同体构建提供有益的思想资源。让我们欣慰的是，经过端午节之争，东亚各国对传统节日文化的认识又提升了一步，已经能够比较客观地看待这一问题。亚洲的日本、韩国关于“无形文化财产保护”观念也孕育了联合国教科文组织非物质文化遗产概念与保护项目的诞生。2011 年 9 月，中日韩三国专家学者共同参加，由中山大学中国非物质文化遗产研究中心主持召开的“中日韩非物质文化遗产保护比较暨第三届中国高校文化遗产学学科建设学术研讨会”上，东亚三国的 24 所学校和研究机构大约 40 多位文化领域的专家学者就东亚不同国家之间有关非物质文化遗产保护的与协作问题，共同提出了合作理念。作为东亚地区山水相邻的国家，中日韩三国目前都是拥有较多世界非物质文化遗产的国家。在“多元、共生、互尊、互助”这一共同理念的引导下，中日韩专家们就中日韩非物质文化遗产保护与研究协作提出了“东亚宣言”，倡议在此共识基础上开展东亚非遗保护的协作研究。会议所形成的共识《东亚经验——中日韩非物质文化遗产保护与研究协作宣言》，拟提交三国政府文化主管部门和联合国教科文组织。

从传统向现代嬗变中的韩国秋夕。现代化生活和市场经济的冲击，使韩国从单一、同质性的农业社会向多元、异质性的城市社会转变。在新的时代生活和新的社会结构中韩国秋夕节日仪式和功能也发生了新的变化。韩国秋夕在融合传统与现代元素方面可谓东亚各国的楷模。中国的中秋节目前只剩下吃月饼和送礼了，日本的八月十五节日几乎被本国人忘却了，越南中秋节则变为儿童节。本章主要探讨韩国秋夕在现代化和全球化冲击下产生的适应性和传承性变迁，以及秋夕对时、空的调节及对传统文化、民族文化的保持与坚守。韩国秋夕在保护和发展传统性和民族性方面的经验，值得人们关注和思考。

之所以从不同视角透视解读秋夕，是由秋夕节日文化的属性决定的。传统节日文化是民族性格与民族文化的集中展示，韩国秋夕涉及饮食文化、服饰文化、庆典仪式文化、娱乐文化等物质文化，还包括节日习俗、节日传说、节日心理、节日信仰等精神文化。相应地，其所发挥的功能也是多方面的。韩国秋夕所蕴含的内涵之丰富、所涉及的层面之繁杂，必然要求结合圣俗、官民时空等多重因素，从历时性与共时性两方面综合起来进行考察研究。本书的几个部分之间并非是疏离的，而是有机联系在一起的，通过这种多维分析，得出一个复合性的韩国秋夕文化轮廓，铺展了其在历史的长河中，在东亚这一空间里，在神圣与世俗的交错中，在官方与民间的博弈下，在传统与现代的交汇中所呈现出的史诗般的文化展演过程。笔者认为，在社会变迁的现代化和文化交流的全球化语境中，诸如秋夕等传统文化在传承民族文化、建构文化认同、和谐社会结构、促进国际文化理解等方面具有重大功能和意义。他山之石，可以攻玉，本研究或对当代中国的传统文化保护和民族文化建设有所助益。

参考文献

一　古典文献

（汉）应劭：《风俗通义》，中华书局 1981 年版。

（明）刘侗、于奕正：《帝京景物略》，上海古籍出版社 2001 年版。

（明）田汝成：《西湖游览志余》，浙江人民出版社 1980 年版。

（南朝梁）宗懔：《荆楚岁时记》，中华书局 1991 年版。

（南宋）陈元靓：《岁时广记》，上海古籍出版社 1993 年版。

（清）潘荣陛：《帝京岁时记胜》，北京古籍出版社 1981 年版。

（清）许午：《朝鲜杂述》，上海著易堂 1877 年版。

（清）富察敦崇：《燕京岁时记》，北京古籍出版社 1981 年版。

（宋）金盈之：《新编醉翁谈录》，辽宁教育出版社 1998 年版。

（宋）孟元老：《东京梦华录》，中华书局 1982 年版。

（宋）吴自牧：《梦粱录》，浙江人民出版社 1980 年版。

［朝］洪锡谟：《东国岁时记》，载任东权、李元植等编《韩国汉籍民俗丛书》第 1 辑，台北：东方文化书局 1971 年版。

［朝］金富轼：《三国史记》，首尔：青化图书出版 1985 年版。

［朝］金迈淳：《洌阳岁时记》，载任东权、李元植等编《韩国汉籍民俗丛书》第 1 辑，台北：东方文化书局 1971 年版。

［朝］《李朝实录》（韩国国史编撰委员会网站）。

［朝］柳得恭：《京都杂志》，载任东权、李元植等编《韩国汉籍民俗丛书》第 1 辑，台北：东方文化书局 1971 年版。

［朝］卢思慎、梁诚之、徐居正：《东国舆地胜览》，首尔：东国文化社 1986 年版。

［朝］朴趾源：《热河日记》，上海书店 1997 年版。

［朝］徐居正等：《新增东国舆地胜览》，科学院出版社 1962 年版。

［朝］一然：《三国遗事》，首尔：明文堂 1987 年版。

［朝］郑麟趾：《高丽史》，《四库全书存目丛书》史部第 161 册，齐鲁书社 1996 年版。

［日］圆仁：《入唐求法巡礼行记》，上海古籍出版社 1986 年版。

《二十五史》（全 12 册影印），上海古籍出版社 1986 年版。

崔高维校点：《周礼・仪礼》，辽宁教育出版社 1997 年版。

二十五史刊行委员会编：《二十五史补编》（全 6 册影印），中华书局 1955 年版。

黄钧等校点：《全唐诗》（1—8 册），岳麓书社 1998 年版。

李澍田编：《朝鲜文献选辑朝鲜文献中的中国东北史料》，吉林文史出版社 1986 年版。

王文锦解译：《礼记泽解》（上下），中华书局 2001 年版。

中国社科院历史研究所：《古代中越关系史资料选编》，中国社会科学出版社 1982 年版。

二　论著

北京大学韩国学研究所编：《韩国学论文集》第 4 辑，社会科学文献出版社 1995 年版。

崔明霞、杜全忠：《中华年节》，中国社会出版社 2005 年版。

董虫草：《艺术与游戏》，人民出版社 2004 年版。

方晥柱：《朝鲜民俗》，外文出版社 1990 年版。

冯贤亮：《岁时节令——因说古代节俗文化》，广陵书社 2004 年版。

高伟浓：《走向近世的中国与“朝贡国”关系》，广东高等教育出版社 1993 年版。

葛兰言：《古代中国的节庆与歌谣》，广西师范大学出版社 2006 年版。

郭于华编：《仪式与社会变迁》，社会科学文献出版社 2000 年版。

韩养民、郭兴文：《中国古代节日风俗》，陕西人民出版社 2002 年版。

韩养民：《中秋旧事》，河北大学出版社 2009 年版。

韩致中：《新荆楚岁时记》，上海文艺出版社 2001 年版。

何兰香：《中秋节》，吉林文史出版社 2010 年版。

黄淑娉、龚佩华：《文化人类学理论方法研究》，广东高等教育出版社 1998 年版。

金泽：《宗教禁忌》，社会科学文献出版社 1998 年版。

黎正甫：《郡县时代之安南》，商务印书馆 1945 年版。

李承梅：《韩国社会与文化》，中国海洋大学出版社 2007 年版。

李红杰：《韩国国民素质考察报告》，广西人民出版社 1999

年版。

李惠国编：《当代韩国人文社会科学》，商务印书馆 1999 年版。

李廷举、［日］吉田忠主编：《中日文化交流史大系·科技卷》，浙江人民出版社 1996 年版。

梁容若：《中日文化交流史论》，商务印书馆 1985 年版。

廖冬梅：《节日沉浮问——节日的定义、结构与功能》，广西师范大学出版社 2007 年版。

林继富、王丹：《解释民俗学》，华中师范大学出版社 2006 年版。

刘魁立：《中国节典：四大传统节日》，安徽教育出版社 2008 年版。

刘晓峰：《东亚的时间：岁时文化的比较研究》，中华书局 2007 年版。

刘玉学、黄义顺：《世界礼俗手册（亚太地区）》，对外贸易教育出版社 1988 年版。

鲁迅：《鲁迅全集》第 4 卷，人民文学出版社 1981 年版。

吕春、燕赵岩编著：《韩国的信仰和民俗》，北京大学出版社 2010 年版。

木宫泰彦：《日中文化交流史》，商务印书馆 1980 年版。

宁锐淡、韵诚：《中国民俗趣谈》，三秦出版社 2003 年版。

牛林杰、刘宝全编：《中韩人文社会科学研究》第 2 辑，山东大学出版社 2007 年版。

潘玉：《越南文化及其新视角》，河内文化通讯出版社 1994 年版。

尚秉和：《历代社会风俗事物考》，上海书店 1991 年版。

邵毅平：《黄海余晖——中华文化在朝鲜半岛及韩国》，云南人民出版社 2003 年版。

宋成有、唐重珂：《东亚区域意识与和平发展》，四川大学出版社 2001 年版。

宋孟寅、郑一民、袁学骏编：《中国耿村国际学术讨论会论文集》，中国民间文艺出版社 1991 年版。

宋兆麟、李露露：《中国古代节日文化》，文物出版社 1991 年版。

孙歌：《主体弥散的空间：亚洲论述之两难》，江西教育出版社 2002 年版。

孙机、杨泓：《寻常的精致》，辽宁教育出版社 1998 年版。

孙江：《事件·记忆·叙述·杭州》，浙江人民出版社 2001 年版。

陶立璠：《民俗学》，学苑出版社 2006 年版。

陶立璠编：《亚细亚民俗研究》第 2 集，民族出版社 1999 年版。

田哲益：《细说中秋》，百观出版社 1994 年版。

汪民安：《文化研究的关键词》，江苏人民出版社 2007 年版。

王珂：《东亚共同体与共同文化认知——中日韩三国学者的对话》，人民出版社 2007 年版。

王明珂：《华夏边缘——历史记忆与族群认同》，社会科学文献出版社 2006 年版。

王铭铭：《人类学是什么》，北京大学出版社 2002 年版。

王颖：《中秋节》，中国青年出版社 2007 年版。

王勇、［日］中西进主编：《中日文化交流史大系·人物卷》，浙江人民出版社 1996 年版。

翁敏华：《中日韩戏剧文化因缘研究》，学林出版社 2004 年版。

吴国盛：《时间的观念》，中国社会科学出版社1996年版。

向开明：《太极文化与东亚舞蹈文化》，民族出版社2006年版。

萧放：《〈荆楚岁时记〉研究——兼论传统中国民众生活中的时间观念》，北京师范大学出版社2000年版。

萧放：《话说中秋》，上海古籍出版社2008年版。

萧放：《岁时——传统中国民众的时间生活》，中华书局2002年版。

肖金成、汪阳红：《土地管理新论——工业化、城市化过程中土地管理制度研究》，中国计划出版社2007年版。

徐恩禄：《韩国风俗民情研究》，东方出版社1994年版。

杨鸿烈：《中国法律在东亚诸国之影响》，中国政法大学出版社1999年版。

杨琳：《中国传统节日文化》，宗教文化出版社2000年版。

尹保云：《韩国为什么成功？朴正熙政权与韩国现代化》，文津出版社1993年版。

赵东玉：《中华传统节庆文化研究》，人民出版社2002年版。

赵世瑜：《狂欢与日常——明清以来的描绘与民间生活》，三联书店2002年版。

赵忠才、严卫焦、满忠和等：《越南—中南半岛的门户老挝—印度支那屋脊柬埔寨—东南亚文明古国》，军事谊文出版社1995年版。

中国民俗学会、北京民俗博物馆编：《“传统节日与文化空间”东岳论坛国际学术研讨会专辑》，学苑出版社2007年版。

中国民俗学会、北京民俗博物馆编：《节日文化论文集》，学苑出版社2008年版。

中国体育博物馆、国家体委文史工作委员会：《中华民族传统体育志》，广西民族出版社 1990 年版。

中国艺术人类学学会编：《艺术人类学的理论与田野》（上），上海音乐学院出版社 2008 年版。

钟敬文：《话说民间文化》，人民日报出版社 1990 年版。

钟敬文：《民俗学概论》，文艺出版社 1998 年版。

钟敬文：《钟敬文文集·民俗学卷》，安徽教育出版社 2002 年版。

周晓虹：《传统与变迁——江浙农民的社会心理及其近代以来的嬗变》，三联书店 1998 年版。

周星：《民俗学的历史、理论与方法》，商务印书馆 2006 年版。

朱永新等：《亚洲稻农：七位农民的生活》，苏州大学出版社 2003 年版。

朱云影：《中国文化对日韩越的影响》，广西师范大学出版社 2007 年版。

［德］H. G. 伽达默尔：《美的现实性——作为游戏、象征、节日的艺术》，张志扬等译，三联书店 1991 年版。

［德］费尔巴哈：《费尔巴哈哲学著作选集》下卷，三联书店 1962 年版。

［德］约瑟夫 皮拍：《闲暇：文化的基础》，新星出版社 2005 年版。

［俄］M. 巴赫金：《巴赫金文论选》，佟景韩译，中国社会科学出版社 1996 年版。

［俄］巴赫金：《拉伯雷的创作与中世纪和文艺复兴时期的民间文化》，李兆林等译，河北教育出版社 1998 年版。

［法］阿诺尔德·范热内普：《过渡礼仪》，张举文译，商务印书馆 2010 年版。

［法］莫里斯·哈布瓦赫：《论集体记忆》，毕然、郭金华译，上海人民出版社 2002 年版。

［韩］金贞培：《韩国民族的文化和起源》，高岱译，上海文艺出版社 1993 年版。

［韩］李连泽主编：《再发现韩国：文化和观光的体验》，吴朱英译，大韩民国文化观光部 2002 年版。

［韩］李御宁：《韩国人的心——这就是韩国》，张乃丽译，山东人民出版社 2007 年版。

［韩］朴荣顺：《文化韩国》，朴顺姬、徐红花译，民族出版社 2007 年版。

［罗马尼亚］米尔恰·伊利亚德：《神圣与世俗》，王建光译，华夏出版社 2003 年版。

［美］阿兰·邓迪斯：《民俗解析》，广西师范大学出版社 2005 年版。

［美］保罗·康纳顿：《社会如何记忆》，纳日碧力戈译，上海人民出版社 2000 年版。

［美］本尼迪克特·安德森：《想象的共同体：民族主义的起源与散布》，吴睿人译，上海人民出版社 2005 年版。

［美］古德尔、戈比：《人类思想史中的休闲》，成素梅等译，云南人民出版社 2000 年版。

［美］克莱德·M. 伍兹：《文化变迁》，何瑞福译，河北人民出版社 1989 年版。

［美］克利福德·格尔茨：《地方性知识——阐释人类学论文集》，王海龙、张家瑄译，中央编译出版社 2000 年版。

［美］克利福德·格尔茨：《文化的解释》，韩莉译，译林出版社 1999 年版。

［美］乔纳森·弗里德曼：《文化认同与全球性过程》，郭建

如译，商务印书馆2003年版。

［美］英克尔斯：《社会学是什么》，陈观胜等译，中国社会科学出版社1998年版。

［日］坪井洋文：《芋和日本人》，未来社1980年版。

［英］安东尼·D. 史密斯：《全球化时代的民族与民族主义》，龚维斌、良警宇译，中央编译出版社2002年版。

［英］戴维·莫利、凯文·罗宾斯：《认同的空间：全球媒介、电子世界景观和文化边界》，司艳译，南京大学出版社2001年版。

［英］弗雷泽：《金枝》，中国民间文艺出版社1957年版。

［英］维克多·特纳：《仪式过程：结构与反结构》，黄剑波、柳博黄译，中国人民大学出版社2006年版。

［韩］ART SPACE KOREA编：《韩国的文化象征》，韩国文化观光部2002年版。

［韩］车明玉：《韩国民俗学研究论著66：饮食卷》，首尔巨山出版社2000年版。

［韩］崔常寿：《韩国民俗游戏研究》，成文阁1985年版。

［韩］崔仁学：《民俗学的理解》，麦粒图书社1995年版。

［韩］高丽大学民族文化研究所：《韩国民俗大观4——岁时风俗·传承游戏》，高丽大学民族文化研究所出版部1978年版。

［韩］韩国国立民俗博物馆编：《韩国岁时风俗资料集成》，2003年。

［韩］何京慧：《韩国民俗学研究论著19：岁时风俗卷》，首尔巨山出版社1998年版。

［韩］金东旭：《韩国民俗学》，新文社1994年版。

［韩］金光日：《韩国传统文化的精神分析》，庆熙大学民俗学研究所1984年版。

［韩］金明子：《韩国民俗学研究论著 18：岁时风俗卷》，首尔巨山出版社 1998 年版。

［韩］金宅圭：《韩国农耕岁时的研究》，玄岩社 1985 年版。

［韩］金宅圭：《韩国农耕岁时的研究——农耕仪礼的文化人类学的考察》，岭南大学校出版部 1985 年版。

［韩］李杜铉：《韩国民俗概说》，民众书馆 1974 年版。

［韩］李瑞求：《岁时记》，培英社 1969 年版。

［韩］李殷相：《嘉俳的由来：八月名节秋夕》，新东亚社 1932 年版。

［韩］朴虎元：《民俗文化散布》，韩国民俗博物馆会 2002 年版。

［韩］任东权、李元植等编：《韩国汉籍民俗丛书》第 1、5 辑，东方文化书局 1971 年版。

［韩］任东权：《韩国民俗学论考》，集文堂 1971 年版。

［韩］任东权：《韩国岁时风俗研究》，集文堂 1985 年版。

［韩］任载海：《韩国民俗与传统世界》，知识产业社 1993 年版。

［韩］孙仁铢：《韩国人的教育岁时风俗》，文音社 1997 年版。

［韩］张筹根：《韩国的岁时风俗》，萤雪出版社 1984 年版。

［韩］张筹根：《韩国的岁时风俗与民俗游戏》，大韩基督教书会 1974 年版。

［韩］张筹根：《韩国民俗概说》，宝成文化社 1983 年版。

천진기：《민속학술자료총서453》，민속지방3，우리마당터 2004。

최상수：《민속학술자료총서204》，세시풍속 2，우리마당터 2002。

유춘규:《민속학술자료총서》，우리마당터2001。

김시황민속학술자료총서243:《예상례제례 5》，우리마당터2002。

Manuel Castells, *The Rise of Network Society*, Oxford: Blackwell, 1996.

三 期刊论文

陈骞:《节日的变动趋势》,《玉溪师范学院学报》2005 年第 11 期。

陈映芳:《记忆与历史》,《读书》2001 年第 8 期。

陈蕴茜:《日常生活中殖民主义与民族主义的冲突——以中国近代公园为中心》,《考察南京大学学报》2005 年第 5 期。

陈蕴茜:《时间、仪式维度中的“总理纪念周”》,《开放时代》2005 年第 4 期。

崔吉城:《都市祝祭和民族主义》,《比较民俗学》2001 年第 21 辑。

段一凡、王贤荣:《从“圭”到“桂”:月中“桂”新考——“桂”文化的起源与演化》,《南京林业大学学报》2011 年第 6 期。

傅朗云:《朝鲜民族族源神话传说新探》,《北方民族》1994 年第 2 期。

高丙中:《民间的仪式与国家的在场》,《北京大学学报》2001 年第 1 期。

郭德君:《韩国“孝”伦理思想的历史探源》,《重庆理工大学学报》2010 年第 2 期。

韩东育:《东亚研究的问题点与新思考》,《社会科学战线》2011 年第 3 期。

黄健美：《月圆佳节瓜果“偷盗”民俗的文化意涵及社会功能》，《社会科学》2008 年第 11 期。

黄涛：《回眸传统节日的往昔辉煌》，《民族艺术》2008 年第 3 期。

江新兴、李环、邹薇：《从中秋节看中日两国传统习俗的异同》，《北京第二外国语学院学报》2005 年第 4 期。

蒋建国：《仪式崇拜与文化传播——古代书院祭祀的社会空间》，《现代哲学》2006 年第 3 期。

金毅：《民族节日的深层文化结构探微》，《广东民族学院学报》1998 年第 2 期。

金毅：《试析民族节日文化的特征》，《黑龙江民族丛刊》1998 年第 4 期。

李达梁：《符号、集体记忆与民族认同》，《读书》2001 年第 5 期。

李东华：《韩国的产业集聚与城市化进程》，《当代韩国》2003 年第 1 期。

李峰：《节日的功能及其社会学隐喻》，《河南社会科学》2008 年第 4 期。

李辉：《韩国工业化过程中人口城市化进程的研究》，《东北亚论坛》2005 年第 3 期。

李寅生：《从汉诗看中国节日习俗对日本的影响》，《长江学术》2009 年第 4 期。

廖小东、丰凤：《民族地区祭祀仪式的功能及其现实困境探析》，《东南学术》2012 年第 2 期。

刘德增：《中秋节源自新罗考》，《文史哲》2003 年第 6 期。

刘润忠：《试析结构功能主义及其社会理论》，《天津社会科学》2005 年第 5 期。

刘宗迪：《从节气到节日——从历法史的角度看中国节日系统的形成和变迁》，《江西社会科学》2006 年第 1 期。

孟昭水：《中国传统节日民俗中的团圆主题》，《黑龙江社会科学》2006 年第 3 期。

聂啸虎：《日本的拔河运动》，《体育文化导刊》1991 年第 4 期。

潘畅和：《论日本与韩国文化机质的不同特色》，《日本学刊》2006 年第 5 期。

彭恒礼：《民间节日中的集体记忆与身份认同——以广西壮族族群为例》，《大连民族学院学报》2005 年第 2 期。

朴承权：《关于文化传统性的理论思考——以韩国传统文化兴起为例》，《黑龙江民族丛刊》2007 年第 4 期。

容肇祖：《中秋的起源和唐代的传说》，《民俗》1928 年第 32 期。

舒开智：《传统节日、集体记忆与文化认同》，《天府新论》2008 年第 2 期。

谭绍玉：《韩国社会重视祭祀文化的原因考察》，《文教资料》2010 年第 8 期。

王红：《节日民俗发展周议》，《民俗研究》1990 年第 1 期。

吴海刚：《韩国民主化：私域意识的转变》，《战略与管理》2000 年第 4 期。

吴诗池、魏露苓：《浅谈稻作农耕文化的内涵》，《考古农业》2005 年第 1 期。

萧放、吴静瑾：《20 年来中国岁时节日民俗研究综述（1983—2003）》，《文史知识》2005 年第 2 期。

萧放：《18—19 世纪中韩“岁时记”夕及岁时民俗比较》，2007 年第 1 期。

萧放：《传统岁时与当代节日关联研究论纲》，《西北民族研究》2004 年第 2 期。

萧放：《团圆饼与月亮节——中秋节俗形态的变迁》，《文史知识》2002 年第 9 期。

萧放：《中秋节的历史流传、变化及当代意义》，《民间文化论坛》2004 年第 5 期。

萧唐：《韩民族独特的道德观和家庭伦理观》，《当代韩国》2006 年第 2 期。

熊飞：《中秋节起源的文化思考》，《文史知识》1996 年第 11 期。

熊海英：《中秋节及其节俗内涵在唐宋时期的兴起与流变》，《复旦大学学报》2005 年第 6 期。

许娟：《从传统妇女节日风俗看女性地位》，《沧桑》2007 年第 5 期。

玄松南：《韩国传统农耕文化：收获季节的农耕习俗——荐新祭》，《中国稻米》2002 年第 4 期。

杨琳：《中秋节的起源》，《寻根》1997 年第 4 期。

尹豪、蔡熙龙：《南朝鲜经济增长过程中城市化及人口迁移》，《人口学刊》1988 年第 5 期。

尹虎彬：《殖民地时代东亚萨满教研究的跨文化考察》，《中南民族大学学报》2006 年第 6 期。

苑利：《韩国文化遗产保护运动的历史与基本特征》，《民间文化论坛》2006 第 6 期。

张勃：《从传统到当下：试论官方对传统节日的积极干预》，《民俗研究》2005 年第 1 期。

张远桃：《国外的中秋节》，《新农村》2008 年第 9 期。

张泽咸：《唐朝的节日》，《文史》1993 年第 37 辑。

钟俊昆：《韩国民间歌舞考察》，《赣南师范学院学报》2013年第1期。

朱炳祥：《“全球化”与“本土化”相互关系的发生学阐释》，《武汉大学学报》2002年第5期。

朱红：《唐代中秋新考》，《九州学林》2005年冬季号。

［韩］崔来沃：《韩国民俗与基督教的习合样相》，《比较民俗学》2003年第2辑。

［韩］姜芝娟：《现代东亚基督教的“礼仪之争”——以韩国祭祖问题为个案》，《世界宗教文化》2010年第3期。

［韩］金光彦：《拔河的风俗及有关的民俗资料》，《高丽亚那》1995年第4期。

［韩］金光亿：《当代韩国祖先崇拜复活的社会政治意义》，《民族译丛》1994年第4期。

［韩］金光亿：《对抗文化与巫术仪式——现代韩国的政治背景》，《韩国文化人类学》1990年第23辑。

［韩］金光亿：《政治话语机制和民众文化运动：家园剧的社会化》，《韩国文化人类学》1990年第21辑。

［韩］金明子：《岁时民俗的机能及其变化》，《安东大学校民俗研究》1992年第2辑。

［韩］金泰坤：《韩国巫俗》，《民族文学研究》1995年第2期。

［韩］金英模：《秋夕》，《当代韩国》1994年第3期。

［韩］李窗益：《民俗的时间、空间和近代的时间、空间——祭仪时空的变化》，《民俗学研究》2000年第8辑。

［韩］李英武：《韩国古代的节日及民俗行事》，《考试界》1973年第12期。

［韩］李政主：《城市与秋夕》，《城市问题》1970年第

9 辑。

［韩］林宣佑：《韩国秋夕的社会文化内涵、功能及其传承意义》，《重庆文理学院学报》2007 年第 6 期。

［韩］林在海：《从端午到秋夕——安东地区岁时风俗的持续性及变化》，《韩国文化人类学》1989 年第 1 辑。

［韩］林在海：《农村共同体文化活性化方向的构想和实践课题》，《韩国民俗学》2001 年第 33 辑。

［韩］林在海：《岁时风俗和祈祷丰收的民俗游艺的生产性》，《高丽亚那》1995 年第 4 期。

［韩］朴永焕：《反思韩国儒家文化的当代表现》，《浙江大学学报》2010 年第 4 期。

［韩］任东权：《韩国民俗游艺的特点和继承》，《高丽亚那》1995 年第 4 期。

［韩］任敦姬、罗兹：《韩国孝文化的变种与利用》，《韩国文化人类学》2001 年第 34 辑。

［韩］任敦姬、任长赫：《韩国无形文化财产保护与传承机制》，《保护无形文化财产方法论研究》，1996 年。

［韩］任日革、李在学：《韩国民俗游戏的体育学类型分类》，《韩国体育哲学学志》2001 年第 9 期。

［韩］文一平：《朝鲜岁时考 10》，《朝鲜通信》1930 年第 1188 辑。

［韩］文一平：《朝鲜岁时考 11》，《朝鲜通信》1930 年第 1189 辑。

［韩］尹德仁：《祭祀饮食与茶礼床的关联研究》，《关大论文集》1994 年第 2 辑。

［韩］尹德仁：《江原地域某地家庭秋夕茶礼床陈设法与祭礼饮食的关联研究》，《关大论文集》1996 年第 1 辑。

［韩］张长植：《韩国国家节庆假日与传统岁时风俗之变化》，《民间文化论坛》2005 年第 2 期。

［韩］郑然鹤：《韩国的民俗学》（二），《民俗研究》1997 年第 4 期。

［韩］郑锡元：《从民俗看韩国传统文化的特色》，《贵州民族学院学报》2005 年第 4 期。

［韩］郑锡元：《韩国的中秋节》，《文史知识》2008 年第 10 期。

［韩］朱刚君：《浅说祭祀》，《时代文学》2006 年第 2 期。

［日］朝鲜总督府：《朝鲜的年中行事》，京城大海堂印刷株式会社，1931 年第 1 期。

［日］朝鮮及滿洲社：《朝鮮に於ける農村の年中行事と其の娯樂に就いて》，1935，No. 37。

四　学位论文

艾萍：《变俗与变政——上海市政府民俗变革研究》，博士学位论文，华东师范大学，2007 年。

白杨：《神圣与世俗——荆楚年俗新解》，硕士学位论文，华中师范大学，2008 年。

陈映婕：《过时节》，博士学位论文，北京师范大学，2007 年。

董建春：《中秋探源》，硕士学位论文，中央民族大学，2007 年。

黄榴丹：《中国端午节与韩国端午祭比较研究》，硕士学位论文，西北民族大学，2007 年。

李巍：《移民社会的文化记忆——辽宁民间社火研究》，博士学位论文，中央民族大学，2010 年。

凌远清：《清明文化的历史传承与意义呈现》，博士学位论文，中山大学，2007 年。

宋颖：《端午节研究：传统、国家与文化表达》，博士学位论文，中央民族大学，2007 年。

孙雪岩：《韩国秋夕的文化变迁与功能研究》，博士学位论文，中央民族大学，2011 年。

王静：《消弭与重构中的查玛——以辽宁省蒙古贞地区为例》，博士学位论文，中央民族大学，2010 年。

夏继军：《祭拜、教化、娱乐——唐代节日社会功能探析》，硕士学位论文，南昌大学，2007 年。

俞炳洙：《朝鲜族岁时风俗研究：延边朝鲜族为中心》，博士学位论文，延边大学，2003 年。

张勃：《唐代节日研究》，博士学位论文，山东大学，2007 年。

张全晓：《〈全唐诗〉岁时文化研究》，硕士学位论文，华中师范大学，2007 年。

赵松强：《节令体育》，硕士学位论文，山西大学，2006 年。

강재철：《通過儀禮에나타난諸習俗의象徵性考察》，단국대학교，1997。

강지영：《한국인의의식과혼혈인의삶의연관성에관한연구》，서강대학교，2007。

곤노게이꼬：《강강술래의연구　:일본전통가무와의비교를중심으로》，전남대학교，2001。

김명자：《韓國歲時風俗研究》，경희대학교，1989。

김정아：《韓國과日本의歲時風俗과歲時食比較研究》，중앙대학교，2006。

김지영：《韓・中名節文化比較研究：語源，由來，風俗，飲

食中心》，경기대학교，2007。

류용성：《기독교의한국전통명절수용에관한연구：설과추석을중심으로》，서울신학대학교，1994。

박경란：《한국제례문화의지역적특성비교연구》，중앙대학교，2001。

사수매：《韓・中歲時風俗의比較研究:鬼神信仰을中心으로》，성균관대학교，1995。

서해숙：《강강술래의研究》，전남대학교대학원，1996。

안성로：《韓國의固有名節인설.秋夕의典禮的受容에관한研究》，수원가톨릭대학교，1992。

이경아：《韓日兩國歲時風俗의機能에관한考察》，경상대학교，2007。

이명련：《한・중세시풍속비교연구》，부산외국어대학교，2006。

장정룡：《韓・中歲時風俗및歌謠의比較研究》，중앙대학교，1988。

정남선：《공동체의례로서의탈놀이에관한연구》，경성대학교，2004。

주정화：《지역문화축제의국제화방안에관한연구:가야세계문화축전을중심으로》，동아대학교，2007。

하순용：《韓國節食風俗의生活文化的考察》，이화여자대학교，1973。

허옥경：《韓・日民俗의比較研究:歲時風俗을心으로》，동서대학교，2001。

后　记

博士毕业后两年，这本在博士论文基础上修改补充而成的书稿终于付梓。回首在中央民族大学求学和撰写论文的岁月，以及毕业后集中改稿的日子，恍如昨日。写作及修改的日日夜夜里，焦虑、痛苦与酣畅、兴奋纠结，夜不能寐。而当我感受到，头脑中丝丝缕缕若隐若现的思维，在慢慢凝聚集结，终成一朵雪白的云，那种满足感和成就感，也是无可比拟的。只是，当我点完最后一个句号的时候，却并没有当初料想与渴望的如释重负。本书是我学术生涯中第一部专著，现在将它呈现给读者，心中难免有几分不安。

回想自己自2000年考取延边大学硕士研究生开始涉足学术研究至今，已有十余年了。延边大学的硕士生导师李宗勋教授、中央民族大学的博士生导师黄有福教授、复旦大学韩国研究中心的博士后合作导师石源华教授，他们都见证了我从事韩国研究的历程，没有他们的悉心指导与帮助，我也不可能取得今天的成绩。生逢良师，人生之大幸也，在此谨向诸多师长表示感谢。具体到本书，我首先要感谢我的导师黄有福教授。初入黄教授门下时，心里忐忑。虽然我在辽宁大学读本科时即对文化研究颇感兴趣，但是本科以及硕士专业都不是民族学，担心自己专业基础薄弱完不成学业，是导师的鼓励和指引打消了我的顾虑，引领我走上了文化研究的道路，并且即便在我毕业以后，也一如既往地时常加以点拨和提携。黄教授的学术视野之开阔，学术思维之前瞻，治学之严谨勤奋，性情之豁达宽厚，悲悯同情心之深切，民族责任感之强烈，让我仰之弥高，也为我树立了治学为人的榜样。另外，中央民族大学民社院的白振声教授、徐万邦教授、王庆仁教授、张海洋教授、杨圣敏教授、祁慧君教授等老师的授课丰富了我的知识，拓展了我的视界，增强了我的学术热情，在此也向他们致以深深的感谢。

同时要感谢我的同门田美姬女士以及他的先生李喜宽教授。田美姬女士是韩国史官，她以一个韩国人和一个史学学者的眼光对本书提出了诸多有益建议；她还为我搜集了不少韩国方面的相关资料，并帮助我完成了相关的调查工作。并且，在她留学中国期间，百忙之中帮我重拾荒废了多年的韩语学习，使我得以赴韩进行交流，得以利用韩文资料。另外，在我韩国西江大学求学的日子里，对我提供了无微不至的关照，使我尽可能快地适应韩国的生活，尽可能多地体验韩国的文化。此外，她慷慨捐助贫穷儿童的善举、娴熟三门外语的能力、广交天下朋友的豪情，让我敬佩；她真诚洒脱、率性爽朗的性格和雷厉风行的作风，也对我产生了潜移默化的影响。李喜宽教授也对本书提出了许多中肯的意见，在此一并感谢。

我要感谢我的师姐李锐锐。我博士论文的写作后期是在单位聊城大学进行的，当时正值怀孕生子，无法自由穿梭往来于学校和单位之间。是身在北京的师姐李锐锐，不厌其烦、不言其累、事无巨细地帮我处理了几乎全部的北京的事务，使我数度免于劳苦奔波。并且，在我苦恼和纠结之时，她以其乐观的心态和专业性的开导，让我豁然开朗。另外，也向在民大与我朝夕相处、共度一段芬芳岁月且给予我诸多帮助和鼓励的同学李云霞、郑喜淑、蒋英、李巍、潘怿晗、崔明玉致以谢意。

我还要感谢韩国国际交流财团。长期以来，研究韩国学而未能亲临对象国进行深入和直观的感受，于我是极大的遗憾。由于韩国国际交流财团的项目资助，我得以赴韩国西江大学求学，并在韩国展开资料搜集及调查工作，对韩国文化进行了一年四个月的切身体验。这对我的研究工作有着直接的助益和长期的影响。同时感谢美丽的西江大学，在那儿我不光提高了韩语水平，而且也结识了很多韩国朋友及来自世界各国的朋友们。

我要感谢我的家人。这本书的完成，包含着父母弟妹每个人的心血。我尤其要感谢我的母亲。母亲一生历经坎坷，她用隐忍的坚持和无私的付出，成就了今天的我。我也要感谢我的儿子。怀孕生子期间，正是为本书最为殚精竭虑之时。虽然儿子给本书写作带来极大不便，但儿子的全程陪伴也给我带来了莫大的慰藉，儿子的到来让我变得更加勇敢更加懂得承担。还要感谢我的先生对我的理解和支持。结婚不足三个月我就负笈北上求学，其间又在韩国待了一年有余，随后即前往复旦做博士后研究。这期间，家里的一切事务都由他独自操持，辛苦与孤独可想而知。从儿子到论文，从孕育到分娩，是一个艰难痛苦而又充满期待和满足的过程，我的论文和我的儿子互相见证，我的先生和我共同经历，我的父母弟妹给我全力支持。感谢你们，我的家人，我的至爱。

另外，在此也向聊城大学历史文化与旅游学院郭学信教授、院长陈德正教授、副院长李增洪教授，聊城大学人文社科处郭焕云老师与张兆林老师所给予的诸多帮助，表示感谢。

感谢每一位曾经关心、帮助过我的人。无以为报，唯有铭记于心。学无止境，路漫漫其修远兮，吾将上下而求索。虽然我想呈上最华美的篇章，但，奈何书中瑕疵实无以回避，“以无厚入有间”的游刃有余尚遥不可及，这让我在未来的日子里不敢有所懈怠。然，有这么多的师友、亲人的支持，在求索的路途上，我不孤单。

孙雪岩

2013 年 9 月于明德公寓